社会福祉の新潮流①

新社会福祉論
―― 基本と事例

川池智子 編著

学文社

執筆者

*川池　智子（山梨県立大学）………………　編者，プロローグ，第1章，第2章扉・1節，第3章扉・2節-3，第4章扉，第5章扉，第7章扉，第8章扉，まとめにかえて，エピローグ

雨宮由紀枝（日本女子体育大学）………………………　第2章2節

畑本　裕介（山梨県立大学）………………　第2章3節-2，3，第4章〈学びのオリエンテーション〉，第7章3節-5

米山　宗久（甲斐市社会福祉協議会）………………　第2章3節-1，4 (1)

小林　　恵（成年後見センター・司法書士）………　第2章3節-4 (2)

伊藤　周平（鹿児島大学）………………………………　第2章3節-5

川池　秀明（聖徳大学）………………　第3章1節-1，2節-1，2，第8章　事例

山之内輝美（筑紫女学園大学短期大学部）……………　第3章1節-2，3

中里　操夫（西南学院大学）……………………　第4章1節，第7章4節

庄司　拓也（大川学園医療福祉専門学校）………　第4章2節-1〜4　年表

樋川　　隆（神戸親和女子大学　非常勤講師）………　第4章2節-5，6

寺崎　弘昭（山梨大学）…………………………………　第5章1節

山下利恵子（熊本大学）…………………………………　第5章2節

苗村久美子（元・山梨県　福祉保健部）………………　第5章3節-1

小林たつ子（山梨県立大学）……………………………　第5章3節-2

溝呂木百合（福祉住環境コーディネーター
　　　　　　　建築士事務所・山梨県立大学）………　第5章4節

藪長　千乃（文京学院大学）………　第6章扉・3節〈学びのオリエンテーション〉

田畑　洋一（鹿児島国際大学）…………………………　第6章1節

稲葉美由紀（九州大学大学院）…………………………　第6章2節

田中　豊治（佐賀大学）…………………………………　第6章4節-1

酒井　　出（西九州大学）………………………………　第6章4節-2，3

旭　洋一郎（長野大学）…………………………………　第7章1節

髙橋　涼子（金沢大学）…………………………………　第7章2節

山本　正司（和泉福祉専門学校）………………………　第7章3節-1

（＊は編者，執筆順）

学びのオリエンテーション

第1章　寺久保光良（元山梨県立大学・ルポライター）
第2章　中西　大輔（滋賀県職員）
第3章　小嶋　章吾（国際医療福祉大学）
第5章　嶌末　憲子（埼玉県立大学）
第7章　山路　克文（皇學館大学）
第8章　市川　一宏（ルーテル学院大学学長）

＊前掲本文執筆者以外

《各章の中の事例》

三好　　学　建設会社海外事務所（第1章）
二塚　　綾　社会福祉協議会職員（第2章）
花輪　祐司　社会福祉士・臨床心理士（第2章）
末廣　洋祐　こころ医療福祉専門学校・介護福祉（第3章）
渡辺　典子　圏域コーディネーター・山梨県立大学非常勤講師（第3章）
緒崎　智美　山梨県立大学4年生（第3章）
反町　　誠　元・山梨県立大学（第3章）
山中　達也　独立型社会福祉士事務所代表・山梨県立大学（第3章）
田中　　南　山梨県立大学卒業生（執筆時在学生）（第3章）
岩淵　　泰　岡山大学地域総合研究センター（第6章）
佐々木晶子　㈱シーズ総合政策研究所（第6章）
小泉　晃彦　障害者施設副統括施設長・地域定着支援センター施設長（第8章）
永田　　望　ケア・マネージャー・介護福祉士（第8章）
宮下　敦志　長野県社会福祉事業団（第8章）

＊前掲本文執筆者以外

プロローグ——「社会福祉とは何か？」に纏(まつ)わる今日的情況

　本書の書名には「社会福祉論」の前に〈新〉をつけた．〈新〉というからには「旧版」があるのかと問われるかもしれないが，そうではなく，近年の「社会福祉論」に新たな風を吹き込みたいという意気込みをこめた．といっても微風か隙間風にしかならないかもしれないが．また，〈新〉というわりには参考文献には1960年代，70年代も多い．なぜ，この年代なのか，それは最後の年表まで読んで理解していただきたい．「温故知新」なのである．

　「社会福祉とは，そもそも何なのか？」「社会福祉は何のためにあるのだろう？」これらが，この本の底流に流れる〈問い〉である．これほど「社会福祉」という用語が，当たり前に使われるような社会になったにもかかわらず，社会福祉学における「社会福祉とは何か」という〈問い〉は残されたままである．

　　戦後日本の「社会福祉」学界は相変わらず停滞と混乱を繰り返し，むしろその拡大再生産を行っているともみられよう．……科学の名において科学以前の論理体系が通用させられたり，実践の名において，真実の実践，つまり今の場合，社会的実践が忘却されたり，その指針であるはずの理論が軽視ないし無視されたり，逆にあらぬ理論がその実践性を言葉の綾として主張する…（孝橋正一『現代資本主義と社会事業』ミネルヴァ書房，1977年，まえがき．原文は「社会事業」．中略あり．）

　　社会福祉は日常性が濃厚なため，たえず日常性追随の危険の中に置かれる．そして社会福祉の歴史は，その曲がり角で，時の政治や行政に引きずられてきた経験を幾度か繰り返した．（『吉田久一著作集1』川島書店，1989年，序章）

　上記の2つの文は，社会福祉論研究の祖の一人，孝橋正一氏と，社会福祉歴史研究者の第一人者，吉田久一氏が，著書のなかで「社会福祉学」のもつ脆弱性に警鐘を鳴らした文である．すでに社会福祉学史上の人となった両泰斗の円熟期に，授業の末席で学ぶことができた編者は，いま再び，先生たちの言葉をかみしめている．

これらの一文は，時のかなたに消え去った古色蒼然たる言葉ではない．今日，社会福祉研究の先陣をいく岩田正美氏も，社会福祉の研究者が増えている現在，にもかかわらず，社会福祉のもつ性格ゆえに，他の分野以上に「流行」に流される傾向があること，国の政策動向に強い影響を受けること，「外国の新しい理論に弱い」ことなどを指摘している（『シリーズリーディングス日本の社会福祉』日本図書センター，2011年，監修にあたって）．

　他方，社会福祉士の国家資格化以降，社会福祉に統一された解答が登場した．資格取得の試験のための〈答え〉は○か×である．百花繚乱の時代が，ましだったのか．社会学者ながら，今や，社会福祉学の中核を担う位置にいる武川正吾氏は，国家資格に縛られている現在の社会福祉教育に下記のような懸念を示している．

　　大学における教育というのは，本来，研究あってのものであろう．すでに確立された知識を教え込むというのではなくて，まったく新しい知識が生まれたり，それまでの古い知識が訂正されたりするというように，知識が不断に更新される過程のなかで教育が行われるということが，大学における教育の神髄であるとするならば，社会福祉教育においても厚生労働省の言いなりになるのではなくて「研究あっての教育」という立場をもう少し打ち出してもよいと思う（「隣接分野から見た社会福祉教育」学術の動向，日本学術会議，2007年10月号）．

　この本では，社会福祉の情況を正視し，〈学〉〈教育〉〈実践〉の発展に寄与すべく，わかりやすく解くことをめざした．
　真摯に実践を続けてきた「省察的実践者」といえる社会福祉等専門職の方々，気鋭の若手・円熟の境地の研究者等で創り上げた．原則的に自分の研究・実践の第一次データを用いて書く方針のもと，結果，大勢の執筆者で臨んだが，KJ法創始者・川喜田二郎氏の「データに忠実にあれ」という理念に傾倒する編者の方針を受け，個人的な解釈は可能な限り禁欲していただいた．
　実践者・研究者の珠玉のエッセンスの数々が，学びの航海を導いてくれるはずだ．

社会福祉原論の国家試験を視野に入れて編んでいるが，介護，保育，看護，教育の専門職の卵，社会福祉を「教養」として学ぶ学生にも，現場・行政職の方々にも，さらに社会福祉と共に暮らす皆さんが手にとってくださることを願う．「生きた」書であると共に論理を忘れない故に「基本と事例」なのだ．

　ところで，あの東日本大震災では，社会福祉の領域の「対象者」となる人たちが，一晩にして数百万人となった．私たちの研究が希望の糸を紡ぐ一助となればと願う．

　災害は，社会福祉前史の契機ともなった．ただし，今回は単なる自然災害でも戦争の焼け跡でもない．繋がりあうことの意味は，大災害の時に可視化する．しかしながら，気づかなければならない，もっと大きなことについては，エピローグにて語りたい．

編　者

目　次

プロローグ──「社会福祉とは何か？」に纏わる今日的情況……ⅰ

第1章　あなたの人生と社会福祉……1

❶ あなたの人生・家族と社会福祉のつながり……4
　　1　きみとあなたの人生……4
　　2　きみとあなたの人生に「想定外」の社会福祉……6
　　3　あなたの人生に社会福祉は役立つ……7
　　4　あなたの家族と社会福祉……10

❷ 少子高齢　人口減少・格差拡大社会　今そこにある危機？……15

❸ 社会福祉を学ぶために──社会の現象から本質をみよう……21

★学びのオリエンテーション
　また福祉が人を殺した……25

第2章　社会福祉のしくみ……27

❶ 社会福祉の法制度を学ぶ前に……30
　　1　なぜ社会福祉の法律を学ぶのか……30
　　2　社会福祉・社会保障のしくみの全体像……31

❷ 社会福祉の法律……35
　　1　社会福祉の基本となる法律……35
　　2　所得保障に関する法制度……38
　　3　児童期の社会福祉の法制度……39
　　4　障害をもった時の社会福祉の法制度……40
　　5　高齢期の社会福祉の法制度……42

❸ 社会福祉の行財政のしくみ……42
　　1　社会福祉行政・実施体制のしくみ……42
　　2　社会福祉の財政……51
　　3　社会福祉計画……53

4　社会福祉の供給のしくみ……55
　　　5　社会福祉の法制度の変容と課題……58
　★学びのオリエンテーション
　　介護保険制度から考える地方分権……63

第3章　社会福祉のしごと……65

❶　社会福祉を担う専門職……68
　　　1　〈社会福祉のしごと〉の魅力……68
　　　2　社会福祉の国家資格……71
　　　3　任用資格とその他の資格……75

❷　社会福祉の仕事と専門性……76
　　　1　社会福祉専門職の理論と技術……76
　　　2　社会福祉専門職の価値と倫理……81
　　　3　〈社会福祉のしごとの事例〉……85
　★学びのオリエンテーション
　　「ソーシャルケアサービス従事者研究協議会」の意義と実践……91

第4章　社会福祉のあゆみ……93

❶　イギリスのあゆみ：「福祉国家」の成立と変容……96
　　　1　救貧法の時代から救貧法の解体へ……96
　　　2　「福祉国家」の成立と変容……100

❷　日本のあゆみ……105
　　　1　明治以前の救済事業……105
　　　2　明治期：慈善事業から感化救済事業へ……106
　　　3　社会事業の成立……109
　　　4　昭和戦前期──社会事業から戦時体制下の厚生事業へ──……111
　　　5　戦後の社会福祉……114
　　　6　近年の社会福祉・社会保障の動向……117
　★学びのオリエンテーション
　　ギデンズと第三の道……126

第5章　社会福祉とのつながり……129

❶ 教　　育……132
1. 教育ということば……132
2. 教育は生を養うこと……133
3. 教育＝ケアと《心地よい生》の実現……134
4. 教育の目的は《ウェルビーイング》……135
5. 「生きる力」をはぐくむ教育……136
6. 転形期の教育の構想力……137

❷ 労　　働……139
1. 日本の労働環境の変化と社会保障……139
2. 日本の労働政策の概要……141
3. 社会福祉と就労支援……144
4. 『福祉から雇用へ』……146

❸ 医療・保健・看護……147
1. 医療制度改革と地域保健活動……147
2. 医療制度における看護師の専門性……151

❹ 住　　宅……155
1. 建築士として「福祉」に出会う……155
2. 建築の法制度と日本の「家」の特徴……156
3. バリアフリー住宅の促進と介護保険……158
4. 「福祉住環境」の課題……159

★学びのオリエンテーション
地域を基盤とした専門職連携教育と実践……163

第6章　海外に学ぶ……165

❶ ドイツの社会保障・社会福祉……168
1. ドイツの社会保障制度・社会福祉の概要……168
2. 社会保険……169
3. 社会扶助……174
4. 児童手当……177

❷ アメリカの社会保障・社会福祉……178
 1 アメリカの特性……178
 2 豊かな国の貧困・格差……182
 3 社会保障・社会福祉の現状……185

❸ 北欧の社会保障・社会福祉……191
 1 北欧型福祉国家……191
 2 フィンランドにおける社会保障・社会福祉の現状……193
 3 高福祉・高負担国家の基盤……198

❹ アジアの社会福祉……201
 1 中国の経済発展と社会問題……201
 2 タイにおける社会福祉の展開過程……205
 3 タイにおける高齢者クラブの地域福祉活動……209

★学びのオリエンテーション
 国際比較の視点と方法……214

第7章　社会福祉の考え方……217

❶ 生存権と社会福祉……220
 1 生存権の意義……220
 2 憲法の役割……220
 3 人権から社会権，そして生存権へ……221
 4 日本国憲法第25条と生存権訴訟……223
 5 現在の生存権保障……227

❷「当事者主体」の理念……227
 1 当事者主体の理念の背景……228
 2 ノーマライゼーションの原理……229
 3 権利擁護とアドボカシー……231
 4 ソーシャル・インクルージョンと当事者参加……234

❸「福祉国家」論……235
 1 福祉国家に関する経済学とその関連理論……235
 2 福祉国家に関する社会学とその関連理論……239

❹ 日本における「社会福祉本質論争」……246
　　1　日本における社会福祉の理論研究のはじまり……246
　　2　戦後の「社会福祉本質論争」とその後……247
★学びのオリエンテーション
　実践から問う社会科学としての「社会福祉学（論）」……257

第8章　社会福祉のあしたを担う人たちへ……259
　　事例1　障がい者を地域で支えるしくみづくりの日々……262
　　事例2　当事者から学ぶ——精神保健福祉士としての実践から……265
　　事例3　ケアマネージャーとして高齢者を支える……269
　　事例4　大学と実践の協働による調査研究……272
　　むすびにかえて……274
★学びのオリエンテーション
　社会福祉の明日をつくる社会福祉教育：社会福祉の危機を越えて……279

エピローグ——千年に一度の震災・そしてすべてのものに学ぶ……283

社会福祉・社会保障年表……287

第1章
あなたの人生と社会福祉

この本は,「学問としての社会福祉の入門書」である.
　「学問」は「科学」である.科学というと介護ロボットとか,そんなものを思い浮かべる人が多いからかもしれないが,「社会福祉学」は「社会科学」である.そして,社会科学は「社会を科学する学問」である.「社会福祉学」は,社会のある対象を社会との関連で分析し,その対象に働きかける方法をあみだす学問である.「社会福祉は実践である.学問ではない」と思う人もいるので,最初から大上段(だいじょうだん)に構えてしまった.社会福祉の学問としての歴史がまだ短く,成熟していないことも事実だ.
　そして,この本は,社会福祉の専門職をめざす人の「現代社会と福祉」の科目.ほかの専攻の人にとっては,社会福祉概論でもある.専門家をめざす人だけしか読んじゃいけないわけではない.誰でも手にとって読める内容である.社会福祉の専門家だけが書いてはいない.学生,社会福祉の仕事をする人も一緒に書いた.いろいろな人にエピソードに登場してもらった.
　この章では,社会福祉と関連する「現代社会」の特徴をみていくことにする.
　ところで,"福祉の本は硬くてむつかしい"と,何人もの学生が言う.困ったことだが彼らに責任はない.高尚な本でも,理解されなければ意味がない."授業中は寝たり起きたりです"正直な学生の発言だ.私の授業ではない.が,いずれにしても授業中の"枕"とならないよう,この本では,「わかる言葉」を使う努力をした.
　難しいことをやさしく書くことは,とても難しい.せめて,入口でひきかえされることのないよう,「わたしの言葉」で,「あなたに」語りかけることにした.軽すぎると品がない.重すぎると面白くない.簡単ではない.
　堅苦しくしないために「人生」という言葉を使ってみた.「社会」より身近な言葉だと考えた.けれども,後で気づいた.若者の気持ちを代弁するかのような,JポップにもKポップにも,「人生」という言葉は,めっ

たに登場しない．たまに登場する「人生」は"夜空に"みつかったり，"奇跡"も期待される．昨日にも足元にもない，"ファンタスティックな人生"である．

そうならば，ましてや，「現代社会と社会福祉」といわれても，足元にはない．現実世界というより，仮想世界の"他人事"になるのは当然だ．

「社会福祉」を"弱者を助けること""障害を抱えた人や老人のもの"という勘違いが知識不足に帰せられない．誰だって経験しないことはだいたい他人事だ．"できれば関わりたくない""かわいそうな人の話"という無理解もある．

それでは，「社会保障」はどうだろう．これは，ふつう，年金や医療保険などをさす．それなら案外，人生とのつながりがみえやすい．「社会福祉」と「社会保障」の関係はとても深い．

ところで，わたしたちは，あなたが「知識」「情報」「実践・体験」を通して考えることを大事にしたい．試験のための丸暗記は推奨しない．"やらせられる"学びは，つまらない．学ぶことは，おかしくはないが，面白い．面白くない学びなどない．

なぜそうなのか．極秘情報だが（笑），実は「学び」は「遊び」なのである．どちらも，あなたを育て，あなたの人生を豊かにする．時間を忘れ，夢中になった子ども期，「遊び・命」だっただろう．「学び」だって時間を忘れ没頭できる．

さて，そろそろ，「あなたの人生」と社会福祉にまつわる「学び」の「遊び」を始めよう．「遊び」がしっくりこないあなたには，「ちょっとした知の冒険」と考えてもらっていい．歴史と共にありながら，学の歴史が浅いがゆえに，未開のフロンティアが広がる社会福祉．知の冒険には最適なフィールドだ．

（川池智子）

① あなたの人生・家族と社会福祉のつながり

1 きみとあなたの人生

　社会福祉をちょっと脇におき,「人生」について考えてみよう.
　「きみとあなたの人生」という表題にジェンダー・バイアスはない.
　ただ, 若者の好む歌にでてくる語りかけ先が, "あなた"よりも"きみ"が多かったから. 身近に感じてもらうためにそうしただけだ.
　女の子も, 最近は"きみ"って歌う. どうしてなんだろう.
　"おまえ""ついてこい"調の演歌にはイラッとするが, "ふるさと"を描くような演歌には共感する世代となった, 近頃,「人生」を考えることが多い. 子どもが自立したから? 90を越えた恩師の最期の手を握ったから?
　波乱万丈, 数奇な運命を描く, 韓流ドラマの影響もあるかもしれない.
　まじめな話, 研究や行政の仕事を通して, 出会ってきた障がい児者の家族のことが関連していると思う. 定型発達の子育てだけでは味わえない, 悲しみも喜びも, 酸いも甘いも, 凝縮された人生を歩む人たちとの出会いは学びの連続である.
　といっても,「人生論を語り合う」なんてしたことはない. そもそもみんな,「人生」を, どうとらえているのだろう. 自分の思い込みで語ってはならないと思った.「『私の人生』ということから思い浮かぶことは?」インスタント・メール・アンケートに, いろいろな年代の人が答えてくれた.[1)]

　　人生, 山あり谷ありです. "上をみればきりがない, 下をみれば切りがない"って言ってた母の話が, 今, 身にしみます.（50歳代女性）／若い頃は希望で, 未来が輝いてみえました. 今の人生はそれなりに充実しているけれど, 私の人生, 半分は子どものものかな.（^^）（30歳代女性）／したい仕事をしていますが, 将来は, はっきり言って不安です. 不安を考えないようにがむしゃらに働いている.（-_-メ）こんな世の中なので無理矢理にでも楽しまないとやってられません（30歳代男性）／家族のことでどん底って思って, 友だちに話したら諭されました.「生きていれば

泣いたり笑ったりできるよ」って．震災があったりしたので，「人生どうにかなる，まあくよくよしない」って思えるようになりました．（50歳代女性）／人生について，普段あまり考えないかな．普通というか，平凡だと思ってます．（40歳代女性）

　上記の回答は，友人や教え子である．が，これまでの体験のなかから，自分の人生への思い「人生観」をよせてくれた．
　若者，学生たちからは，こんな回答をもらった．

　『私の人生』という言葉を聞いて感じるのは，まず不安です．今の段階では自分はまだまだ幸せになるための努力が足りない．何か行動を起こさなければとは思ってはいるが，やる気が起こらず，いろいろなことから逃げているという状況です．30歳で結婚，子どもは2人って理想はあります．
　「希望と不安が入り交じってる．一瞬一瞬を大切に生きれば，なんとかなる」「希望を持って歩まなければならない，と思っています．不安ですが，不安が学ぶことの原動力になっています」「漠然としてて，自分がどうなる，こうなるっていうのがあまり想像できない」．

　ものごころついてから10年くらいしかたっていない．先はその何倍もある．海図も地図もない見えない未来への巣立ちの時もせまっている．
　歌は，輝く"あしたに走り""みらいを信じ""永遠を約束"するが，それは，勇気づけられるものであって，自分のものではない．"大丈夫""歩いていこう"と口ずさむものの，耳から聞こえるものは目の前の現実ではない．
　見えない未来に途方に暮れ，"不安と希望"のなかにたたずむのは当然である．
　〈思想は時代を映す〉という言葉がある．
　人生経験の少ないあなたが，「人生」を語ることは難しい．
　わたしも若いころ，そうだったかもしれない．が，スクリーンのなかの人生に入り込むことはできた．「風とともに去りぬ」「ひまわり」「チップス先生さようなら」etc.そんな映画を知らない若者も，「ライフ・イズ・ビューティフル」「ビューティフル・マインド」「ショーシャンクの空に」の主人公の，波乱

万丈な人生を"疑似体験"したことはあるだろう.

　平凡な幸せが一番,「末は博士か大臣か」なんてフレーズも聞かれないこのごろ,回答をよせてくれた学生たちが描く人生は手堅い.

　　ソーシャル・ワーカーとして働き,27歳で結婚,子どもは3人以上.うさぎと犬を飼います！／25歳くらいで結婚して子どもは男女一人ずつ欲しいです.／30歳ころ結婚して子どもは2人欲しい,という理想はあります.家族も大事ですが,自分の生きがいをみつけていきたいです.

　タイタニックのローズやジャックみたいな人生は考えられない.
　せめて,平凡でおだやかな人生をおくれればと,ささやかな幸せの人生を夢見る世代.そういう若者が,社会福祉を他人事と思うのは当然だ.

2　きみとあなたの人生に「想定外」の社会福祉

　「どうして社会福祉を選んだの？」と学生に尋ねると,「かわいがってくれたおじいさんが介護を受けてるから」「鍵っ子で,おばあちゃんちによくいたから」といった答が返ってくる.生活保護を受けていました,弟に障がいがあります,児童養護施設にいました,という学生もいるが,ごくごく少数派である.児童福祉施設の実習後,「比べると自分が幸せだったとわかりました」「子どもを虐待する親は許せない」それらのコメントも他人事の視線だ.

　誰もが,もしかしたら,人生の途中で1人では解決できない,家族だけでも解決できない出来事に遭遇するかもしれない,ということに若者たちは,想像が及びにくい.それが,介護や障がいに限らないということにも気づきにくい.

　だいたい,年をとることだって,ありえないと思う人が多い.

　　正直言って,想像したくない.体力とか身体能力の衰えは感じるのは怖い.／動けなくなっていくのは嫌ですね,想いがあっても身体が動かなくなっては遅いので動けるうちに色々やりたいです.／歳をとりたくないって思う.今のこの生温い感じに甘えてるんだと思う.

自分の気持ちを正直に見つめることは大事である．いくつになっても，若くいたい，世の中の人の多くはそう思っている．

「想像は，よくしますし，とても楽しみです」という回答のほうが驚いた．聞くと，80すぎまで活躍した女医さんの孫娘だった．

血や死のにおう人生の始まり・終わりに出会うことが少ない今日，いにしえから受け継いだ人生を生きる智恵を学ぶ機会が少ない時代，若者が，人生が見通せない不安に怯(おび)えるのは当然のことである．

3 あなたの人生に社会福祉は役立つ

では，あなたの人生と社会福祉はどう関わるのか．

人生は，〈全介助〉で始まり，〈全介助〉で終わる．そこに，社会福祉が関わることが多い．しかし，社会福祉は介護だけではない．「ケア」は社会福祉の専門家だけの仕事でもない．もし，あなたが保育園児だったら，児童館で遊んだことがあるなら，あなたはすでに，社会福祉に関わっている．

社会福祉・社会保障が人の一生と深くかかわっていることを世に知らしめたのは，世界でもいち早く「福祉国家」を築いたイギリスの市井(しせい)の研究者，ラウントリー(Rowntree, B. S.) だった．

彼は，1900年代初頭，庶民の人生には5つのステージがあること，そのうち3つのステージでは，どんなに節約しても食べていけないほど貧しい家族が多いことを明らかにした．1回目は子ども時代，2回目は子どもを養育する時期，3回目は仕事から引退した老後である（図1-1）．

この研究は，のちに，イギリスの社会保障の構築に生かされる．ラウントリーが「単なる肉体的能率を保持するために必要な収入がない」と定義した「第一次貧困」が，酒浸りとかギャンブルといったことよりも，失業とか安い給料とか，「個人の責任を越えたところ」が原因であることを明らかにした功績も大きい．彼は，チョコレート・ココア会社の御曹司，栄養学の知識もあり，慈善，博愛を越えた，社会改革という道を拓いた．賭けごとや酒に走ることその

ものが，貧しい生活の写し鏡であることを，彼は見抜いていた．

あなたの生きる人生，社会福祉・社会保障が，人生に3回，「食べていくことができない」時期は来させないしくみを作った．懲罰的な救貧法と，宗教による慈善事業しかなかった時代ではない．あなたに，尊厳のある人間らしい，文化的な生活を，国が憲法や社会福祉法で約束してくれている．

「あした食べるお米がない」．お茶の間の人気ドラマの主人公のように，7歳で奉公にでることも，母が温泉街で身売りする必要もない．もう日本では，どんなことがあっても飢え死にすることはない（そう，このごろまで私は教えてきた．しかし，そうではなかったが．）．

たとえ親が育てられなくても，乳児院や児童養護施設，里親制度がある．里ごころつくといって，めったに家に帰してくれなかった施設も，今はほとんど週末帰省・面会を奨励する．毎日，親が帰る前に，夕ご飯を食べさせてくれてお風呂にいれてくれる，トワイライトステイというものもある．

障がいや慢性の病気のある子どもを育てる場合，療育機関がたくさんある．国や市町村から手当（現金）がでる．障がいがあって働けないときは，年金や生活保護も受けられる．障がいをもつ子ども2人を育てあげたシングルマザーもいる．小さな会社だけれど，1人目が就職したと話すお母さんの顔は，誇ら

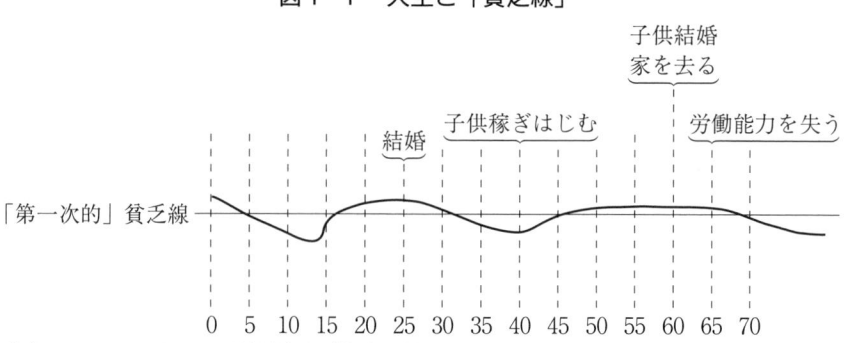

図1-1　人生と「貧乏線」

出典：B.S.ラウントリー：長沼弘毅訳『貧乏研究』千城，1975年，p.152
注）表の名称は筆者による．

しげに輝いていた．

　子育てが終わるころ，ひかえているのは老後である．女性は両親，義父母，自分と夫の6人の老後・介護に向き合うといわれる．けれども，年をとればみんな介護が必要なわけではない．90歳まで家族の食事を用意していたおばあさま，障がいのある息子のために1日でも長生きしたいとストレッチを欠かさない80過ぎのおかあさまもいる．あなたが1人で，5人の介護をすることはない．介護保険がある．認定されればケアマネージャーが親身に相談にのってくれる．ヘルパーもきてくれる．専門的な相談や，介護予防事業は，保健師，社会福祉士，主任ケアマネージャーといった高度な専門職が揃った地域包括支援センターがやってくれる．

　こんなふうに，あなたの人生は，社会保障・社会福祉の網の目のなかで，安心してくらせる．スウェーデンに憧れることはない．海の幸，山の幸に恵まれ，先進諸国となんら遜色のない「福祉国家」日本，山梨に住むあるスウェーデン人は，ずっとここに住みたいという．奥さんの出産時は，国が費用を用意するスウェーデンに戻るが，後は，日照時間が日本一の街が住みやすいという．

　社会福祉は，人の善意による慈善事業でもボランティアでもない．わたしたち国民の権利である．

　といっても，申請して，認められないと利用できない．

　　仕事柄，いろんな家族の相談を受けて思う事は，介護保険等いろんな制度が整えられてきてますが，利用するには，費用がかかるということ．老後の蓄えは必要だと思うこの頃です．認知症になってお下も分からなくなったら，施設で入所で暮らしたいと思います．

　社会福祉の仕事をする女性の言葉である．"認知症になってお下も分からなくなったら，施設で入所で暮らしたい"という，利用者の"自己決定"を大事にすることが，社会福祉の法律で決められた．ソーシャルワーカーは"当事者主体"をないがしろにしてはならなくなった．

「福祉のお世話になる」といった時代はおわった．行政に申請して，その決定を待つという「措置制度」から，自分で業者をみつけて「契約」する制度へ変わった．もうお客様，"消費者"だ，といわれる．

一方で，利用料が高くなった．"老後の蓄え"が心配だ．払えたとしても，高齢者施設は満杯で100人，200人が待っている．何を待っているかは，いいにくい．

4 あなたの家族と社会福祉

人生には家族がつきものである．結婚する，しないにかかわらず，社会学では，育った家族を「定位家族」，結婚でつくる家族を「生殖家族」という．

けれども，最近，新たな家族を作らない人がふえたということがよくいわれる．結婚しない若者を，"独身貴族""パラサイトシングル"と名付けた学者がいたが，最近は，貧しいことが，若者の結婚の壁になっているといわれる（図1-2）．

婚姻率の低下と息をあわせるような離婚率の上昇もみられる（図1-3，1-4）．家族がどんどん小さくなり，1人暮らしが増えている（図1-5，表1-1）．

「夫婦と子どもが2，3人＋祖父母という家族」がずっと昔から「普通」だったわけではない．よほど豊かではなければ結婚できない時代，一夫多妻の"家族"もあった．家族の形が時代，地方，民族，階層によって多様だったことは，文化人類学や民俗学，民族学などで研究されている．そのひとつとして，1700年代の地方の現代の戸籍のような宗門人別改帳をもとにした研究者の貴重な資料を表1-1，1-2に引用しよう．

今のような家族の形ができてからも，家族生活のあり方は変化してきた．

そのひとつは，生活の場と働く場が切り離され，遠くなってきたことである．農業中心の時代は，家族総ぐるみで働き，生活している家族が多かった．しかし，今日では，働く時間の半分が通勤であったり新幹線通勤も珍しくない．父

第1章 あなたの人生と社会福祉 11

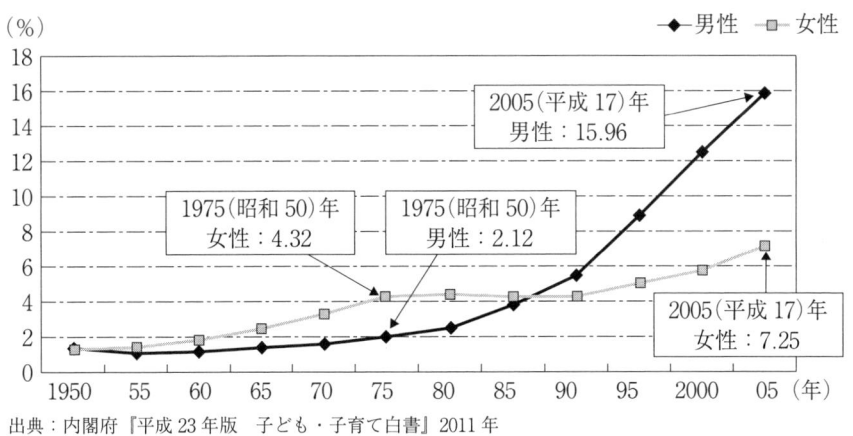

図1-2 生涯未婚率の推移

出典：内閣府『平成23年版 子ども・子育て白書』2011年

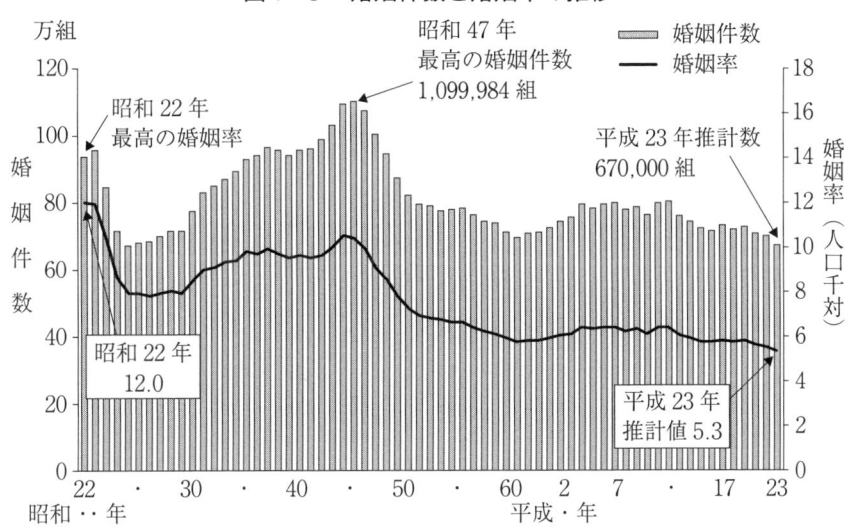

図1-3 婚姻件数と婚姻率の推移

出典：厚生労働省「平成23年人口動態統計の年間推計」

図1-4 離婚数・離婚率の推移

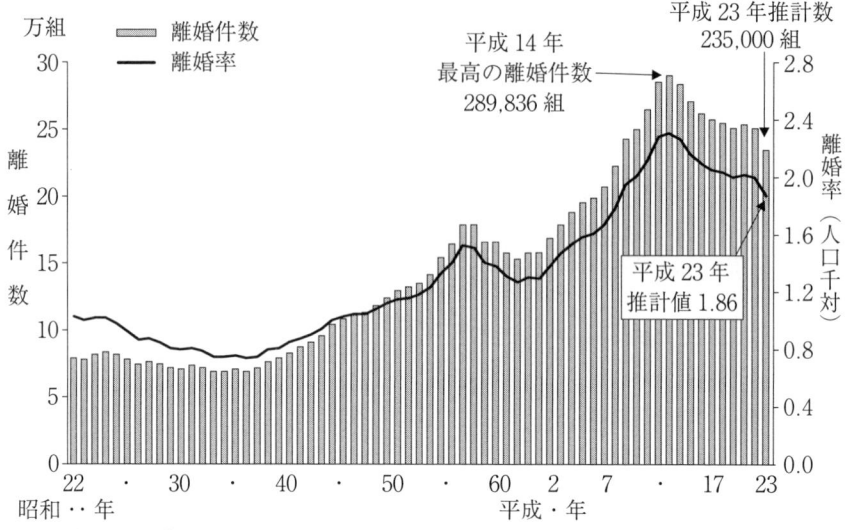

出典：厚生労働省「平成23年人口動態統計の年間推計」

図1-5 世帯数と平均世帯人員の年次推移

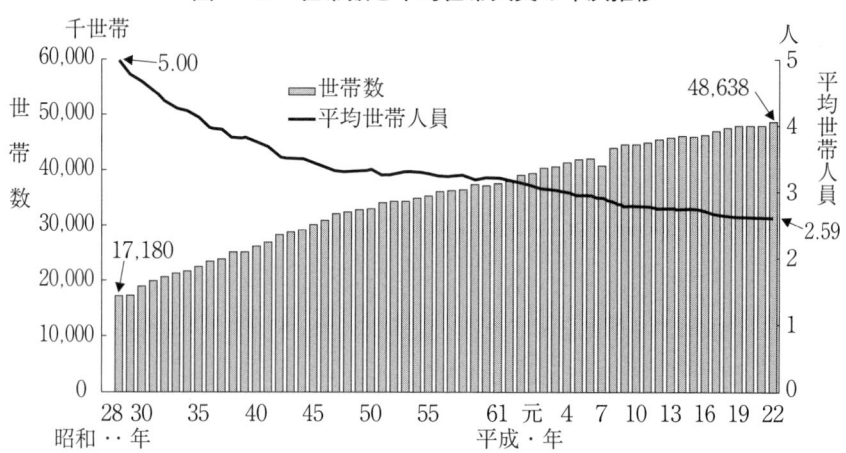

注）平成7年は兵庫県の数値が除かれている．
出典：厚生労働省「平成22年 国民生活基礎調査」

表1-1 鴇巣村の家族構造（当時は陸奥国会津郡，現在の福島県）

家族構造	1714年	1748年
既婚傍系親族を含む拡大家族	17	3
単身傍系親族を含む拡大家族	8	6
奉公人を含む拡大家族	2	1
傍系親族と奉公人を含む拡大家族	3	0
直 系 家 族	9	29
単 婚 家 族	12	19
単 身 者	11	5

（寺社の家族は除外した竈数）

出典：太田素子『近世の「家」と家族 子育てをめぐる社会史』角川学芸出版，2011年，p.130
　　　表の名称は，筆者が一部加筆．

表1-2 日飼村の人口と家族（当時は播磨郡揖保郡，現在の兵庫県）

	1776（安永5）年	1815（文化12）年	1839（天保10）年
総人口	288人	323人	238人
家数	52軒	57軒	55軒
平均世帯規模	5.54人	5.67人	4.33人
15歳以下人口	85人	94人	59人
1戸当たり平均未成年者数	1.63人	1.65人	1.07人

出典：表1-4に同じ，p.136，表の名称は，筆者による．

が単身赴任の家族もたくさんある．

　西安に赴任したのは日本のバブルが始まる80年代の末，90年代半ばには上海へ転勤．街中が工事現場の上海には日本企業の進出ラッシュだった．呼び寄せることができた妻は，教員として息子と日本人学校に通った．経済成長のエネルギー溢れる中国での建設の仕事，生涯で最も充実した日々だった．中学進学を前に妻子は帰国，また単身赴任の日々が始まった．そして10年後，ベトナムに赴任し，もう7年がすぎた．
　　　　　　　　　　　　　　　　　　　　　　　　　　　　　　（三好　学）

　単身赴任は国内とはかぎらない．全員が共に生活できたのは数年だったこの家族，孟母三遷を地でいった母親は，子育てを終えると空に旅立っていった．
　ところで，社会学の研究では，かつては，教育や祭司の機能をも，もっていた家族が，徐々にその機能を縮小してきたといわれる．

たしかに，わたしが幼いころは，いろいろなものが，家族の手作りだった．野菜も漬物も服も．母のお手製の服は自慢だった．現実は，家計のやりくりのための母の苦心の策だったが．今，手製の服はかえって自慢できるかもしれない．タッグにアジアの国名がプリントされたTシャツもジーンズも量販店ですぐ買える．1週間も2週間も同じシャツと穴のあいた靴下なんて子どもは探してもなかなかいない．畑で大根を抜かなくてもスーパーに食材はあふれ，デパ地下惣菜売り場は国際色豊か．お弁当，総菜，で3食すますコンビニ生活も可能である．

単身世帯の急増は，それでも生きていけるという社会の状況を反映している．といっても，人の手を経れば経るほど値段は高くなる．手作りカレー＜レトルトカレー＜学食カレー＜レストランカレーというように．

もったいないと節約したいが，家計のなかで節約できるものとできないものがある．

水道・電気・ガス，「公共料金」は，川で水汲み，ろうそくを灯さない限り，そう節約できない．数回の計画停電で音を上げる．保育料，保険料，介護保険料，「福祉サービス利用料」，「社会的固定費目」といわれるものも家計を圧迫する．さらに，毎日CMで大病の備えをすすめる民間保険に加入したくなる．

節約に誘惑が負けることもある．外出先で冷房がないところは道くらい．帰ってエアコンなしでは暮らせない．リニューアルも欲望をかきたてる．携帯が壊れなくても古い方をもつのはかっこよくない．ローンの借金であっても手渡しでなければお金の重みが消える．30年ローンの家の中で，借金のかたに働いていることも忘れてしまう．

明治後期の貧民街のルポルタージュ「日本の下層社会」(横山源之助)には，朝，鍋や食器を質に入れ，借りたお金でその日稼ぐための道具を借り，稼いだお金で質草をだし，晩ごはんを作るという，「その日暮らし」が描かれている．今の時代，物はあるが，ある意味，バーチャルなその日暮らしかもしれない．

そんな生活感のない家族生活，逆に，いまや，"家族の機能は愛情だけであ

る"という説もある．愛情という目に見えないものは，うつろいやすい．いがみあう父母の姿をみせられる生活が，ひとり親家庭よりいいというわけではない．片親という言葉は古い．そもそも家族の姿は自由なのだ．子どもにとって別れは辛いけれど．

今日，私たちが自由と引き換えに得たものは，不安定で揺らぎやすい家族生活である．自由な社会はそんな宿命を孕んだ存在なのだ．

現代社会の家族の「揺らぎ」は，社会の「揺らぎ」でもある．家族が揺らぐと社会が揺らぐ．社会が揺らぐことは，国の危機を招く．そうだからこそ，公的な家族を支える社会的システムが編み出された．それが社会福祉の役割の一側面である．

② 少子高齢 人口減少・格差拡大社会　今そこにある危機？

いま，「高齢化問題」＋「少子化問題」⇒「人口減少」を不安視する議論が花盛りである．年金や医療等の費用の増加が若い世代の負担や国の財政負担となる．人口減少が労働力人口を減少させ，経済成長が止まる．日本は衰退してしまう，といった「少子高齢人口減少社会危機論」である．

> 我らは，紛れもなく，有史以来の未曾有の事態に直面している．（中略）家庭や子育てに夢を持ち，かつ，次代の社会を担う子どもを安心して生み，育てることができる環境を整備し，子どもがひとしく心身ともに健やかに育ち，子どもを生み，育てる者が真に誇りと喜びを感じることのできる社会を実現し，少子化の進展に歯止めをかけることが，今，我らに，強く求められている．生命を尊び，豊かで安心して暮らすことのできる社会の実現に向け，新たな一歩を踏み出すことは，我らに課せられている喫緊の課題である．

これは，少子化社会対策基本法（2003年）にかかげられた前文である．"有史以来の未曾有の事態""我らに課せられている喫緊の課題"というフレーズを読むと，少々大袈裟な，と思ってしまうが，どうだろう．

少子化の原因は，もうさまざまなところでいわれてきているから，あなたも知っていると思うが，女性の高学歴化，働く女性の増大にもかかわらず仕事と子育てを両立できる環境整備の遅れ，結婚・出産，子どもをもつことへの価値観の変化，子育てに対する負担感の増大がいわれてきた．そして，最近は，若者が経済的に不安定なことも一因といわれる．

少子化の結果，高齢化が進行し，人口減少社会が到来する．そのことで，生産年齢人口の減少等で経済社会の活力への悪影響が生じ，さらに社会保障負担等の負担が増大するというシナリオが描かれている．

エンゼルプラン，新エンゼルプラン，子ども・子育て応援プランなどの施策の計画が次々にだされ，各種の法律，「大綱」も作られたが，合計出生率が少々上昇した年もあったものの，ほとんど成果はない．

保育政策が充実している北欧や，児童手当に熱心なフランスは，少子化を回復できた，といったことも紹介される．けれども，先進諸国においても，人口置換率を上回った国はごく一部である．さらに，アジアの国々の出生率も次々に低下しだした（表1-3）．

子どもを少なくしか産まなくなった理由に，育てる費用が家族の負担だということもあげられる．おけいこごと，塾，予備校に通わせ，高校・大学・大学

表1-3　先進諸国における合計特殊出生率の推移

	1950年	2000年	現在
日　本	3.65	1.36	1.39
イギリス	2.19	1.64	1.90
ドイツ	2.05	1.38	1.38
イタリア	2.52	1.26	1.41
フランス	2.92	1.88	2.00
スウェーデン	2.32	1.57	1.91
アメリカ	3.02	2.06	2.12

注）ドイツは1990年まで旧西ドイツの数値．最初の年は1951年．イギリスは1985年までイングランド・ウェールズの数値　日本の2010年の数値は概数．「現在」の数値．英米は2007年，他の国は2008年の数値．

出典：厚生労働省『平成23年版　厚生労働白書』より抜粋作成

院まで進学させ，1人総計1億前後かかるなら，「貧乏人の子だくさん」ではなく「金持ちの子だくさん」である．

「木を見る」視点では親の勝手・親のエゴかもしれないが，「森をみる」と産業界の求める質の高い労働力の育成である．高度な産業社会は，中学校を卒業するだけの「金の卵」を望まなくなった．それが各家族の経済的負担となる．

その少子化とのコインの裏側が高齢化であるといわれる．少子化が高齢化をもたらし，その結果，人口減少時代になるという危機論である．

高齢化の現在の状況と，将来推計の動向は図1-6のとおりである．全人口に占める65歳人口の割合をもって定義される「7％＝高齢化社会」「14％＝高齢社会」という定義は，国連の報告書をもとにしている．

また，ここで，高齢社会対策基本法から，その前文の一部をみてみよう．

図1-6　高齢化の推移

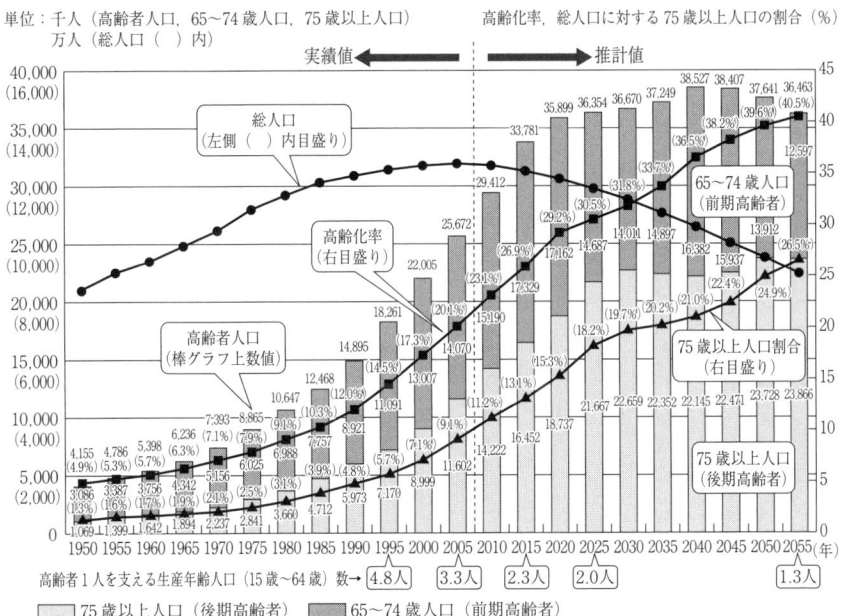

出典：内閣府『平成23年版　高齢社会白書』

我が国の人口構造の高齢化は極めて急速に進んでおり，遠からず世界に例を見ない水準の高齢社会が到来するものと見込まれているが，高齢化の進展の速度に比べて国民の意識や社会のシステムの対応は遅れている．早急に対応すべき課題は多岐にわたるが，残されている時間は極めて少ない．

　危機感をさらに募らせる前文だが，高齢化の進行が労働力を減少させ，経済が停滞し，社会保障の負担増大の危機がくるといわれる．"3人で1人の高齢者を背負う騎馬戦型"さらには"1人で背負う肩車"になるとまでいわれる．

　少子化と高齢化がさらには「人口減少社会」をもたらし，すでに日本の人口は"縮小"している．近代以降，急激だった日本の人口増加は，富国強兵・殖産興業，高度経済成長の源になったが，それは，将来も必要だろうか（図1-7，1-8）．

　高齢化，少子化，人口の減少は，消費・投資需要を減退させ，国民負担率の上昇が働き手世代に過重な負担をかけ，地方は"限界集落"，"財政破綻"，"集落崩壊"，"里山喪失"，そして"外国人の流入による社会混乱"がくるという人もいる．

　同時に，今の日本社会で"両雄並び立つ"問題は，「格差問題」だといわれる．1990年代以降の，日本の「格差」は人口の高齢化が原因である，という説もある．さまざまな分野の研究者たちが"論争"してきた．経済協力開発機構（OECD）の報告書で，2004年の日本の貧困率は14.9％で，加盟30カ国のうち4番目に高かったことが格差論争に火をつけた．実態はそうであったかは疑問であるが，それまで日本は平等な社会だと信じられてきた．また，非正規雇用が増加し，格差拡大の大きな要因になっているといわれる（図1-9）．

　最近は，母親にマンションに閉じ込められた幼いきょうだいの餓死，一家3人1円玉数枚を残した餓死，母子世帯の障がい児の餓死．新聞では，もうひとりっきりの"孤独死"ではなく，家族全員の"孤立死"という見出しが掲げられる．心が痛む．衝撃的な出来事に，社会がどんどん慣れていくことも怖い．

　けれどもニュースにならない事件はもっとたくさんある．"孤独死""無縁

図1-7　総人口及び人口増加率（1872〜2003年）

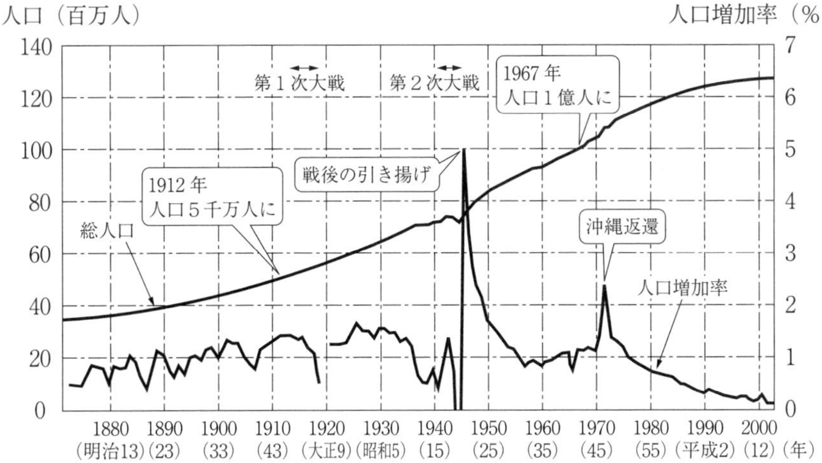

人口（百万人）　　　　　　　　　　　　　　　　　　人口増加率（％）

（グラフ：総人口は1880年頃の約35百万人から2003年の約127百万人まで増加。1912年人口5千万人に。1967年人口1億人に。第1次大戦、第2次大戦、戦後の引き揚げ、沖縄返還の注記あり。人口増加率は変動しながら近年低下傾向。）

出典：『平成16年版　少子化社会白書』

　死"は今日に始まったことではない．「携帯電話が繋がらなくなった時には，私の本，もらいに来て下さい」と"遺言"を残した障がい者の亡骸のお世話をした精神科ソーシャルワーカー，警察・自治会長立会いのもと，鍵をこじあけ，かもいにぶら下がって息を引きとっている1人暮らしのお年寄りを発見した役場の民生課職員，そんな話は，社会福祉の専門職の人たちの話題で珍しくはない．身寄りのない方の骨つぼ保管もソーシャルワーカーの仕事だ，と嘆く人もいた．

　13年間連続3万人の自殺，これは，日本の経済動向とリンクしているとか，希望がもてない社会になったとか，うつ病が原因だとかいろいろいわれる．

　表1-4は，世界の国々と比較した自殺率の推移である．推移，年代別，性別，国別から何が見えてくるだろうか．

図 1-8　有史以来の日本の人口の推移

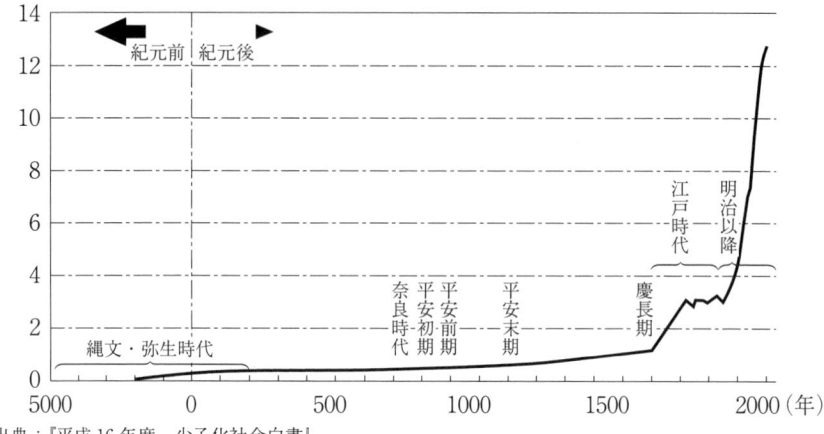

出典：『平成16年度　少子化社会白書』

表 1-4　自殺死亡率の国際比較（人口10万対）

年　齢		日　本	韓　国	アメリカ	フランス	ドイツ	イタリア	イギリス	ハンガリー	スウェーデン	ロシア
全体の総数		25.0	13.6	10.7	17.5	13.6	7.1	7.5	32.6	13.8	39.4
男性	総　数	36.5	18.8	17.6	26.1	20.2	11.1	11.8	51.5	19.7	70.6
	25〜34	28.1	16.3	22.2	26.1	17.7	10.3	18.1	40.4	16.2	86.3
	35〜44	36.9	25.1	22.5	35.8	23.3	10.3	17.3	73.3	24.7	93.1
	45〜54	56.9	30.4	22.0	34.3	24.9	10.5	15.3	85.0	26.3	105.3
	55〜64	65.9	40.2	20.2	31.3	25.8	13.9	12.8	75.8	27.6	90.8
	65〜74	46.1	45.6	25.0	39.6	31.0	21.2	9.8	80.8	30.4	98.1
	75〜	60.7	81.5	41.7	80.4	62.0	34.3	15.5	143.9	40.2	84.4
女性	総　数	14.1	8.3	4.1	9.4	7.3	3.4	3.3	15.4	8.0	11.9
	25〜34	11.6	8.1	4.8	7.7	4.4	2.7	3.9	6.5	7.4	10.6
	35〜44	10.5	9.9	6.4	11.2	6.8	3.3	4.7	13.2	11.7	11.6
	45〜54	15.6	8.1	6.7	14.9	8.7	3.7	4.3	21.9	11.8	14.2
	55〜64	19.5	11.7	5.2	14.1	10.5	5.0	4.0	18.5	10.2	14.0
	65〜74	22.0	18.7	4.2	14.8	11.1	5.9	4.2	29.4	9.7	19.4
	75〜	34.1	32.4	4.6	17.5	18.5	6.3	5.1	51.4	10.8	29.2

注）自殺死亡統計の概況　人口動態統計特殊報告　厚生労働省の表から筆者が一部改変．日本1999年他国2000年の数値もあり．

③ 社会福祉を学ぶために──社会の現象から本質をみよう

　ここまで，「少子超高齢人口減少・格差拡大社会」日本の暗い未来予想図を，それらの根拠になるデータとともに示してきた．

　しかし，高齢社会危機論についてもいろいろな批判がある．

　① 高齢者＝要介護ではない

　高齢者が誰かに「お世話になりっぱなし」なんていうことはない．平均的には心身の機能は低下するが，個人差がある．

　② 高齢期の問題は社会的・歴史的な問題

　「ひとしからざる老人に，みんなひとしくなっていく」貧困研究では有名な江口英一氏の言葉である．「財界人も山谷や寿町のドヤ街・路上生活者」も，高齢者に「等しく」なるが，「等しい」高齢者にはならないこと，高齢期の問題は運命や人口問題ではなく，社会的・歴史的な問題だと江口氏は主張した[2]．

　③ エイジレスとエイジズムの相克

　65歳以上が高齢者，お爺さん，おばあさん，と一括りにする科学的根拠は明確ではない，といった批判である．現代社会は"エイジレス社会"ともいわれる．栄養も医療も戦前の社会と比べ物にならない豊かさだ．ただ，一つでも若く見られたいという見かけや肉体の若々しさへの執着は「エイジズム（高齢者差別）」の一種かもしれない．生まれたら死ぬということを受け止めることが，動物的本能として無理だとしても，理性の発達した文化的人間には無理なのだろうか．

　④ 労働力は不足しないという説

　生産年齢人口縮小への批判「生産年齢人口＝15歳〜65歳未満」の相対的な現象が危機的だといわれるが，15歳から働いている人は少ないし，65歳以上で働いている人は少なくない．

　「少子化社会」の定義はない．人口を維持するのための人口置換水準が下回ったことを「少子化」とすると，日本はすでに1970年代から少子化していた．

「働きたい」女性，高齢者，障がい者，外国人の能力を生かす「共生社会」が実現すれば「人口減少社会」は怖くはない．成熟社会となるという説である．IT・ロボット革命は，従来型の人の手を必要としなくなるかもしれない．

世界的に人口転換の歴史的変換期にあり，人口減少は成熟社会の一つの側面であり，地球の環境・エネルギー問題からは，先進国の人口抑制が求められるという主張もある．

⑤ 現象と本質

「貧困問題」は，現象的には多様な姿をまとうという考え方もある．ふえているといわれる「介護殺人」「高齢者虐待」にしても，高齢化の進行や介護者不足というのはひとつの側面であり，よく目をこらすと，その底には貧しさがあるという考え方である．お金さえあれば，専属の介護や看護師だって雇える．

先進諸国で富裕層と貧困層の格差は拡大している．年功序列・終身雇用の崩壊，非正規雇用の増加が格差社会を作ったといわれる．「格差拡大」は時の政策によって姿を変える．

競争社会は，資本主義経済に生きる私たちの宿命であり，「自由」は「生きるも死ぬも個人の自由」をもつものである．

以上のような批判や主張が正しいか否かの答えもすぐにはだすべきではない．

しかし，ものごとの因果関係を解き間違えると，問題は解決せずに拡大するばかりである．そして社会の問題の「犯人探し」，責任のおしつけ合いのような「対立」論がいま大きくなっている．「世代間対立」「官民間対立」「政治対立」「ジェンダー対立」など．「対立」のなかから，解決策はみえてこない．むしろ人びとの希望を失わせる．

あなたの人生，私たちの社会は，社会保障・社会福祉が底支えしている．

「インフォーマル」な「相互扶助」が機能できえないゆえにそれらがある．他方，社会福祉・社会保障万能論も危うい．

打ち出の小槌をたたけば，必要なだけサービスがでるしくみにはなっていない．社会福祉に携わるソーシャルワーカーといわれる人は，宮沢賢治の「アメニモマケズ」のように，「北に困った人がいれば」感知してスーパーマンのように駆けつけてくれる人ではない．しかし，寄り添い支援しても，"孤独死""自死"が防ぎきれない辛さ・社会の矛盾と向き合い，生涯をかけ奮闘する社会福祉の専門職の人はたくさんいる．彼ら・彼女らの日々の実践こそが，社会福祉を，社会の希望の光とするものかもしれない．

そして，今，あなたができることは，社会福祉という希望の光をどう灯すか，感性を駆使しながらも科学として学んでいくことである．

注・引用・参考文献

1) 本人たちには了承をえている．

〈参考文献〉
① B.S.ラウントリー；長沼弘毅訳『貧乏研究』千城，1975年（Poverty: A study of town life）
② 森岡清美・望月嵩『新しい家族社会学』培風館，1997年
③ 飯田哲也編著『都市化と家族の社会学』ミネルヴァ書房，1986年
④ 孝橋正一・天野マキ編著『現代の家庭福祉』ミネルヴァ書房，1989年
⑤ 飯田哲也『現代日本生活論』学文社，2003年
⑥ 川池智子『社会福祉の新潮流② 児童家庭福祉論——基本と事例』学文社，2004年
⑦ 川池智子『子育ち・子育て新時代——保育が拓く地域力』山梨県立大学人間福祉学部，2008年
⑧ 原ひろ子『子どもの文化人類学』晶文社，1979年
⑨ 太田素子『近世の「家」と家族 子育てをめぐる社会史』角川学芸出版，2011年
⑩ 高谷よね子『社会福祉の新潮流④ 高齢者福祉論——基本と事例』学文社，2005年
⑪ 江口英一『もうひとつの労働者階級——つよき平凡な老人たち』全国老後保障地域団体連絡会，1986年
⑫ 大渕寛・高橋重郷『人口学ライブラリー1 少子化の人口学』原書房，2004年

⑬　鬼頭宏「人口から読む日本の歴史」『講談社学術文庫』講談社，2000 年
⑭　星野信也『格差社会，Poverty, Social Exclusion　福祉社会学研究　福祉社会学会』東信堂，2008 年
⑮　文春新書編集部編『論争　格差社会』文藝春秋，2006 年
⑯　上村敏之・田中宏樹『検証　格差拡大』日本経済新聞出版社，2008 年

学びのオリエンテーション

また福祉が人を殺した

　2012年1月下旬,札幌市白石区のマンションで知的障害のある妹とその姉の遺体が見つかった.姉のほうはそれまでに3回,生活保護相談のために福祉事務所を訪れたという.ふたりの生活費は妹の障害年金（2ヶ月で約13万円）だけであったようで,福祉事務所は「懸命なる求職活動をするよう」伝え,生活保護の申請をうけつけなかった.姉は以前に脳外科を受診したことがあり死因は脳内血腫.妹の死因は凍死で死後5日から2週間後に発見された.ガスは11月末に止められていた.

　このニュースを耳にした時,あの「餓死事件」がまざまざと蘇ってきた.1987年1月の札幌市白石区での「母子家庭の母親餓死事件」である.

　Mさんは夫と離婚して以来,母子寮で生活保護を利用しながら女手ひとつで働き,3人の子どもを育ててきた.その後,市営住宅に移り住んだが,ボーナスが入ったことで生活保護が廃止となり,生活の苦しさに耐えられず昼夜分かたず働いて頑張ってきた.体調を崩し何度か福祉事務所に足を運んでいるが,その都度「別れた夫から扶養できるかどうか書類をもらって来い」「若いんだから働け」と言われ,保護申請を受け付けてもらえず,餓死した.この事件は当時,札幌市弁護士会も「人権侵害の疑いがある」と認定し,世論からも厳しく指弾された.

　その後しばらくは,生活保護などに関わるこうした事件は減ったかのように見えたが,1987年には東京の荒川区で,生活保護を利用している方が福祉事務所の理不尽な扱いに対しての抗議自殺事件があり,豊島区ではお年寄りとその息子さんの餓死事件（1996年）が起こっている.そして2000年頃から北九州市,数件の餓死事件,自殺事件が起きている.福井県今立市や京都市でも相前後して同様な事件が起きている.こうしてみてくると「札幌餓死事件」以来,保護行政が改善された訳ではなく,「悪化」したのではないかとさえ疑われる.

　「札幌餓死事件」以来この国になにがあったのだろうか.「札幌の餓死事件」は中曽根内閣の「第2次臨時行政改革」の時代である.この時には,老人保健法で老人医療費が有料化され,健康保険本人が1割負担（現在は3割）となり,生活保護補助金の国庫負担を8割から7割（現在7.5割）にするなど社会保障

制度の後退が始まった．同時に労働者派遣法が成立した．今から考えると現在に続く「新自由主義経済政策」の開始であった．「労働者派遣法」は当初，通訳などの専門職に限定していたが，数度の「改正」により製造業まで拡大し，ほとんどの業種で派遣労働者を雇用することができるようになった．そして現在では若者の半数，全労働者の3分の1が派遣労働者や雇用期限付きの労働者になっている．国の調査では，単身（20歳から64歳）女性の32パーセント，男性は25パーセントが貧困状態であると発表されている．

近年，「児童虐待問題」や「子どもの貧困問題」が社会問題となっているが，子どもの状態は親（大人）の状態の反映である．親（大人）が経済的に追い詰められたり，心身の疲労が家庭生活の余裕を失わせ，苦境が自らを追い込み，内に向かえばうつ病などの精神疾患や，自虐的となり自殺へと追い込まれるのである．それが外に向かえばドメスティック・バイオレンス（DV）や子どもへの虐待として現出するのである．そして家庭の崩壊を招くことになるのである．

貧困は生活のさまざまな場面で余裕をなくさせ，混乱と矛盾を深化させ，困難を重層化させる．水に溺れるように必死になって，福祉事務所という岸に手を差し伸べたのだが，福祉事務所はその手を振り払ったのである（これが「水際作戦」である）．

厚生労働省の調査でも生活保護が必要な人のうち，生活保護を利用している人の率，＝捕捉率はわずか3割である．今の日本で解決しなければならないのは，捕捉率を高めることであり，生活保護のバッシングではない．そして雇用の安定と生活できる賃金の保証であり，社会保障の充実である．

参考文献

寺久保光良『「福祉」が人を殺すとき―ルポルタージュ・飽食時代の餓死』あけび書房，1988年

寺久保光良著，雨宮処凛・和久井みちる・寺久保鼎談『また福祉が人を殺した―札幌姉妹孤立死事件を追う』あけび書房，2012年

（寺久保光良）

第2章
社会福祉のしくみ

この章では，社会福祉の法行政のしくみの概要をみていく．
　法律が国会で成立すること，法律をもとに，国の各機関，地方自治体で実際に事業が運用されること，事業の財源は，基本的に国民から集められる税と社会保険料であることは，だれでも知っている．社会福祉も同じである．
　ところが，社会福祉の法制度が，面白くてしょうがない，という人にはあまり，会ったことはない．

　　大学に入ってから福祉の勉強を始め，これまで様々な分野の授業を受けてきたが，どんな授業にも本にも必ず法律や制度がでてくる．子ども福祉関係なら，児童福祉法，高齢者福祉なら介護保険法，など，実にたくさんの法令を学んできた．しかし，法律や制度の勉強は，演習に比べると形式的でつまらないものである．

　これは，ある学生のレポートの一部である．なぜそうなのだろうか．専門の言葉で書かれているからだろうか．
　法制度の解説書やパンフレットもある．けれども，たとえば，介護保険法の解説書は，高齢者だれもがわかるように書かれているだろうか？　ふりがなをふった障害者自立支援法パンフレットがあるが，知的障がいの方は理解されるだろうか？　子どもたちは，児童虐待防止法があるから，親から虐待されたら逃げる権利があり，どのようなしくみで自分たちが守られているのか知っているだろうか？
　この本にときどき登場するスウェーデン，この国には中学生でもわかるように社会福祉・社会保障のしくみが書かれた本がある．最初のところに「私たちの法律」という章がでてくる．経済やコミューン（市町村）のことも身近な事例，イラスト・写真つきで書かれている．川上邦夫さんという方の訳で『あなた自身の社会―スウェーデンの中学教科書』(新評論)として出版されている．
　日本では，子どもたちの〈社会や生活のしくみ〉についての理解が弱ま

っているという状況にあるといわれて久しい．

　あなたもわたしも，生きて今，ここにいる．生きていることそのものである〈生活〉や，〈生活〉を成り立たせている〈社会や生活のしくみ〉を子どもの頃から理解できるような工夫がもっと必要ではないだろうか．

　〈社会福祉のしくみ〉を理解するためには，当然，〈社会と生活のしくみ〉の理解が必要である．ただし，こんな理解の方法もある．
《社会福祉のしくみの理解》⇒《社会や生活のしくみの理解》

　社会福祉のしくみからは，表面しか見えていなかった〈社会と生活のしくみ〉の本当の姿がみえることがある．

　事例と共に学べば理解は深まる．

　まずは，社会福祉の専門職である医療ソーシャルワーカーが，社会福祉の法制度のしくみを用いて援助した事例をみてみたい．

　　ある高齢の入院患者Aさん，月末の医療費が支払えないということで，医療ソーシャルワーカーが相談にのった．Aさん自身は事情がわからないというので，入院の保証人にあたるご家族さんにきてもらった．ご家族は，電気代も滞納するほどお金がないという．家族が経営する会社の資金繰りに困り，闇金融業者からも多額の借金をしていた．「この状況から抜け出したい」「親を在宅で介護したい」という意向を確認した上で，社会福祉制度や関連する制度の活用の検討を一緒に考えていくことにした[1]．

　社会福祉の専門職は，法制度を「使える」知識と知恵をもっている．しかし，それらの法制度を，私たちは理解しなくて，どこか遠くの"専門家まかせ"のような態度でいいだろうか．さて，この後，Aさんは，どうなったのだろうか．

　続きは後で．to be continued.

（川池智子）

① 社会福祉の法制度を学ぶ前に

1 なぜ社会福祉の法律を学ぶのか

　社会福祉の法制度はパソコンで検索できる．厚生労働省や，総務省がアップしている．県や市町村の制度もホームページで調べることができる．
　試験に受かるためには，それらを丸暗記するという方法もあるかもしれない．法律の丸暗記について，法学者が次のように述べる．

> 　法律学は，条文を覚える学問であると誤解されることがある．覚えることを目的にする学問の存在を私は知らない．法律学は，社会と人間を学ぶ学問である．法律は常に社会とそこに生きる人間の福祉に貢献する規範・制度でなければならない（谷口貴都ほか『基礎からわかる法学』成文堂，2010 年，傍点は筆者）．

　法学者がいうと重みが違う．ただし，ここでいう「福祉」と，社会福祉学の「社会福祉」が違うことにも留意しなければならない．
　難しいものはついつい，"鵜のみ"にしてしまうこともある．"鵜のみ"の意味は知っていると思うが，鵜飼漁はみたことがあるだろうか．匠の技をもつ漁師が鵜を操る妙技は千年以上の伝統だという．でも鵜のように操られたい人はいるだろうか．そうなりたくないなら，法律や制度の深い理解が必要となる．
　先にあげたAさんの問題は，こんな感じで解決されていった．

> 　ソーシャルワーカーは，借金の整理と生活の建て直しのため，司法書士会の成年後見制度を勧めた．また，老親の介護費用の捻出のため，医療費負担減額制度，生活福祉資金制度，一時的な生活保護制度の利用を支援し，ケアマネージャーや地域包括支援センターなどのサポート体制を整えていった[1]．

　以上の記述だと，解決への道はまっすぐだったようにみえるが，現実は，問題が複雑に絡まっていた．Aさんのご家族は，以前からいくつか制度の利用の

相談には行っていたが，利用手前までいきながら止まっていた．ご家族と相談窓口担当者が，相互に理解しあっていなかった．問題が問題をよび破綻寸前だった．自己破産手続きも進んでいなかった．そこで，司法書士の成年後見団体につないだ．そこで借金整理の支援を受け，自己破産しなくてすんだ．また，生活保護の利用相談のために市役所に同行した時，Ａさんの重度医療費助成制度の手続きも手伝った．国民健康保険料などの減免，介護保険証の再交付，介護保険料の減免についても同様の支援をした．退院後の相談支援は「地域包括支援センター」の社会福祉士に依頼した．今は，ケアマネージャー，ヘルパー等の支援を受け，穏やかに暮らしているという．[2]

このソーシャルワーカーはＡさんのように病院に治療にきたいろいろな患者さんの相談・支援を続けてきた．たとえば，通学中にトラックと衝突した中学生が高次脳機能障害をもったとき，リハビリ先をみつけ，療育手帳の申請の支援を行っている．自分の意思が表出できない方の家族の生活保護の申請を支援したこともある．波線がついたものは，社会福祉の制度である．法律を理解しているからこそ制度を活用できるのである．

2 社会福祉・社会保障のしくみの全体像

　社会福祉学の基礎を学ぶうえで，欠かすことのできない法制度であるが，最近は，社会福祉士の資格課程では「社会福祉原論（現代社会と福祉）」「権利擁護と成年後見制度」「福祉行財政と福祉計画」など，それぞれ別の科目で詳細に学ぶようになってきた．

　けれども，社会福祉の法制度や行財政の概要を理解せずして，現代社会と社会福祉の関係も理解できない．図２－１は，その概要を，人の一生と関連させたものである．かつては「揺りかごから墓場まで」といわれたが，今は「お母さんのおなかの中（母子保健）から介護・葬儀（生活保護の葬祭扶助）まで」なのである．家族の立場にたつと，本人がいなくなった後も，人の一生は，社会福祉・社会保障制度のしくみに支えられている．

図2-1 人の一生と社会保障（社会福祉・社会政策を含む）

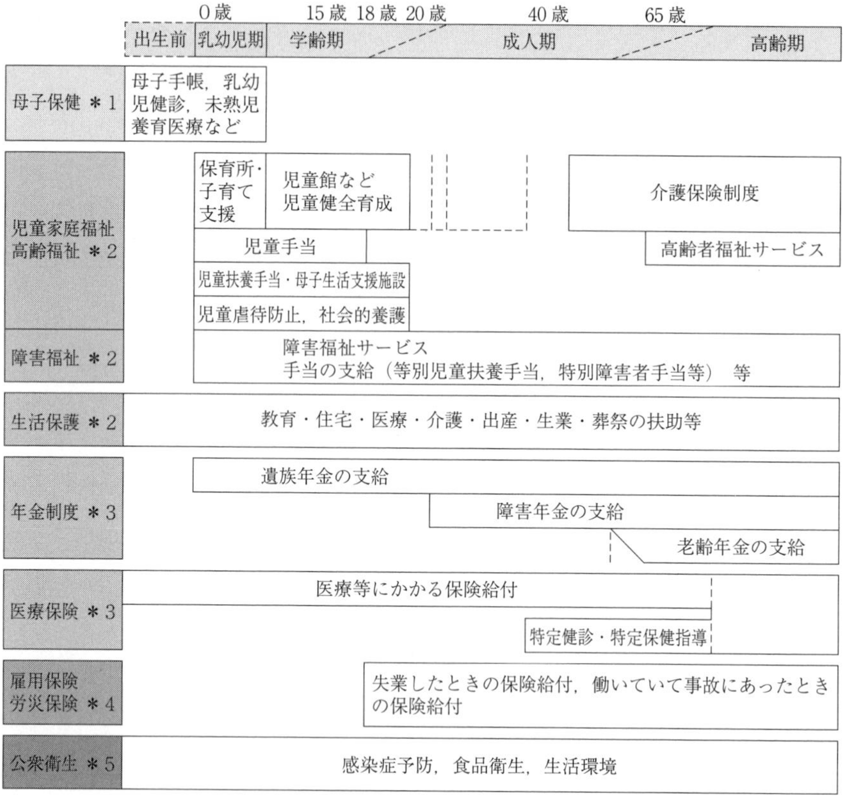

	出生前	乳幼児期	学齢期（0歳～15歳・18歳・20歳）	成人期（～40歳）	高齢期（～65歳～）
母子保健 *1	母子手帳，乳幼児健診，未熟児養育医療など				
児童家庭福祉 高齢福祉 *2		保育所・子育て支援	児童館など 児童健全育成／児童手当／児童扶養手当・母子生活支援施設／児童虐待防止，社会的養護		介護保険制度／高齢者福祉サービス
障害福祉 *2			障害福祉サービス 手当の支給（等別児童扶養手当，特別障害者手当等） 等		
生活保護 *2			教育・住宅・医療・介護・出産・生業・葬祭の扶助等		
年金制度 *3			遺族年金の支給	障害年金の支給	老齢年金の支給
医療保険 *3		医療等にかかる保険給付		特定健診・特定保健指導	
雇用保険 労災保険 *4			失業したときの保険給付，働いていて事故にあったときの保険給付		
公衆衛生 *5			感染症予防，食品衛生，生活環境		

注）生活を保障するという点では＊1，2，3が社会福祉および関連する社会保障となる．＊4と＊5はそれらと別にするとらえかたもある．
出典：『社会保障入門 2011』中央法規，p.4 を参照の上，筆者改変・作成　雨宮由紀枝

　社会福祉の各法制度を解説する前に，社会福祉，社会保障というしくみのとらえ方の違いについてふれておきたい．

　社会福祉，社会保障という言葉がさす〈しくみ〉のとらえ方は，それぞれの学問，国，時代，政権によっても，かなり違う．

　社会保障が社会福祉を包含するという考え方もあるし，社会福祉が社会保障を包含するという考え方もある．

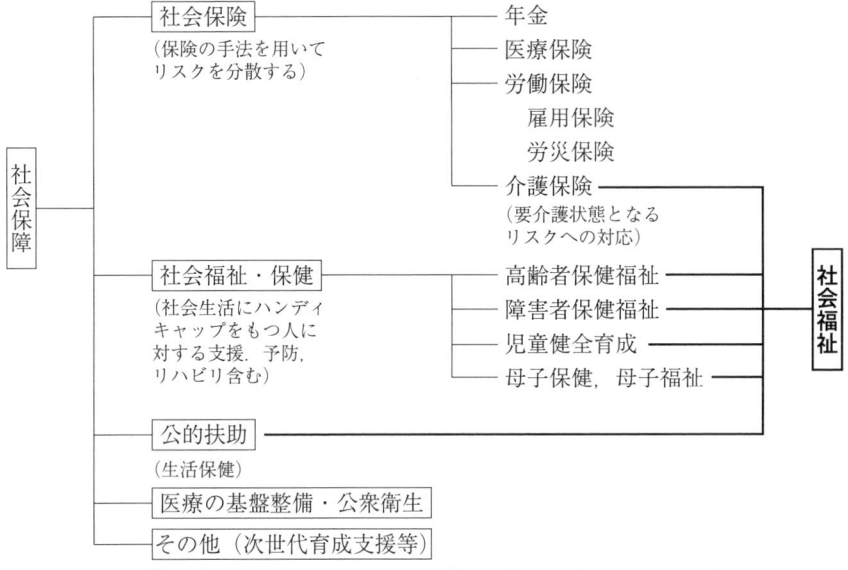

図2-2　社会福祉・社会保障のとらえ方

```
社会保障 ─┬─ 社会保険 ─────┬─ 年金
　　　　　│ （保険の手法を用いて　├─ 医療保険
　　　　　│ リスクを分散する）　　├─ 労働保険
　　　　　│　　　　　　　　　　　│　　雇用保険
　　　　　│　　　　　　　　　　　│　　労災保険
　　　　　│　　　　　　　　　　　└─ 介護保険 ──────┐
　　　　　│　　　　　　　　　　　　　（要介護状態となる　│
　　　　　│　　　　　　　　　　　　　リスクへの対応）　　│
　　　　　├─ 社会福祉・保健 ─┬─ 高齢者保健福祉 ──│
　　　　　│ （社会生活にハンディ├─ 障害者保健福祉 ──│ 社会福祉
　　　　　│ キャップをもつ人に　├─ 児童健全育成 ───│
　　　　　│ 対する支援．予防，　└─ 母子保健，母子福祉│
　　　　　│ リハビリ含む）　　　　　　　　　　　　　　┘
　　　　　├─ 公的扶助
　　　　　│　 （生活保健）
　　　　　├─ 医療の基盤整備・公衆衛生
　　　　　└─ その他（次世代育成支援等）
```

出典：植村尚史『【図説】これからはじめる社会保障【第3版】』日本加除出版，2011年
　　※筆者が「狭義の社会保障」を「社会保障」に改変した．

　図2-2は，社会保障，社会福祉の〈しくみ〉のとらえ方の例である．社会保障研究者の多くは，この図の左側のまとまりを中心としたとらえ方をする．社会福祉研究者の多くは，右側のまとまりを中心としたとらえ方をする人が多い．

　大きな視点で枠組みをみるとき，社会福祉・社会保障が日本という国の政策のどの位置にあるかということを知ることも必要である．図2-3は，その位置づけの一例である．

　社会福祉のしくみを，社会保障と共にとらえる視点をもたなければ，「狭義の社会福祉」も理解しにくい．社会福祉＝ボランティアといった「誤解」が生じるのも，そのあたりに原因があるのかもしれない．

　ただし，年金や医療保険の解説はここではしない．年金については，日本年金機構ホームページに，医療保険は厚生労働省ホームページや全国健康保険協

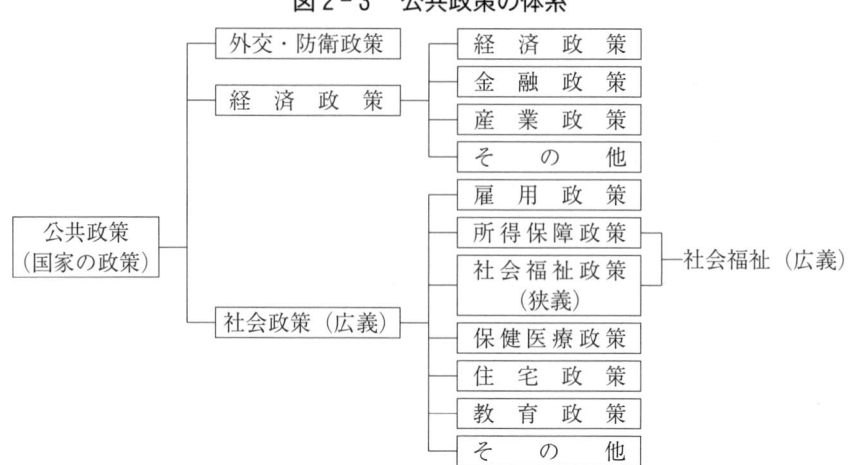

図2-3　公共政策の体系

```
                  ┌ 外交・防衛政策      ┌ 経 済 政 策
                  │                    ├ 金 融 政 策
                  ├ 経 済 政 策 ───────┼ 産 業 政 策
                  │                    └ そ の 他
公共政策 ─────────┤                    ┌ 雇 用 政 策
(国家の政策)      │                    ├ 所得保障政策 ──┐
                  │                    ├ 社会福祉政策    ├ 社会福祉(広義)
                  └ 社会政策(広義) ────┤   (狭義)      │
                                       ├ 保健医療政策 ──┘
                                       ├ 住 宅 政 策
                                       ├ 教 育 政 策
                                       └ そ の 他
```

出典：武川正吾『福祉社会——社会政策とその考え方(補訂3版)』有斐閣，2007年
　　※筆者が一部改変．

会などで解説されている．

　ところで，この章の第2節では，社会福祉の法制度の概要を学ぶが，「子どもの権利条約」「障害者の権利条約」といった国際的な条約が，日本のそれらの法制度と関係が深いことも知っておきたい．「条約」が批准されると「法的拘束力」がある．法的な拘束力はないが，「児童憲章」や「世界人権宣言」なども，社会福祉に関する社会の目標を明確化した文書として，重要である．

　この章の第3節では，社会福祉の行財政の実際のしくみを学ぶが，それらのもつ役割を構造的にとらえる視点をもつと理解がしやすい．たとえば国は「責任主体」である．私たちがもつ(かもしれない)生活問題の解決を図るための「法律」という「しくみづくり」をするのは国だからである．それらの財源を集める権限も基本的に国にある．国は，社会福祉の政策の基本をつくるので政策主体でもある．地方公共団体(地方自治体)もこの位置にある．社会福祉各法では，国と共に地方公共団体の社会福祉への責務が規定されているからである．社会福祉事業を運営・経営する社会福祉法人(社会福祉施設の母体)などは，「運

営主体(経営主体)」である.これまでは国,地方公共団体,社会福祉法人が中心だったが,最近は,非営利団体や企業も多く登場している.次章で学ぶ社会福祉の仕事を担う人たちは,社会福祉の「実践主体」ととらえることができる.

では,次節から,実際の法制度をみていこう. (川池智子)

② 社会福祉の法律

1 社会福祉の基本となる法律

社会福祉のすべての法律の基本となるのが「社会福祉法」である(表2-1).下記の第一条,この法律の目的にあるように,「社会福祉を目的とする事業の全分野における共通的基本事項」を定めた法律である.

　第一条　この法律は,社会福祉を目的とする事業の全分野における共通的基本事項を定め,社会福祉を目的とする他の法律と相まつて,福祉サービスの利用者の利益の保護及び地域における社会福祉(以下「地域福祉」という.)の推進を図るとともに,社会福祉事業の公明かつ適正な実施の確保及び社会福祉を目的とする事業の健全な発達を図り,もつて社会福祉の増進に資することを目的とする.

表2-1　社会福祉法の構成

```
第1章　総　則(第1条～第6条)
第2章　地方社会福祉審議会(第7条～第13条)
第3章　福祉に関する事務所(第14条～第17条)
第4章　社会福祉主事(第18条～第19条)
第5章　指導監督及び訓練(第20条～第21条)
第6章　社会福祉法人(第22条～第59条)
第7章　社会福祉事業(第60条～第74条)
第8章　福祉サービスの適切な利用(第75条～第88条)
第9章　社会福祉事業に従事する者の確保の促進(第89条～第106条)
第10章　地域福祉の推進(第107条～第124条)
第11章　雑　則(第125条～第130条)
第12章　罰　則(第131条～第134条)
　　　　別　表
```

表2-2 社会福祉の主な法制度・サービス体系

分　　野	主たる生活困難	法律（社会福祉と関連法）	相談機関
全分野に関わる法制度		日本国憲法，社会福祉法，民生委員法，社会福祉士・介護福祉士法，国民年金法，国民健康保険法 ※地方自治法　※民法	福祉事務所，社会福祉協議会，民生委員，保健所，権利擁護センター
貧困・所得保障	貧困	生活保護法　ホームレス自立支援法	福祉事務所・社会福祉協議会・民生委員
児童家庭福祉	貧困，社会的養護，保育，障害，児童健全育成，少子化問題	児童福祉法，母子及び寡婦福祉法，児童手当法，児童扶養手当法，特別児童扶養手当法，母子保健法，児童虐待防止法，児童買春禁止法，次世代育成支援対策推進法，少子化社会対策基本法，子ども・子育て支援法	児童相談所，保健所，児童家庭支援センター，主任児童委員，児童委員，医療型児童発達支援センター
女性福祉	貧困，住宅，就労，ドメスティックバイオレンス	売春防止法 児童扶養手当法 母子及び寡婦福祉法 配偶者暴力（DV）防止法	婦人相談所，福祉事務所
障害(児)者福祉	貧困，住宅，介助，就労，地域生活支援	障害者基本法，身体障害者福祉法，知的障害者福祉法，精神保健福祉法，障害者支援法，発達障害者支援法，障害者雇用促進法，バリアフリー新法，障害者虐待防止法，身体障害者補助犬法，精神保健福祉士法，心神喪失者等医療観察法	身体障害者更生相談所，知的障害者更生相談所，精神保健福祉センター，基幹相談支援センター，発達障害者支援センター
高齢者福祉	貧困，住宅，介護	老人福祉法，介護保険法，高齢者虐待防止法，高齢者の居住の安定確保に関する法律，高年齢者等の雇用の安定等に関する法律	福祉事務所，地域包括支援センター，老人介護支援センター

注）各項目，主たるものである．法律は略称である　雨宮由紀枝　作成

現金給付・貸付	社会福祉施設	生活支援等の制度・措置
公的扶助, 生活福祉資金貸付	救護施設, 更生施設, 授産施設, 医療保護施設, 宿泊提供施設	自立支援プログラム
児童手当, 児童扶養手当, 特別児童扶養手当	保育所, 児童厚生施設, 助産施設, 乳児院, 母子生活支援施設, 児童養護施設, 障害児施設, 情緒障害児短期治療施設, 児童自立支援施設, 児童家庭支援センター, 認定こども園	児童自立生活援助事業, 放課後児童健全育成事業, 子育て短期支援事業, 地域子育て支援拠点事業, 小規模住居型児童養育事業, 家庭的保育事業, 子育て支援事業, 里親制度
母子寡婦福祉資金貸付, 児童扶養手当	婦人保護施設, 母子福祉センター, 母子休養ホーム, 母子生活支援施設, 助産施設	自立支援事業 母子家庭等日常生活支援事業
障害年金 特別障害者手当	障害者支援施設, 独立行政法人国立重度知的障害者総合施設のぞみの園, 点字図書館, 聴覚障害者情報センター	自立支援給付：介護給付, 訓練等給付, 自立支援医療, 補装具 地域生活支援事業：相談支援, コミュニケーション支援, 日常生活用具給付, 移動支援
老齢福祉年金（過渡的制度）	〈老人福祉法〉特別養護老人ホーム, 養護老人ホーム, 老人デイサービスセンター, 老人短期入所施設, 軽費老人ホーム, 老人福祉センター及び老人介護支援センター 〈介護保険法〉指定介護老人福祉施設, 指定介護老人保健施設, 指定介護療養型医療施設	介護給付 予防給付 市町村特別給付 地域支援事業：介護予防, 総合相談支援, 権利擁護, ケアマネジメント支援

この法律では,「社会福祉事業」を,「第一種社会福祉事業及び第二種社会福祉事業」にわけておいている.「第一種社会福祉事業」は, 入所施設など,「その事業の特質から, より厳しく監督が必要」とされる事業であり,「国・地方公共団体又は社会福祉法人が経営することを原則」としている. 通所施設等は, 第二種社会福祉事業である. 2000年には, 盲導犬訓練施設, 福祉サービス利用援助事業などが第二種社会福祉事業となった.

　さらに, 社会福祉六法といわれる生活保護法, 児童福祉法, 身体障害者福祉法, 知的障害者福祉法, 老人福祉法, 母子及び寡婦福祉法のほか, 各種の法律がある.

　なお社会福祉の法律の上位には,「日本国憲法」がある. すべての国内法の上位にある日本国憲法第25条「生存権」が, 社会福祉の法律の基盤となる. 第13条「幸福追求権」が社会福祉の法律の基盤となるという説もある.

　また, 法律に基づいて,「政令」「省令」「告示」「通達」などが, 厚生労働省などから出され, より具体的に制度を決めていく.

　社会福祉の主たる法律や制度は, 表2－2にまとめている.

2 所得保障に関する法制度

　経済的に困った時には, 生活保護法がある. 生計が維持できなくなった時に健康で文化的な最低限度の生活を保障する生活保護制度は, 金銭や現物（医療・介護など）で支給される. 要件（条件）を満たすと, 誰でも無差別平等に受けることができる. 厚生労働大臣が定める基準の生活費（生活保護基準）と給料, 年金, 親族等の援助などの収入を比較し, 収入が最低生活費に満たない場合, 差額が保護費として支給される. その他の利用できる制度や援助を生かすことが優先される. とはいえ, たとえば自動車は資産として処分しなければならないが, 通勤, 通院等に必要な場合には保有を認められることもあるなど基準が必ずしも明確とはいえない. 表2－3は生活扶助基準額の例である. その他, 社会福祉協議会の行う生活福祉資金の貸付制度などがある. これは, 地震の被

災世帯も活用できる．

3 児童期の社会福祉の法制度

　児童家庭福祉は，すべての児童（18歳未満）を対象としている．虐待を受けた子どもや障害児等に限定した法制度ではない．

　この分野の中心となる法律は，児童福祉の理念や定義，児童福祉の実施機関，児童福祉事業の種類，内容，実施方法を明記した児童福祉法である．児童家庭福祉の分野の問題が多様であるということは，児童福祉において中心的な機関である児童相談所の相談の種類および主な内容からもわかる（表2-4）．児童相談所では，相談を受けたあと，表2-5のような援助を行っている．

表2-3　生活扶助基準額の例

平成24年4月1日現在

	東京都区部等	地方郡部等
標準3人世帯（33歳，29歳，4歳）	172,170円	135,680円
高齢者単身世帯（68歳）	80,820円	62,640円
高齢者夫婦世帯（68歳，65歳）	121,940円	94,500円
母子世帯（30歳，4歳，2歳）	192,900円	157,300円

注）児童養育加算等を含む．

表2-4　児童相談所の主たる相談の種類と内容

1	養護相談	父母の失踪，死亡，離婚，入院，稼働，服役等による養育困難児，棄児，虐待を受けた子ども，養子縁組の相談など
2	保健相談	未熟児，虚弱児，内部機能障害，小児喘息，その他の疾患（精神疾患を含む）等を有する子どもの相談
3	障害相談	肢体不自由児，言語発達障害，視聴覚障害児，知的障害児，重症心身障害児（者），自閉症等の相談
4	非行相談	家出，乱暴，性的逸脱等のぐ犯行為，飲酒，喫煙等の問題行動，警察署から通告された触法行為など
5	育成相談	性格行動，不登校，育児・しつけ相談など

表2-5　児童相談所が行う援助の種類

1	在宅指導等—措置によらない指導助言，措置による指導助言，訓戒・誓約措置
2	児童福祉施設入所措置，指定医療機関
3	里親委託
4	児童自立生活援助措置
5	福祉事務所送致　通知，都道府県知事・市町村長報告　通知
6	家庭裁判所送致
7	家庭裁判所への家事審判の申立て

　表2-2では，ジェンダー問題の視点から，また子どもがいない人も対象とする意味で「女性福祉」という枠を設けたが，ひとり親家庭への支援，DV防止は児童家庭福祉分野の問題でもある．児童扶養手当は，年金が受けられない母子家庭への制度として作られたが，現在は，父子家庭も対象となっている．

　また，母子保健は，保健施策としてとらえる場合もあるが，児童家庭福祉の施策としてもとらえられる．妊娠の届出と母子健康手帳の交付，育児に関する保健指導や援助，乳幼児健康診査，未熟児対策等の施策が規定されている．

　「児童買春，児童ポルノに係る行為等の処罰及び児童の保護等に関する法律（児童買春禁止法）」，「児童虐待の防止等に関する法律（児童虐待防止法）」「配偶者からの暴力の防止及び被害者の保護に関する法律（配偶者暴力（DV）防止法）」など，近年，作られた法律は，児童家庭問題の拡大に対応している．

　障害児の施設は，2012年4月から，障害種別等で分かれていた入所施設が「障害児入所施設」に，通所による支援を行う施設が「児童発達支援センター」に一元化された．児童福祉法に規定される施設という位置づけは残る．

4　障害をもった時の社会福祉の法制度

　国のデータによれば，およそ国民の6％が何らかの障害を有しているとされる．身体障害者の6割が65歳以上である．施設や病院への長期入所（入院）を

減らす政策がとられているが，成果が十分あがっているとはいえない．

障害者福祉の基本的な考え方は「障害者基本法」に規定されている．また，具体的なサービスの運営方法を定める「障害者自立支援法」は，身体障害，知的障害，精神障害というように障害種別に，また18歳未満を障害児，18歳以上を障害者とわけた法律で対応してきた各法制度の枠をこえ，三障害，子どもも成人も含めて，サービス体系を作った（図2-4）．この法律は，2012年に6月に「障害者総合支援法」（正式名称：地域社会における共生の実現に向けて新たな障害保健福祉施策を講ずるための関係法律の整備に関する法律）が成立，2013年度から新しい法律に移行することになっている．

「高齢者，障害者等の移動等の円滑化の促進に関する法律（バリアフリー新法）」「発達障害者支援法」「障害者虐待の防止，障害者の養護者に対する支援等に関する法律（障害者虐待防止法）」など，近年，新たな法律も登場した．

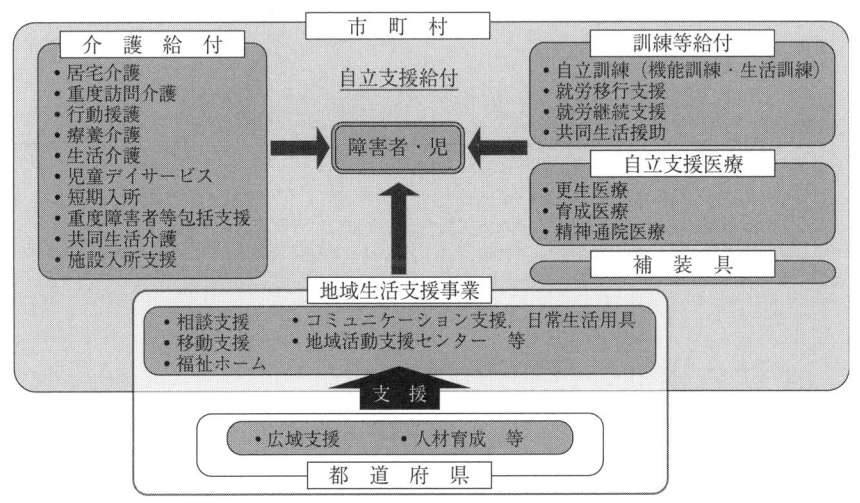

図2-4　障害者自立支援法におけるサービス体系と実施体制

```
                          市 町 村
┌─────────────┐     自立支援給付      ┌─────────────┐
│  介護給付   │                        │   訓練等給付  │
│・居宅介護   │                        │・自立訓練（機能訓練・生活訓練）│
│・重度訪問介護│     ┌─────┐         │・就労移行支援 │
│・行動援護   │ ──→│障害者・児│←──  │・就労継続支援 │
│・療養介護   │     └─────┘         │・共同生活援助 │
│・生活介護   │          ↑             ├─────────────┤
│・児童デイサービス│                    │  自立支援医療 │
│・短期入所   │                        │・更生医療    │
│・重度障害者等包括支援│                │・育成医療    │
│・共同生活介護│                        │・精神通院医療 │
│・施設入所支援│                        ├─────────────┤
└─────────────┘                        │   補 装 具   │
                                        └─────────────┘
         ┌─────────────────────────┐
         │    地域生活支援事業      │
         │・相談支援　・コミュニケーション支援，日常生活用具│
         │・移動支援　・地域活動支援センター　等│
         │・福祉ホーム                       │
         └─────────────────────────┘
                    ↑ 支 援
         ┌─────────────────────────┐
         │・広域支援　・人材育成　等│
         │       都 道 府 県        │
         └─────────────────────────┘
```

注）自立支援医療のうち育成医療と，精神通院公費の実施主体は都道府県等．
出典：厚生労働省

5 高齢期の社会福祉の法制度

　高齢期の社会福祉の基本的な法は,「老人福祉法」である．この法には,高齢者福祉の基本理念,各種事業,老人福祉計画の策定などが定められている．介護保険法は,介護保険サービスのしくみを規定したものである（図2-5）．そのほか,この分野でも,「高齢者の虐待防止,高齢者の養護者に対する支援等に関する法律（高齢者虐待防止法）」ができた． 　　　　　（雨宮由紀枝）

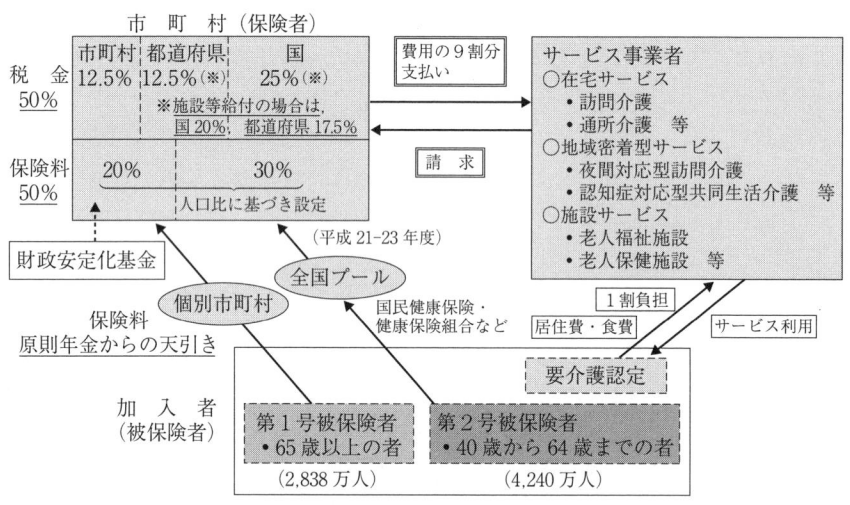

図2-5　介護保険制度の仕組み

税金 50%	市町村 12.5%	都道府県 12.5%(※)	国 25%(※)
		※施設等給付の場合は,国20%,都道府県17.5%	
保険料 50%	20%		30%
		人口比に基づき設定	

（平成21-23年度）

財政安定化基金
全国プール
個別市町村
国民健康保険・健康保険組合など

保険料
原則年金からの天引き

費用の9割分支払い → サービス事業者
○在宅サービス
　・訪問介護
　・通所介護　等
○地域密着型サービス
　・夜間対応型訪問介護
　・認知症対応型共同生活介護　等
○施設サービス
　・老人福祉施設
　・老人保健施設　等

請　求

1割負担
居住費・食費　サービス利用
要介護認定

加入者（被保険者）
第1号被保険者
・65歳以上の者
(2,838万人)

第2号被保険者
・40歳から64歳までの者
(4,240万人)

注）第1号被保険者の数は,「介護保険事業状況報告（暫定）（平成21年4月末現在)」による．第2号被保険者の数は,社会保険診療報酬支払基金が介護給付費納付金額を確定するための医療保険者からの報告によるものであり,平成20年度内の月平均値である．
出典：厚生労働省

③ 社会福祉の行財政のしくみ

1 社会福祉行政・実施体制のしくみ

　社会福祉行政・実施体制のしくみの全体像は図2-6のようになっている．

社会福祉の運営組織は図2-6のようになっている．国を上位として，下位の地方公共団体（地方自治体）へ指揮・監督するという中央集権的なしくみを改革しようという方針が，社会福祉だけではなく，国の全体的な政策の方針としてだされてきた．地方分権改革というものである．社会福祉の分野においても，基礎自治体といわれる市町村の役割が大きくなった．その意図をくみ，通常，国を一番上にし，縦系列で作成されている「社会福祉の実施体制」の図を，横に組み直したのが図2-6である．また，「実施体制」を広い枠組みでとらえると，社会福祉の運営（経営）主体も必要なので，図に書きこんだ．
　以下は，この図をみながら読んでほしい．

(1) **国**

　国には，社会福祉行政を担う国の行政機構として厚生労働省がある．ここでは，具体的な社会福祉の実施方針を決め，自治体に助言・勧告していく．少子化対策や障害者に対する施策のように，他の省と合同で計画し，施策を実施することもふえてきている．図のなか，厚生労働省の下においた「社会保障審議会」は，社会保障の専門家や学識経験者などが委員となっている．国の社会福祉・社会保障に関する政策を新たに策定したり改革する場合，この組織が調査研究をもとに議論し，厚生労働大臣に答申や具申する役割をもつ．
　1970年代あたりからは，厚生労働大臣や内閣官房長官の私的諮問機関等の特別に設けられた組織が議論し，意見をまとめて，提案することも多くなってきた．たとえば最近では，「社会保障の在り方に関する懇談会」「社会保障改革に関する有識者検討会」が有名である．これらの委員は，関連する分野の研究者のほか，産業界やマスコミ関係者も委員となっている．

(2) **地方公共団体（地方自治体）**

　一般に，都道府県や市町村は，地方自治体とよばれることが多いが，地方自治法では，地方公共団体と規定されている．

図2-6　社会福祉の実施体制

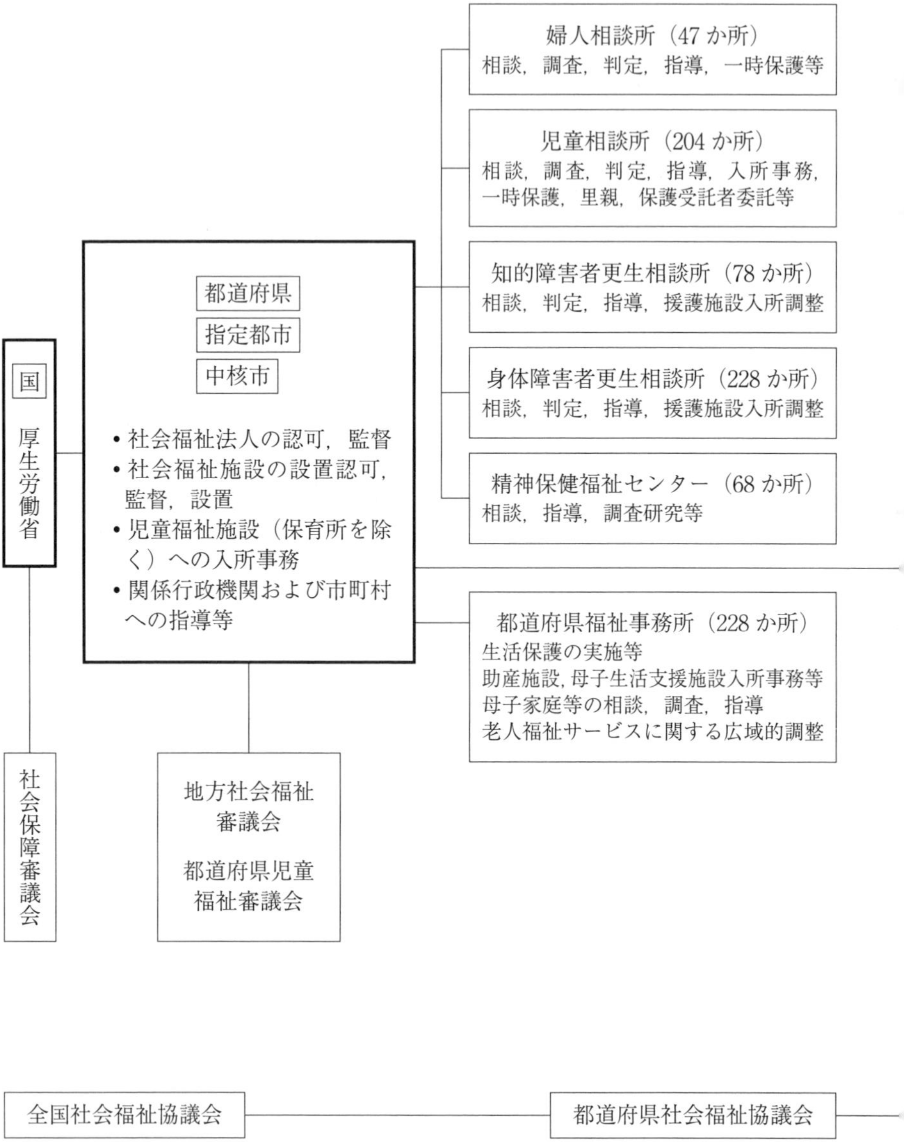

国　厚生労働省

都道府県／指定都市／中核市
- 社会福祉法人の認可，監督
- 社会福祉施設の設置認可，監督，設置
- 児童福祉施設（保育所を除く）への入所事務
- 関係行政機関および市町村への指導等

婦人相談所（47か所）
相談，調査，判定，指導，一時保護等

児童相談所（204か所）
相談，調査，判定，指導，入所事務，一時保護，里親，保護受託者委託等

知的障害者更生相談所（78か所）
相談，判定，指導，援護施設入所調整

身体障害者更生相談所（228か所）
相談，判定，指導，援護施設入所調整

精神保健福祉センター（68か所）
相談，指導，調査研究等

都道府県福祉事務所（228か所）
生活保護の実施等
助産施設，母子生活支援施設入所事務等
母子家庭等の相談，調査，指導
老人福祉サービスに関する広域的調整

社会保障審議会

地方社会福祉審議会／都道府県児童福祉審議会

全国社会福祉協議会　　　　　都道府県社会福祉協議会

出典：『平成23年版　厚生労働白書』「社会福祉の実施体制」を筆者改変

市 (783市)	町村 (802町村)
・在宅福祉サービスの提供 ・老人医療,老人保健事業の実施 市福祉事務所(989か所) 生活保護の実施等 助産施設,母子生活支援施設入所事務等 母子家庭等の相談,調査,指導 在宅福祉サービスの提供 障害福祉サービスの利用に関する事務 保育所への入所事務	・在宅福祉サービスの提供 ・老人医療,老人保健事業の実施 町村の福祉事務所(27か所) 障害福祉サービスの利用に関する事務 保育所への入所事務

各種の福祉事業実施
- 社会福祉法人(箇所)
- 医療法人
- 民間非営利法人
- 営利企業
- 農協,生協,そのほか

民生委員・児童委員(228,728人)
※厚労大臣委嘱・県の監督・市町村で活動

知的障害者相談員(4,107人)
身体障害者相談員(9,562人)

市町村社会福祉協議会
地域福祉事業,各種の福祉事業実施

地区社会福祉協議会

① 都道府県・政令指定都市

　政令指定都市となった大都市は，都道府県とほとんど同様の権限をもつので，都道府県・政令指定都市というように，まとめて表現される．

　社会福祉における都道府県・政令指定都市の中心的な役割は，社会福祉事業の認可と監督，中核的な相談機関の運営である．また，都道府県は市とともに，福祉事務所を設置しなければならない．各分野の相談機関も運営している．この相談機関では，ただ相談することもできるが，たとえば児童相談所のように，相談の結果，児童福祉施設の入所を決定するといった権限を付与されている．

　近年，介護保険の運営を支援する地域包括支援センターや，児童家庭問題の相談に応じる児童家庭支援センターといった機関も創設された．

　なお，政令指定都市は，原則人口50万以上で，2011年現在まで，全国に19市ある．都道府県が行う社会福祉関係の事務のほとんどを独自に扱うことができる．また，政令指定都市に準じた事務の範囲が移譲される中核市も，全国に41か所ある（原則人口30万以上，2011年）．

② 市町村

　全国市町村は，社会福祉サービスを実施する拠点になってきている．生活保護の実施，介護保険および高齢者福祉サービス，自立支援法にともなうサービス，児童福祉法にともなう子育て支援，母子家庭への生活支援を行っている．とはいえ，実際の事業の運営は，民間組織に委託することも多い．

　これまで社会福祉の行政における中心的な機関は福祉事務所であったが，保育や介護保険，障害福祉サービス提供の責任を担う市町村の役割が大きくなってきているため，市町村によっては，福祉事務所と市町村の福祉担当部局，さらには市町村の保健担当部局などと運営を一体化させ，健康福祉センターとか保健福祉センターといった名称にするところもでてきている．

　地方分権化の方針のもと，市町村が基礎自治体として社会福祉事業を含む，各種の施策の実施機関として期待されるが，人口の少ない市町村ではそれらが困難なのではないかという考え方から，近年市町村合併が国によって推進され

た．昭和30年代の大規模な市町村合併を意識して，「平成の大合併」とよばれることもある．開始された2008年以降，全国の市町村は半分程度に減った．この合併については，評価・批判，いろいろな意見がある．合併を選ばなかった市町村の多くは，近隣の市町村と広域行政組合・事務組合などをつくって連携し，介護保険や各種事業を行っている．

(3) 社会福祉法に規定される民間組織
① 社会福祉法人

民間組織といっても，社会福祉法人は，社会福祉事業を行うことを目的として社会福祉法第22条に基づき設立された法人である．公共性が高く，営利を目的としない民間の法人として，都道府県知事の認可を受けて設立される．

② 社会福祉協議会

社会福祉協議会（通常，「社協」といわれる）は社会福祉法に規定されているが，全国の自治体にある民間の組織である．全国社会福祉協議会（全社協）の社会福祉協議会基本要領（1962年）では，以下のように規定されている．

> 一定の地域社会において，広く社会福祉事業の公私関係者や関心をもつものが集まって，解決を要する社会福祉の問題について調査し，協議を行い，対策を立て，その実践に必要なあらゆる手段や機能を推進し，よって社会福祉事業を発展せしめ，当該地域の福祉を増進することを企図する民間の自主的な組織である．

民間団体ではあるが，社会福祉法に定められ，行政区分ごとに組織された団体であり，一般的に公私共同，半官半民ともいわれる．

運営の財源は，住民の会費，共同募金，寄付金のほか，多くは，行政機関の補助金や委託金である．

「全社協」は，都道府県社会福祉協議会の相互の連絡および事業の調整を行うため，総合的な調査，研究および企画立案，広報などを行っている．

「都道府県社協」では，広域的な事業，福祉関係者に対する専門的な研修事

業の実施,「福祉人材センター」事業などを実施している.「日常生活自立支援事業」,「運営適正化委員会」,「福祉サービス第三者評価事業」を実施しているところも多い.「市町村社協」の主たる事業は,表2－6にあるとおりである.社会福祉事業法が社会福祉法に改正されてから,法に「地域福祉」が規定され,その役割もさらに大きくなってきている.市町村地域福祉計画および都道府県地域福祉支援計画策定にも関わるようになった.市町村社協の主な財源は,① 会費,共同募金配分金,寄付金,② 市町村行政からの補助金,委託金（受託金）,指定管理料,③ 介護保険事業等の給付費・利用者負担等の収入で構成されており,会費・寄付金収入が減少傾向にある社協も増加している.財源の大半を市町村行政からの補助金等に依存してきたため,市町村自体の財政難により必要な財源の確保が困難になる傾向にある.介護保険事業を実施している場合も,介護報酬水準の低下や市町村からの補助金の削減等が課題になっている.市町村社協の大半が,地区自治会（町内会）や民生委員と連携・協力している.

事例　ある市の社会福祉協議会の活動から

　人口20万ほどの,やや人口の多いA市では,市内をいくつかのブロックに分けている.各ブロックは概ね小学校地区ごとに設置された,いくつかの地区社協で構成される.数年前,各ブロックに,市社協の職員が配置されてから,地区との包括的で,きめ細かい関わりが可能になった.その体制の中で,市社協の職員は,小地域ネットワーク活動への取り組みを全市的に普及,定着させるための活動を行っている.とくに研修会への出席,地区における取り組み状況の情報収集,他地区への情報提供等,支援に力をいれている.これにより,自治会・町内会長や民生児童委員,地域福祉活動推進員が,自らの住む地域についてともに話し合う場がつくられ,援助を必要とする人びとを把握するために共同で各戸を訪問する地区も増えてきた.

　最初に地域と関わりだしたときには,地域の住民代表の人たちからは,なかなか理解が得られなかった.こんな小娘が何を言う,といった視線と共に,何で福祉に,自分たちが駆り出されなければならないんだ,と言われた.話もきいてくれない時期があった.が,今は,頑張りを認めてくれ,地域の人たちが応援団になってくれている.また,各地区の取り組みに関する情報交換と意見交換の場と

して，地域福祉活動推進員代表者会議も開催している．　　　　　（二塚　綾）

③　民生委員・児童委員

民生委員制度は，民生委員法で規定されている．児童委員を兼ねることになっている．主任児童委員という制度もある．

民生委員は，一般的に「官制ボランティア」という理解であるが，地方公務

表2-6　全国の市町村社会福祉協議会の主たる事業

事業の分類		事業の詳細	実施している社協の割合（%）
①	計　画	地域福祉活動計画の策定	40.1
②	相　談	心配ごと相談事業	79.2
③	貸　付	生活福祉資金貸付	96.2
		法外援護資金貸付・給付	58.1
④	小地域活動	地区社協の設置	39.4
		小地域ネットワーク活動	50.7
⑤	住民参加・ボランティア	ボランティアセンター（コーナー等）の設置	92.4
		ふれあい・いきいきサロンの設置	79.1
		住民参加型在宅福祉サービス運営（食事・移送・家事援助等）	22.1
⑥	在宅福祉サービス　介護保険事業	訪問介護事業	71.7
		通所介護事業	49.6
		訪問入浴介護事業	28.5
	自立支援給付	居宅介護（ホームヘルプ）事業	67.4
		重度訪問介護（ホームヘルプサービス）事業	53.3
⑦	福祉サービス利用援助	日常生活自立支援事業	37.8
⑧	当事者（家族）の会の組織化・運営援助	身体障害児者（家族）の会	62.3
		認知症高齢者（家族）の会	15.4
		ひとり暮らし高齢者の会	15.4
		ひとり親（母子）家庭の会	42.4
⑨	団体事務	共同募金支会または分会	92.0
		老人クラブ連合会	49.0
⑩	子ども・子育て家庭支援	ファミリーサポート事業	13.9
		学童保育（放課後児童健全育成事業）	15.2
		こども会・こどもクラブの組織化・運営支援	16.1
		児童館・児童センターの運営	11.2
	その他	移動支援事業（地域生活支援事業）	39.8
		食事サービス	57.5
		移送サービス	45.9

注）⑧は全障害，父子家庭の当事者会も実施している．
出典：全国社会福祉協議会調べ．筆者が一部改変

表2-7　民生委員・児童委員の活動状況例（平成20年度　山梨県）

分野別相談・指導件数	高齢者に関する活動	43,877
	障害者に関する活動	5,994
	子どもに関する活動	12,424
	その他	15,552
その他活動件数	調査・実態把握	57,114
	行事・事業・会議への参加協力	57,516
	地域福祉活動・自主活動	61,351
	協議会運営・研修	34,956
	証明事務	6,263
	要保護児童の発見の通告・仲介	990
訪問回数	訪問・連絡事項	174,350
	その他	98,342
連絡調整回数	委員相互	50,917
	その他の関係機関	36,310
活動日数		262,666

出典：『平成22年山梨県統計年鑑』

員法における「非常勤の特別職の地方公務員」という職位にある．1期，3年で都道府県知事が推薦し，厚生労働大臣から委嘱される．活動は多岐にわたっているが，わずかな活動費での無報酬の活動である．個人情報保護への意識の高まりや，地域のつながりが薄れていること，中高年でも就労する人が増えている等の状況のなか，担い手が不足し，委員の高齢化が進行している．表2－7は，山梨県全体の民生委員・児童委員の活動状況である．

(4)　その他の民間組織

　ここにあげる民間組織は，社会福祉の運営（経営）主体，別の表現では，社会福祉のサービス提供主体の多様化のなか，その役割が大きくなった組織である．介護保険制度や障害者福祉サービスの制度改革において，実施主体の多様化が進んだ．表2－8は，介護保険事業の経営主体の種類の内訳である．

　「規制緩和」により，第二種社会福祉事業に，医療法人・財団法人のほか

表2-8　介護保険サービスの経営主体の例

(平成21年10月1日現在)

	総数	地方公共団体	公的・社会保険関係団体	社会福祉法人	医療法人	社団・財団法人	協同組合	営利法人(会社)	特定非営利活動法人(NPO)	その他
居宅サービス事業所										
訪問介護	100.0	0.6	…	25.0	6.6	1.2	3.3	56.9	5.9	0.6
訪問入浴介護	100.0	0.7	…	49.9	1.9	0.9	0.7	44.8	0.9	0.1
訪問看護ステーション	100.0	3.8	1.1	8.7	41.6	14.1	5.7	23.3	1.3	0.3
通所介護	100.0	1.3	…	40.6	8.0	0.6	1.9	41.6	5.4	0.5
通所リハビリテーション	100.0	3.0	1.4	9.2	76.6	3.0	…	0.0	…	6.7
介護老人保健施設	100.0	3.9	2.1	16.4	73.7	3.1	…	・	…	0.8
医療施設	100.0	1.9	0.7	1.4	79.6	3.0	…	0.1	…	13.2
短期入所生活介護	100.0	3.4	…	84.7	3.2	0.0	0.4	7.8	0.4	0.2
短期入所療養介護	100.0	4.5	1.8	11.1	76.9	2.8	…	―	…	2.9
介護老人保健施設	100.0	4.0	2.0	16.0	74.2	3.0	…	・	…	0.7
医療施設	100.0	5.4	1.2	0.8	82.6	2.4	…	―	…	7.6
特定施設入居者生活介護	100.0	1.5	…	25.8	1.8	0.6	0.2	68.9	0.3	0.8
福祉用具貸与	100.0	0.1	…	3.1	0.6	0.4	2.6	90.7	1.1	0.5
特定福祉用具販売	100.0	0.1	…	1.5	1.0	0.3	2.4	93.3	0.9	0.5

出典：厚生労働省資料より一部掲載

NPO法人，株式会社などが参入することになった．

　NPO法人（特定非営利活動法人）は，特定非営利活動促進法（1998年）に基づき法人格を取得した法人である．福祉の領域で活動する団体は多いが，教育・文化，まちづくり，環境，国際協力など，福祉以外の領域における組織も多く存在する．日本においては，NPO法人に対する寄付の優遇税制が十分整っていないなど課題も大きい． (米山宗久)

2　社会福祉の財政

　社会保障給付費を部門別に分類すると，平成21年度では，「年金」は51.8

表 2-9　国の NPO・活動種類別数

(2011 年 9 月末現在)

活動の種類	法人数
保健・医療・福祉	25,218
社会教育	20,314
まちづくり	18,296
文化・スポーツ	14,715
環境の保全	12,522
災害救援	2,824
地域安全	4,550
人権・平和	7,023
国際協力	8,522
男女共同参画	3,689
子ども育成	18,354
情報化	4,106
科学技術	2,280
経済活動	6,771
職業・雇用	9,378
消費者	2,646
その他	20,317

出典：内閣府 HP，2011 年．筆者が一部改変

％（51 兆 7,246 億円），「医療」は 30.9％（30 兆 8,447 億円），「福祉その他」は 17.3％（17 兆 2,814 億円）となっている[3]．

　地方自治体の財政においては，社会福祉に関係する予算費目のことを民生費といい，地方公共団体の普通会計歳出の純計決算額 96 兆 1,064 億円のうち，20.6％を占める（2009 年）．民生費の内訳は表 2-10 のとおりである．最大の費目は「老人福祉費」，これは特別養護老人ホームなどの高齢者福祉施設の運営費である．市町村で最大の費目は「児童福祉費」である．保育所や児童養護施設といった児童福祉関連施設の運営費である．「社会福祉費」には，障害者福祉や市町村で運営する国民健康保険特別会計への繰出金（都道府県・市町村負担金）もここに含まれる．なお，民生費には災害救助費も含まれる．

表 2-10　民生費の目的別内訳

(単位　百万円・%)

区　分	平成 21 (2009) 年度					
	都道府県		市　町　村		純　計　額	
社会福祉費	2,254,683	33.3	3,838,695	25.9	5,250,913	26.6
老人福祉費	3,039,125	44.9	3,044,754	20.5	5,706,753	28.9
児童福祉費	1,208,604	17.9	4,911,720	33.1	5,549,725	28.1
生活保護費	253,473	3.7	3,040,381	20.5	3,250,139	16.4
災害救助費	7,741	0.1	3,588	0.0	10,343	0.1
合　　計	6,763,626	100.0	14,839,138	100.0	19,767,874	100.0

出典:『平成 23 年版　地方財政白書』より

3　社会福祉計画

　地方行政は計画をたてて，実施している．たとえば，地方自治法上の義務はなくなったが，市町村は「基本構想」(マスタープラン) を議会の議決を経て定め，計画的な行政を行うことが原則である．

　社会福祉の行政においても同じであり，さまざまな社会福祉計画が立てられてきた．従来は国でつくった計画にしたがって地方公共団体が実施するということが多かったが，地方がニーズ調査を行って積み上げた数値をまとめて国の計画とするやり方が主流になってきた．そのきっかけとなったのは，1990 (平成 2) 年の老人保健法，老人福祉法の改正で，都道府県と市区町村に「地方老人保健福祉計画」の策定が義務づけられたことである．市町村で独自に「区域において確保すべき老人福祉事業の量の目標」を設定するという方法は，これまでにないはじめてのやり方であった．その計画数値を積み上げた結果，国全体の計画も変更されることになった．1989 (平成元) 年の「高齢者保健福祉推進 10 か年戦略」(ゴールドプラン) は，高齢者保健福祉の整備目標値を予算の裏付けをともなって示したはじめての本格的な福祉計画だったが，地方老人福祉計画で積み上げた必要量を満たせないことがわかり，改めて 1994 (平成 6) 年に「新・高齢者保健福祉推進 10 か年戦略」(新ゴールドプラン) が策定された．

表2-11 法律に規定された高齢者福祉の地方行政計画

計画名		根拠法	策定義務など	参酌基準など	計画期間	住民参加	国および都道府県の関与	計画の主な内容
老人福祉計画	市町村老人福祉計画	老人福祉法第20条の8	義務 市町村介護保険事業計画と一体 市町村地域福祉計画と調和	厚生労働大臣が定める基準を参酌	規定なし	規定なし	・計画策定,変更の前に都道府県の意見を聞かなければならない ・都道府県知事は計画作成に関する技術事項を助言できる	・市町村において確保すべき老人福祉事業の必要量の目標・その確保のための方策
	都道府県老人福祉計画	老人福祉法第20条の9	義務 都道府県介護保険事業支援計画と一体 都道府県地域福祉支援計画と調和	規定なし	規定なし	規定なし	・厚生労働大臣は,計画の作成などに関する技術的事項について必要な助言ができる	・養護老人ホーム,特別養護老人ホーム等の必要入所定員総数など目標量 ・老人福祉施設の整備,連携の措置 ・従事者の確保・質の向上のための措置
介護保険事業計画	市町村介護保険事業計画	介護保険法第107条	義務 市町村老人福祉計画と一体 市町村地域福祉計画と調和	国の定める「基本方針」に即して作成	3年を1期	被保険者の意見を反映させるために必要な措置	・計画策定,変更の前に都道府県の意見を聞かなければならない ・知事は計画策定上の技術的事項について助言できる	・介護給付等,各サービスの量の見込み・その確保の方策 ・介護給付・介護予防サービスの円滑な実施のための事業
	都道府県介護保険事業支援計画	介護保険法第108条	義務 都道府県老人福祉計画と一体 都道府県地域福祉支援計画・医療計画と調和	国の定める「基本方針」に即して作成	3年を1期	規定なし	・厚生労働大臣は,計画の作成などに関する技術的事項への必要な助言ができる	・介護給付等各サービスの量の見込みの量 ・施設の生活環境改善の事業,介護サービス情報の公表 ・従事者の確保,質の向上,連携のための事業など

その後介護保険法に基づき，市町村は介護保険事業計画を作成することになった．障害者福祉や児童福祉においても同じ仕組みで計画が策定されるようになっていった．さらに，社会福祉法では，地域福祉計画の策定が規定された．市町村の福祉計画は，そこに住む住民，利用者のニーズを的確に把握し，効率的に福祉行政を実施していくうえで欠かせないものである．計画策定への住民や利用者の参画も進められている．さまざまな課題もあるが，さらに方法が検討され，展開されることが期待される． (畑本裕介)

4 社会福祉の供給のしくみ

(1) 「社会福祉基礎構造改革」

2000年には「社会福祉基礎構造改革」という，「供給システム」を中心とした，社会福祉のしくみの改革があった．これは，具体的には，「サービスを提供するしくみ」の改革であり，結果，「サービスを利用するしくみ」が変わった．

ひとつには，多様な社会福祉事業が，社会福祉の事業者として参入したことである．

実際，国，地方自治体が直接，社会福祉サービスを提供することは，それまでにも減っていた．国の場合，国立障害者リハビリテーションセンターや国立の児童自立支援施設など，どちらかといえば研究開発を目的に，社会福祉サービスを実施することもあるが，現在ではほとんど存在しなくなった．都道府県も，県立の児童養護施設や障害者施設を社会福祉事業団などに委託するところがふえ，直接運営することは少なくなった．市町村も，保育所などを除き，実際に事業を運営することが，少なくなってきた．その保育所の民営化も進んでいる．

社会の情勢が，新たな事業の参入を必要としたという実態はある．競争がサービスの質をあげるという面もある一方で，「赤ちゃんの死亡事故」「コムスン事件」などの事故や事件検証が必要である．

2つめは,「措置制度」から「契約制度」への転換である.方式はひとつではないが,保育制度や介護保険制度,障害者福祉制度で,しくみの転換があった.

3つめは,それらのしくみの転換にともない,「利用者保護」のしくみが作られた.「福祉サービス第三者評価」「苦情解決のしくみ」「権利擁護のしくみ」「情報開示のしくみ」などである.情報提供の事業として独立行政法人福祉医療機構が運営するWAM NETというものもある. (米山宗久)

(2) 権利擁護のしくみ

利用者保護のしくみとして,2000年から,権利擁護のしくみが登場した.「日常生活自立支援事業」「成年後見制度」である.

「日常生活自立支援事業」は社会福祉法に盛り込まれた.通常,社会福祉協議会が実施する.本人の希望により日常的金銭管理や福祉サービスの利用援助等を行う.

それに対して,「成年後見制度」は,民法を改正して,制度化されたものである.

認知症や重い知的障害・精神障害等のために,判断能力(事理弁識能力)の不十分な人を保護するためにつくられた.本人の行為能力を制限するとともに本人に代わって,あるいは助けて,法律手続きを行うしくみである.実際の手続は,家庭裁判所が行い,本人が任意後見人を選ぶ「任意後見」と,判断能力の程度に応じて,「後見」「保佐」「補助」に規定される「法定後見」がある.また,市区町村長が申立をするばあいは,老人福祉法,知的障害者福祉法,精神保健及び精神障害者福祉に関する法律に基づき行う.

本人が生活していくのに必要と思われることを,本人の希望をとり入れながら,成年後見人がすべての契約をする.たとえば,福祉施設に入所する契約,入院契約である.その費用の支払などを「代理権」として担う.

後見人等の多くは親族である.次に多いのは,一般に専門職後見人といわれ

ている弁護士，司法書士，社会福祉士などである．それぞれの専門性をいかして仕事をするが，契約の基本知識，相続の知識，介護保険制度，社会福祉の施設やサービスのさまざまな制度の知識が必要となる．そこで，専門職後見人が後見人等になった場合，研修がある．最近，こうした研修を受講した市民が，成年後見人等に就任し始めている．市民後見人というものである．

　ここで，わたしが担当した方の事例を紹介したい．

　　私のところに，市の地域包括支援センターからA氏の相談が持ち込まれたのは，昨年の春だった．A氏は，市内の病院に入院していた．脳梗塞のため自宅で倒れていたところを，近所の人に発見されて病院に運ばれたという．A氏には家族もなく，親族とのつきあいもない．A氏に成年後見制度の利用を勧めたところ，「利用したい」という意思表示ができる状態だったので，本人による保佐開始の申立をした．私は保佐人に選任された．脳梗塞の後遺症で車いすを使用することになったために，一人暮らしは無理になったが，A氏は金銭的な余裕があまりなかった．そのため，自宅の処分を提案したところ，A氏の了解を得ることができた．購入者も決まり，さっそく家庭裁判所に，居住用不動産処分の許可申立をした．裁判所の許可審判を得て，自宅の売買契約をし，所有権移転登記手続き，水道・電気・ケーブルテレビの権利の譲渡など，さまざまな手続を保佐人として本人に代理した．家の中の片づけは，地域包括支援センターの方に立ち会ってもらった．A氏は地域密着型介護老人福祉施設へ入所することになった．施設の情報は，ケアマネージャーがもってきてくれた．入所契約と住所変更手続き，そこには後見の登記の変更，銀行への住所変更手続き等も含まれた．手続きが一段落してほっとしていると，本人が体調を崩し，入院．今度は，入院契約．退院後は手続きした施設で生活している．

　こんな具合に本人の生活を支える契約を，後見人等はしていくが，周りの専門職との連携，近所の方の協力があってこそできることだ．

　しかし，どうしたら良いのか，迷うことも多々ある．そうしたとき，相談できるところがほしい．家庭裁判所もあるが，もっと身近に，気軽に相談できるところがあったらいいと思う．今後活躍が期待される市民後見人が育っていくにも，市区町村の後見人を支えるバックアップ体制ができるかどうかが，大きなカギを握っていると考える．　　　　　　　　　　　　　　　　（小林　恵）

5 社会福祉の法制度の変容と課題

　日本の社会福祉の法制度は，2000年の介護保険導入を契機として，措置制度から契約制度に転換する社会福祉改革が行われた．介護保険では，行政（市町村）がサービスを給付するのではなく，要介護者が，都道府県知事の指定を受けた介護事業者と直接に利用契約を結び，サービスを利用した場合，市町村からサービス費用が給付される．また，営利企業も含めた介護事業者がサービスの提供を行うこととなり，国・自治体の公的責任は，サービスの現物給付の責任ではなく，サービス費用支給（現金給付）の責任へと縮小されることとなった．

(1) 介護保険のしくみの概要と課題

　介護保険のしくみは，医療保険のしくみと似ているが，要介護認定を受けなくてはならず，保険証1枚で，すぐにサービスが利用できないこと，給付の内容が現金給付であり，要介護度ごとに保険給付に上限が設定され，保険給付と保険給付外のサービスとの併用利用（混合介護）が認められている点で，医療保険と決定的な違いがある．

　介護保険の利用者負担部分を除く給付費は，保険料と公費（税金）でそれぞれ半分ずつ賄われているが，人口の高齢化による65歳以上の第1号被保険者数の増大に伴い，介護保険財政における第1号被保険者の保険料負担割合も増えていくような財政構造のしくみになっている．

　そのため，施設やサービスの利用が増えたり，介護労働者の待遇を改善したり人員配置基準を手厚くして，介護の質をあげることが，介護保険料の引き上げにつながる．また，第1号被保険者の介護保険料は定額を基準にした所得段階別の保険料設定であり，国民健康保険料や後期高齢者保険料のような保険料軽減制度がないため，低所得の高齢者ほど負担が重く逆進性が強い．そのうえ，月額1万5,000円以上の年金受給者からは年金天引きで保険料を徴収する仕組

みとなっている．そもそも「最低生活費非課税の原則」を無視し，生活保護基準以下の生活状況にある高齢者から介護保険料を年金天引きすることは，高齢者の生存権の侵害である．

　結局，今の介護保険の財政構造のもとでは，介護保険料を抑えるための手段は，介護給付費の抑制（給付抑制）しかない．サービス利用の給付抑制策を盛り込んだ介護保険法の改正は，2006年と2012年に実施された．介護保険の給付抑制の強化によって，低所得の高齢者が介護保険サービスから排除される傾向が強まり，介護に関する心中，殺人事件や高齢者の孤独死，餓死事件は減少するどころか増加している．

　同時に，介護保険法の施行により公的責任が大きく後退し，自治体が地域の高齢者の実態を把握することができなくなり，老人福祉法の措置規定が形骸化している．さらに，大幅な規制緩和によって介護労働者の労働条件が急速に悪化し，人材難が顕著になっている．

(2) 障害者自立支援法のしくみと新法への改正における課題

　障害者福祉分野も，2003年から，支援費制度に移行し，さらに，2006年からは障害者自立支援法が施行され，それまでの行政によるサービス提供から，契約によるサービス利用方式に変えられている．

　障害者自立支援法では，市町村がサービス費用を指定事業者に支払うという形をとるため（代理受領），支給決定障害者は，サービス利用の際に1割の自己負担が必要となった．障害者自立支援法の給付は自立支援給付といわれ，自立支援給付のうち介護給付費の支給を受けようとする障害者は，市町村に申請して支給決定と障害程度区分認定を受けることとされた．障害程度区分認定は介護保険の要介護認定と同じ仕組みで，障害者を区分1から6までにランク付けされたが，介護保険のように，給付上限（支給限度額）の設定はなされず，あくまでも支給決定の勘案事項にとどまっていた．ただし，区分によって利用できるサービスが限られていた．いずれにせよ，介護保険とほぼ同じ仕組みといっ

てよいものだった．このほか，市町村が行う地域生活支援事業があり，個別給付から障害者に対する相談支援や権利擁護などの事業を行ってきた．

　障害者自立支援法の費用はすべて公費（税金）でまかなわれてきたが，事業の実施が各自治体の財政力に左右される財政構造であり，自治体間格差が広がってきたという問題もあった．

　障害者自立支援法については，とくに応益負担の導入に対する当事者の反発が強く，2009年には，法を廃止する政策方針がだされた．

　そして，閣議決定に基づいて，平成21年12月に「障がい者制度改革推進本部」が設置され，同本部のもとに当事者が参加する「障がい者制度改革推進会議」がおかれた．また，2010年4月には，推進会議のもとに総合福祉部会が立ち上げられ，障害者自立支援法に代わる新たな法律の検討が進められてきた．しかし，総合福祉部会の議論は，応益負担以外の障害者自立支援法の根本問題に十分な目配りがなされたとはいいがたく，契約制度や現金給付方式の見直しなどにまで議論が及ばなかった．議論の結果は「障害者総合福祉法の骨格に関する総合福祉部会の提言」として発表された．

　結局，障害者自立支援法にかわる「障害者総合支援法」は，2012年6月に成立した．しかし，前述の総合福祉部会の提言や「障害者自立支援法違憲訴訟基本合意」は，新法に反映されず，利用者負担については応益負担の枠組みが残された．また，収入認定を本人のみとする改正もされなかった．つまり，サービスを受けるための障害の認定の方法，介護保険制度との関係など，法の根幹にかかわる部分はほとんど改革されておらず，将来的に介護保険と統合されていく可能性が残されている．

(3) 現物給付原則の再構築と総合福祉法の構想

　以上のような介護保険をモデルとした社会福祉改革によって，いまや日本の社会福祉制度では，現金給付方式（利用者補助方式）と直接契約によるサービス利用方式が主流となりつつある．

第2章　社会福祉のしくみ　61

　現物給付原則の解体は，社会福祉分野にとどまらず，療養の給付という現物給付原則をとる医療分野（とくに高齢者医療）にも波及しようとしている．これは，社会福祉そのものの解体が進みつつあることを意味する．障害者自立支援法と同じく廃止が宣言された後期高齢者医療制度だが，後期高齢者医療制度が廃止されても，高齢者医療の給付の多くを介護保険の給付に移せば（もしくは高齢者医療の給付を介護保険と同じように現金給付化すれば），給付に上限がつけられ，高齢者医療費は大きく抑制される，高齢者の医療は大きく制限される．

　私見では，介護保険法と障害者自立支援法は廃止し，訪問看護など介護保険の医療系サービスは，医療保険の給付に戻したうえで，高齢者・障害者への福祉サービスの提供は，全額公費負担により，自治体が責任をもって現物給付方式で行う総合福祉法を制定すべきであると考える．　　　　　（伊藤周平）

注・引用・参考文献

1）　ソーシャルワーカーの花輪祐司氏の提供事例を，倫理的配慮のもと，内容が変わらない程度に加工して使用した．たとえば本人や家族性別や年代は書かないなどである．この本に使用した，他の事例も，同じ配慮をした．また事例の使用を，原則的にご本人，それができない場合はご家族に了承を得ている．たとえばご本人が亡くなり，家族とも連絡がとれないような場合は，執筆者の責任で経験をもとに新たな事例を作成した．
2）　社会保障各制度の給付費について，毎年度の決算等をもとに推計した社会保障給付費を部門別に分類した．
3）　国立社会保障人口問題研究所『平成21年度社会保障給付費』のデータによる．

〈参考文献〉

① 　社会保障入門編集委員会『社会保障入門〈2012〉』中央法規出版，2012年
② 　植村尚史『図説これからはじめる社会保障（第3版）』日本加除出版，2011年
③ 　武川正吾『福祉社会—社会政策とその考え方（補訂3版）』有斐閣，2001年
④ 　『国民の福祉の動向2011／2012』財団法人厚生労働統計協会編集・発行，2011年
⑤ 　定藤丈弘・坂田周一・小林良二『社会福祉計画』有斐閣，2003年
⑥ 　牧里毎治・野口定久・河合克義『地域福祉』有斐閣，1995年
⑦ 　蟻塚昌克『入門社会福祉の法制度—行財政の視点からみた全体図』ミネルヴァ書房，2004年
⑧ 　伊藤周平『雇用崩壊と社会保障』平凡社新書，2010年

⑨　伊藤周平『医療・福祉政策のゆくえを読む―高齢者医療・介護制度／障害者自立支援法／子ども・子育て新システム』新日本出版社，2010 年
⑩　伊藤周平『障害者自立支援法と権利保障―高齢者・障害者総合福祉法に向けて』明石書店，2009 年
⑪　伊藤周平『介護保険法と権利保障』法律文化社，2008 年

学びのオリエンテーション

介護保険制度から考える地方分権

　地方分権（地域主権）は，住民の生活に直接関わる福祉政策は，最も身近な政府（市町村）で行われるべきということであり，社会福祉の制度は，国から地方への分権が最も期待されたもののひとつである．

　とくに，地方分権一括法と同時に施行された介護保険法は，市町村の「自治事務」として，地方分権改革の「試金石」とも言われた．

　しかし，制定後10年を経ても，「地方分権」（地域主権）とはほど遠い．法の規定で介護サービスが細分化されているうえに，サービス事業ごとに省令と関連する解釈や留意事項を示した，夥しい数の通知，1,300項目を超える「Q&A」が存在し，「箸の上げ下ろし」にまで国が関与する．

　たとえば「要介護度」は，介護にかかる「手間」を時間に換算して決められるが，基準は全国一律で，要介護度の判定ソフトまで国が提供する．防寒対策をし，玄関の雪かきをしないと外に出られない「雪国」と「Tシャツと短パン」で出かけられる「南国」とでは「手間」は同じだろうか．3年に一度，介護保険事業計画を作成する際，地域の実情にあわせた計画策定が求められるが，これについても，介護のニーズの調査項目，事業量の推計ソフトを国が提供し，ほぼ全国一律の方法・プロセスで計画される．

　一方，介護サービスの現場は，たとえば，要介護者の自宅を訪問するサービスは，訪問介護，訪問看護，訪問入浴に分割され，事業者は，サービスごとに独立した「事業所」を設置しなくてはならない．このそれぞれのサービスは，介護報酬の制度設計上，原則として同時に利用者宅を訪問することができない．利用者にとっても，30分〜1時間ごとに，入れ替わり立ち替わり，ヘルパーや看護師など，別々の他人が自宅に来て，「これは保険でできる，これはできない」と仕分けされる．「見守り」や「話し

相手」という意味では，できるだけ長い時間，誰かが自宅を訪問して関わっている状態になる，というメリットはあるものの，利用者は，ヘルパーや看護師が来るたびに，自分の体調や希望する介護の内容等を何度も説明し，一度にしてほしいことをバラバラにして待たなくてはならない．こうしたことはほんの一例であるが，これが「きめ細かな介護サービス」なのだろうか．

　市町村は，保険者，介護保険制度の実施・運用主体ではあっても，制度設計を行えない．介護保険法を適用して介護サービスを実施しようとする限り，地域の実情にあわせて自由に制度設計することができない．介護保険の財源は，住民の保険料と，市町村・県・国の負担で成り立っている．住民の直接負担と税財源により市町村が大半を負担しているにもかかわらず，市町村の権限があまりにも小さい．

　全国一律に決めた方が有益な「標準」があったとしても，「標準」が地域の実情にそぐわない時，国の承認を得ずとも市町村が自らの判断で変えるしくみがあればいいのである．議会の議決を経て条例を制定するというしくみが活用されればいいのである．介護保険法にそのような条文一文が書き加えられるだけで可能である．

　ちなみに，都道府県は，事業者と市町村の指導監査や基金を配分する権限をもっているが，国と市町村の中継地として国の代行だけをしている場合も多い．住民の身近な市町村が福祉を計画，実施することは，「地方自治」という意味で大きな意味をもつ．

　一方，財源面での地域格差が地域ごとのサービス格差につながるという課題も考慮する必要があろう．

　ところで私たちは，自治体職員を中心に「一国多制度推進ネットワーク」を組織し学びあっている．自治の現場からの発信が変革の風を起こす時を期待し，HP，マスコミ，自治体学会等で発信を続けている．

（中西大輔）

第3章
社会福祉のしごと

「お医者さんとか学校の先生とか看護師さんは、イメージできるけれど、社会福祉士というのは、どんな仕事なのか想像しにくい」「ソーシャルワーカーをしていますが、自分の仕事を、"こんな仕事です"って、うまく、人に説明できない」そういう人がわりと多い.

実は、「保育士」だって〈社会福祉のしごと〉、専門職である.あるシンポジウムで、保育系学科の学生が次のように発言してくれた[1].

> 私は、子どもに関することを広い視野で総合的に学びたいので、保育士、幼稚園教諭、児童指導員、社会福祉士、社会福祉主事などの資格をとるつもりです.子どもの成長、発達について学んだり、手遊びや歌、ピアノもならっています.福祉の制度や援助の方法も学んでいます.それに、結構いろいろなところで、実習やボランティアをやっています.幼稚園では幼稚園実習と特別支援教育ボランティアをしました.特別支援教育ボランティアでは、障がい児や発達の気になる子につきました.実習した幼稚園の子どもの違った面もみれてすごく勉強になりました.つい最近は、社会福祉士の資格の取得のための実習で母子生活支援施設に行きました.お母さんの支援と子どもの支援が違うなと思いました.子どもの支援では福祉だけではなく、保育の知識・技術も求められているなって思いました. *1

〈社会福祉のしごとの内容〉というと、高齢者介護のイメージが強いが、内容はさまざまである.資格のとりかたも多様なルートがある.最近はキャリアパス (Career Path) という考え方も登場しているが、専門職としての歩む途は多様である.あるベテランの社会福祉の専門職の方はこう語ってくれた.

> 私は、福祉系の大学卒業後、障害者入所施設に勤めました.国家資格はなかったころです.まだ、障がい者を呼び捨てにしてしまうとか、お部屋に入るときも、何もいわずにどんどん入るようなことが続いている時代でした.すごく疑問を持って、やっていけるだろうかって自

信を無くしていたときに，ちょうど資格制度ができました．実践を言語化したり，検証する力をつけたいと思い，社会福祉士の勉強をして資格をとりました．夜勤の仕事がある中，子育てをしながらの勉強でした．それから地域の障がい児者とご家族の相談をする仕事につきました．認知症や寝たきりの方がいらっしゃるご家族を支援する中で，介護の知識や技術を得たいと思い，介護福祉の勉強をしました．その結果が資格になりました．精神に障がいをもつ方の相談にのった時，地域での生きにくさや差別的な対応の現実を知り，もっと勉強したいという思いから精神保健福祉士の資格をとりました．その後，地域の障がいをもつ人たちの働く場が足りなかったので，社会福祉法人を立ち上げて施設を作りました．施設長になってから，もっと勉強したいと思い，40にして大学院にはいりました．今は，福祉系の専門学校や大学でも教えています．これまで実践の中で学んだ成果を，若い人に伝えたいと思っています．＊2

こんなふうに，〈社会福祉のしごと〉の奥行きは深い．
「人を助けるしごと」「人に感謝される仕事」「生きがいのある仕事」というような素朴な理解もあるが，それだけではない．それに「人を助けたり感謝されたり生きがいがある」のは〈社会福祉のしごと〉だけだろうか．

この章では，社会福祉の「実践主体」である，社会福祉の専門職を概観する．社会で困難な問題に向きあっている人に向き合うことの多いこの仕事は，人生の悲しみに出会うこともまた多い．けれども，「波乱万丈のしごと」は達成感も大きい．頑張ればキャリアアップもどんどんできる．

(川池智子)

＊1　山梨県立大学4年　緒崎智美
＊2　山梨県・圏域マネージャー　渡辺典子

1 社会福祉を担う専門職

1 〈社会福祉のしごと〉の魅力

「社会福祉の専門職」といったとき，ふつう，高齢者や障がい者を介護するしごとを思い浮かべる人が多い．子どもの虐待の事件のとき，テレビによく登場する児童相談所の所長とかを思い浮かべる人もいるかもしれない．

表3-1 各分野における主な社会福祉の専門職

社会福祉の分野	相談援助専門職の主な職種	相談援助専門職の主な職場
貧困問題を支援する分野	査察指導員，現業員（ケースワーカー），生活支援員，作業指導員，職業指導員など	福祉事務所＊，社会福祉協議会＊，救護施設，更生施設，医療保護施設，授産施設，宿所提供施設など ＊は，全分野にかかわる
障害福祉	身体障害者福祉司，知的障害者福祉司，更生相談所相談員，生活支援員，作業指導員，職業指導員，職場適応援助者（ジョブコーチ）など	身体障害者更生相談所，知的障害者更生相談所，精神保健福祉センター，社会福祉協議会，地域障害者職業センター，「障害者自立支援法」に規定される事業所や施設など
高齢福祉	老人福祉指導主事，生活相談員（ソーシャルワーカー），各機関のソーシャルワーカーなど	地域包括支援センター，養護老人ホーム，特別養護老人ホーム，軽費老人ホーム，老人デイサービスセンターなど
児童家庭福祉	児童福祉司，児童指導員，児童自立支援専門員，家庭支援専門相談員（ファミリーソーシャルワーカー）など	児童相談所，児童館，児童家庭支援センター，児童養護施設，児童自立支援施設，重症心身障害児施設，盲・ろうあ児施設，知的障害児通園施設，情緒障害児短期治療施設など
母子福祉	母子指導員，母子自立支援員，少年指導員など	児童相談所，母子生活支援施設，母子福祉センター，母子休養ホームなど
医療福祉	医療ソーシャルワーカー（MSW），精神科ソーシャルワーカー（PSW）など	保健所，精神保健福祉センター，一般病院，専門病院，診療所，精神科病院，精神科診療所など
地域福祉	福祉活動指導員，福祉活動専門員	社会福祉協議会など

出典：社会福祉士養成講座編集委員会編『相談援助の基盤と専門職』ミネルヴァ書房，2009年，p.179の表に筆者が一部加筆修正．

表3-2　全国の施設の専門職種の人数（その一部を抜粋）　平成21年

	総数	保護施設	老人福祉施設	障害者支援施設等	婦人保護施設	児童福祉施設（保育所以外）	保育所
	\multicolumn{7}{c}{従事者数（人）}						
生活指導・支援員等	74,228	797	7,416	18,112	142	13,465	…
職業・作業指導員	13,697	108	131	2,541	17	215	…
理学療法士	1,531	2	38	142	—	1,015	…
作業療法士	1,196	2	28	123	—	784	…
心理・職能判定員	82	…	…	32	…	…	…
医師	3,355	34	165	130	6	1,129	1,469
保健師・助産師・看護師	30,141	394	3,498	1,584	21	8,351	5,638
精神保健福祉士	1,691	16	29	832	—	…	…
保育士	348,038	…	…	…	—	14,635	331,849
児童生活支援員	594	…	…	…	…	594	…
児童厚生員	10,055	…	…	…	…	10,055	…
母子指導員	576	…	…	…	…	576	…
介護職員	81,678	3,190	16,466	4,712	4	…	…
栄養士	12,824	203	2,089	644	22	1,286	5,995
調理員	69,673	649	5,616	1,587	71	4,294	47,924
事務員	29,608	467	4,997	1,888	41	3,490	7,712
その他の職員	48,294	227	4,788	1,090	48	7,489	23,906

出典：平成23年厚生労働白書　施設の種類別にみた職種別常勤換算従事者数の表．
（一部を筆者が抜粋し作りなおした．一部の職員，身体障害者施設，母子施設などを省いている）

けれども，社会福祉の仕事の領域と内容は表3-1のように多岐にわたる．「社会福祉の分野で働く専門職」といったとき，そのなかに社会福祉士だけではなく，看護師や栄養士も入るのである（表3-2参照）．一般的には専門職といわないが，事務職員，清掃員さんもともに担う専門スタッフといえる．

また，施設や機関に属していたとしても，外に飛び出し地域をフィールドとして活躍する社会福祉専門職もいる．扉で紹介した「圏域マネージャー」や，社会福祉協議会の職員，介護支援専門員（ケアマネージャー），地域療育コーディネーターなどである．最後にあげた職種は，全国的な制度になったときもあったが，近年はごく一部の県にしかおかれていない．けれどもフットワークも

軽く，相談者といろいろな施設や相談機関を結び付ける「コーディネート」機能をもつ専門職として再評価したい職である．

　この表にはでていないが，病院にも社会福祉の専門職は配置されている．

　総合病院などには医療ソーシャルワーカー（MSW），精神科病院には精神科ソーシャルワーカー（PSW）がいて，生活上の問題の相談にのっている．数百人のスタッフの中の2，3人程度であるが，医療費のことから退院後の生活の相談まで，病気のために生じてくる生活上のさまざまな困難の解決を援助してくれる専門職の存在は貴重である．心身の病気は心身のつらさとともにお金の悩み，これから先の不安が人を苦しめることがある．そんな時に支えてくれたソーシャルワーカーが，「地獄に仏」にみえたという家族もいる．生活の不安が解消され安心して治療に専念できることは，病気の回復にも欠かせない．

　さらにボランティアや地域住民は社会福祉専門職ではないが，施設や地域で社会福祉の専門職に自らの意思で協力・応援してくれる大切な存在である．

　社会福祉の専門職の資格としては，社会福祉士などの国家資格化されたもののほか，「任用資格」や県が認定する資格もある．

　医師や看護師，弁護士など長い歴史をもつ資格が「業務独占」であるということに対し，社会福祉の資格は「名称独占」である．そのため「その名称を用いて登録する」というような表現が各法律に明記されている．

　「業務独占」と「名称独占」の違いは，たとえば医師の資格をもっていない人が手術を行うことはできないが，介護福祉士資格をもっていない人が介護をやってはいけない，というわけではないことである．

　だからといって高齢者施設での介護は，家族が行う介護と同じではない．子育て経験があるからといって，保育の仕事ができるわけではない．たとえば介護福祉士の場合，一人ひとりの心身の状態に応じた個別のケアを，チームワークで行う．その方のこれまでの人生を尊重しながら，今の生活を作り上げる支援をするという高度な専門職である．保育士はたくさんの子どもの命を預かり，子どもたちに深い愛を注ぎながら，豊かな遊びと生活のなかで人としての生き

る力の土台づくりを育むスペシャリストである．

　名称独占であったとしても，従来の「専門家」枠組みにはあてはまらない多様な人・問題に柔軟に応じていく力，生活に密着しながら生活をまるごと理解し支援する力といった専門職なのである．業務独占の仕事に比べて名称独占の仕事の専門性が低いということはない．「専門性」の質や価値がそれぞれ異なるのである．

　社会福祉の専門職について30年余のわたしは，尽きることのないこの仕事の奥深さとともにやりがいを知っている．　　　　　　　　　　（川池秀明）

2 社会福祉の国家資格

　社会福祉専門職の国家資格は，社会福祉士，精神保健福祉士，介護福祉士，保育士である．資格をとって登録した人の人数，国家試験受験者等数，専門職団体の状況をまとめたものが表3－3である．資格取得のルートや養成方法が異なるので単純な比較をしてはならないが，これらの資格の様子が少しはわかる．

　それぞれの国家資格の役割や就労している分野は次のようになっている．

表3-3　社会福祉の国家資格および関連する資格の状況

	社会福祉士	精神保健福祉士	介護福祉士	保育士	看護師	介護支援専門員
登録者数	138,694	52,035	910,238	1,068,838＊	1,252,224	432,000＊
受験者数	43,568	7,233	154,223	49,307	54,138	145,529
合格者数	12,255	4,219	74,432	6,957	49,688	22,329
合格率％	28.1	58.3	48.3	14.1	91.8	15.3
専門職団体＊＊	日本社会福祉士会	日本精神保健福祉士協会	日本介護福祉士会	全国保育士会	日本看護協会	日本介護支援専門員協会
加入者数	31,677	7,294	43,628	180,846＊	約630,000	約45,000＊

注）2011年の数値．＊は2008年の数値である．＊＊各専門職の中心的な職能団体の名称．
出典：山之内輝美　作成
資料：看護師の登録者数は従事者数（平成20年）　各数値は専門職団体HPおよび厚生労働省担当局の資料による．

(1) 社会福祉士

　社会福祉士は,「社会福祉士及び介護福祉士法」に基づく国家資格である.法律には「専門的知識及び技術をもつて,身体上若しくは精神上の障害があること又は環境上の理由により日常生活を営むのに支障がある者の福祉に関する相談に応じ,助言,指導,福祉サービスを提供する者又は医師その他の保健医療サービスを提供する者その他の関係者との連絡及び調整その他の援助を行うこと(「相談援助」という)を業とする者」(第二条)とされている.下線は2007年の法改正で新たに加わった業務である.

　社会福祉士は,主として,福祉事務所や社会福祉施設,社会福祉協議会,病院等で働いている.市町村に設置された高齢者の総合相談窓口として創設された「地域包括支援センター」には,保健師,主任ケアマネージャーとともに社会福祉士をおくことになっている.

　医療ソーシャルワーカーについては,配置しなければならないという法制度はないが,近年,診療報酬が改定され,一部であるが,医療制度として配置が制度化された.慢性期病棟等の退院調整加算という制度で,設置基準に専従の社会福祉士の配置が明記されたのである(2010年度).

　福祉事務所における社会福祉士の配置は表3−4のとおりである.社会福祉の専門機関の中核にある福祉事務所だが,行政の機関であるため各部署間の移動も多く,社会福祉の国家資格をもった人だけが配置されることは難しい.

　社会福祉士等を「福祉職」という枠で採用する自治体も徐々にふえてきてい

表3−4　資格(社会福祉主事,社会福祉士,精神保健福祉士)の取得状況

区　分		社会福祉主事		社会福祉士		精神保健福祉士	
		査察指導員	現業員	査察指導員	現業員	査察指導員	現業員
総　数	資格取得者数(人)	2,246	13,090	104	946	13	201
	取得率(%)	69.7	67.5	3.2	4.9	0.4	1.0
生活保護担当	資格取得者数(人)	1,937	10,299	80	641	7	66
	取得率(%)	74.6	74.2	3.1	4.6	0.3	0.5

る．都道府県の場合，全国の半数ほどがこの枠をもうけている．

(2) 精神保健福祉士

　精神保健福祉士は「精神保健福祉士法」に基づく国家資格である．精神障害者の保健および福祉に関する専門的知識および技術をもちいて，精神科病院その他の医療施設や精神障害者の社会復帰の施設を利用している人の相談に応じたり，助言，指導，その他の援助を行う．

　たとえば，精神科病院では治療環境を整え，保健医療関係者と協力連携をはかり，退院後の社会復帰施設の利用や，仕事さがし，住宅さがしといったことも支援している．家族の相談にも応じ，家族の関係の修復への支援をすることもある．さらに，このような仕事を通して，精神障害への偏見が根深い地域社会の人たちへの理解を促進するといった役割も担っている．

　精神保健福祉士の場合も，制度的にその配置が明確化されているケースは多くなかったが，近年，精神科医療の設置基準等への配置が制度化され，診療報酬に業務が組み入れられた．また，障害者自立支援法の障害福祉サービス事業所等の設置基準にも精神保健福祉士の配置が定められている．

(3) 介護福祉士

　介護福祉士は社会福祉士とともに「社会福祉士及び介護福祉士法」に規定されている．専門的知識や技術をもちいて，身体上または精神上の障がいがあることにより日常生活を営むのに支障がある人やその介護者に対して，介護に関する指導を行う専門職である．

　介護保険事業に従事する職員のうち，ほぼ3割，約40万人が介護福祉士の資格を取得している．障がい分野等で介護等の業務に従事している介護福祉士は約7万人である．一方で，資格を取得しても介護等の業務に従事していない「潜在的介護福祉士」が25万人ほどいる（2008年）．

　これまでは，指定の養成校を卒業すれば試験を受けずに資格がとれたが，社

会福祉士及び介護福祉士法の改正により2015年度からは養成校を卒業しても国家試験を受験するシステムとなる．また2012年から，介護福祉士等が，たんの吸引や，経管栄養等の医療行為を実施できることになった．

　2012年3月末にニュースでも大きく取り上げられたが，インドネシア，フィリピンから受け入れた介護福祉士候補者の3年間の実践期間が終了し，初めての介護福祉士の受験で，約36名，合格率も37.9%であった．これは，経済連携協定（EPA）に基づいた制度として看護師とともに2008年から始まった制度である．ただし，制度を始めた目的が外国人の介護福祉士の導入ではないため，外国人の方にも実習する施設にも多くの負担がかかる．介護の領域における人材不足は恒常的にあるものの，この領域の「規制緩和」には反対もあるため，グローバルな視点での国際的な専門職養成システムとはなりえていない．

(4) 保育士

　保育士は，2003年の児童福祉法の改正により，「保母」から「保育士」となり，国家資格化された．また，児童の保護者の子育てに関する相談等をうけることが法制度に盛り込まれた．保育士としての国家資格化はほかの社会福祉専門職より遅かったが，保母という職業の歴史は，日本においても100年以上ある．専門職団体の創設が，1956年だったことからも，専門職としてのあゆみの長さがわかる．これまで積み上げられてきた実践的研究の歴史のなかで，親の生活問題を支援しつつ人間を理解するという科学的志向と，子どもの成長に資する保育技術を習得し開発するといった実践的な専門性が確立されてきた．これから社会福祉の専門職の将来を考える時，示唆される点の多い「専門性のあり方」である．保育士をケアワーカーととらえるむきもあるが，社会福祉と教育の2つの側面をもつ専門職なのである[2]．

　規制改革会議による「規制改革推進のための第3次答申」において，保育士にも養成校卒業者に国家資格を課す方向が盛り込まれたが，結論はでていない．最近は，保育士と幼稚園教諭の一本化も検討されている．

3 任用資格とその他の資格

(1) 任用資格

　任用資格は，実際に業務に就いてはじめて名乗ることのできるもので，社会福祉における任用資格の主なものは社会福祉主事である．社会福祉主事は福祉事務所現業員として任用される者に必要な資格であり，社会福祉施設の職員等の資格に準用されている．

　社会福祉主事の職務は，福祉事務所において，生活保護法，児童福祉法および母子及び寡婦福祉法に定める援護または育成の指定に関する事務や援護，育成または更生の措置に関する事務を行うとされている．社会福祉主事任用資格の必要な職種は表3-5のとおりである．

表3-5　社会福祉主事任用資格の必要な職種

行政	福祉事務所	現業員，査察指導員，老人福祉指導主事，家庭児童福祉主事（児童福祉事業従事2年以上等），家庭相談員（児童福祉事業従事2年以上等），母子相談員
	相談機関	知的障害者福祉司（知的障害者福祉事業従事2年以上等），身体障害者福祉司（身体障害者福祉事業従事2年以上等）
		児童福祉司（児童福祉事業従事2年以上等）
社会福祉施設		施設長，生活指導員　等

出典：厚生労働省HP　※［　］内は，社会福祉主事任用資格に加えて必要な要件．

(2) 介護支援専門員（ケアマネージャー）

　介護支援専門員（ケアマネージャー）は，介護保険の導入で制度化され，居宅介護支援事業所や介護保険施設に必置となった．要介護者や要支援者からの相談，介護支援計画（ケアプラン）の作成を行っている．介護支援専門員になるためには，社会福祉や保健医療，リハビリ関係の専門資格を取得し，一定期間の実務経験を積み，実務研修受講試験に合格後，実務研修を受講する必要がある．

　合格者の実績をみると，最も高いのが6割を占める介護福祉士である．社会

福祉士，看護師・准看護師なども1割程度ずついる（2009年度第12回介護支援専門員実務研修受講試験結果）．介護支援専門員の登録，実務研修受講試験，実務研修は都道府県知事の責務となっている．

(3) 訪問介護支援員（ホームヘルパー）

一般的にヘルパーと呼ばれる訪問介護員（ホームヘルパー）は，介護保険法や障害者自立支援法のサービスに，制度的に置かれている．そのルーツは昭和30年代からあった家庭奉仕員であり，介護保険で制度がかわったが，今日まで高齢者や障がい者の介護の仕事を「下支え」してきた．多くがパートや非常勤の勤務形態で待遇が厳しいなか，介護の現場を支えてきたのである．今も全国で40万人近くがその職にある．訪問介護員（ホームヘルパー）養成研修とは別に，「介護職員基礎研修」が創設されたが（2006年），2013年度からさらに制度改正が予定されている．

(山之内輝美)

② 社会福祉の仕事と専門性

1 社会福祉専門職の理論と技術

(1) 今日の社会福祉の専門職の知識とそのルーツ

社会福祉の専門職がもつべき「知識」を「国家資格」に限定してとらえ，社会福祉士を例にとると，① 人・社会・生活と福祉の理解に関する知識と方法，② 総合的かつ包括的な相談援助の理念と方法に関する知識と技術，③ 地域福祉の基盤整備と開発に関する知識と技術，④ サービスに関する知識，⑤ 実習・演習の科目群に組み込まれたさまざまな教科が「知識」となる．これは，2009年に国が改正した科目の体系である．

この5つのなかに，従来の医学，法学，社会学，各分野の社会福祉制度や社会福祉援助論が別の名称で組み込まれた．新たに組み込まれた科目もある．

こういった各種の知識は，社会福祉の専門職が仕事を進める上で，必要とな

る．国家資格をとれば即，社会福祉のプロフェッショナルになれるわけではないが，これらの知識はそのベースになる．

そのうち，「社会福祉の専門職が用いる専門的な援助技法に関わる知識」を「専門的知識」として狭義にとらえると，国が示した科目のうち，② 総合的かつ包括的な相談援助の理念と方法に関する知識と技術，の中の「相談援助の基盤と専門職」「相談援助の理論と方法」の科目に相当する．

「相談援助」という表現は，2009年の「社会福祉士及び介護福祉士法」の改正ではじめて用いられた．

さらに，国が新たに提示した「相談援助」の「シラバス」から，国家資格化以降，専門的な援助の枠組みとされてきた，『直接援助技術』『間接援助技術』といった言葉もなくなった．

この「相談援助」は，社会福祉の専門職が国家資格化されて以降，「社会福祉援助技術」とよばれていた．そのころは「社会福祉援助技術」は『直接援助技術』，『間接援助技術』で構成するという枠組みだった．「個別援助技術（ソーシャル・ケースワーク）」と「集団援助技術（ソーシャル・グループワーク）」を『直接援助技術』，「地域援助技術（コミュニティ・ワーク）」「社会福祉調査（ソーシャルワーク・リサーチ）」「社会福祉運営管理（ソーシャル・アドミニストレーション）」「社会福祉計画法（ソーシャル・プランニング），社会活動法（ソーシャル・アクション）」が『間接援助技術』とされてきた．

また，それより以前は，ソーシャル・ケースワークなどカタカナをそのまま用いていた．個別援助技術などと表記されたのは，社会福祉に関するカタカナつまり英語を日本語表記にするという国の方針にのっとったものであった．

今でも，学校によっては「ソーシャルワーク」という表現を用いることがある．実践や研究においてもそうである．

2009年度からの新たな国家資格のためのカリキュラムでは，ソーシャル・ケースワークやソーシャル・グループワークといったとらえ方よりも，「ジェネラリストの視点に基づく総合的かつ包括的な援助」や「多職種連携（チーム

アプローチ)」が重視され，「援助の手法」として，治療モデル，生活モデル，ストレングスモデル，心理社会的アプローチ，機能的アプローチ，問題解決アプローチ，課題中心アプローチ，行動変容アプローチ，危機介入アプローチといったさまざまな実践モデルとアプローチが示されるようになった．受理面接（インテーク），事前評価（アセスメント），支援の計画（プランニング），支援の実施などの「相談援助の過程」の体系も重視されるようになった．またケースマネージメントやコーディネーション，ネットワーキングといった手法が重要な方法となった．

そもそも社会福祉の専門職の援助理論はイギリス，アメリカの実践の歴史の中で成立してきた．ルーツは，19世紀後半，イギリス，ロンドンで始まった慈善組織協会（COS）の活動にある．このCOSがアメリカにわたり，個別援助技術としての「ケースワーク」が成立した．1920年代に，のちに「ケースワークの母」とよばれたリッチモンド（Richmond, M. E.）がケースワーク論を体系化したのである．集団援助技術（グループワーク）は，19世紀末のイギリス，アメリカのセツルメント運動やYMCAなどの青少年団体運動を源流とする．さらに，1960年代，地域の問題に対処すべく，コミュニティ・オーガニゼーションの理論・技術が発展し，ケースワーク，グループワーク，コミュニティ・オーガニゼーションの3つの方法を中心とするソーシャルワークの枠組みが確立した．

ソーシャルワークにおいて，援助の具体的な理論の枠組みを，「モデル」とか「アプローチ」というが，ソーシャルワークの初期において優勢だった治療モデル（医学モデル）は，以降，「生活モデル」といわれるようになり，多様な実践モデル，アプローチがうちだされてくる．1970年代以降は，システム理論に基づく生活モデルが登場する．1980年代には，これらの理論を発展させたジェネラリスト・アプローチが登場する．さらに，1990年代になると，フェミニズム・アプローチ，ストレングス・アプローチ，エンパワメントアプローチ，ナラティブアプローチ，エビデンス・ベースド・アプローチなどの新し

表3-6 時代別にみたソーシャルワーク実践の特徴と主なアプローチ

時代と特徴	アプローチ	主な背景理論・基盤	代表的な人と業績
〈1920〜50年代〉伝統的ソーシャルワーク	診断主義アプローチ	精神分析学	ハミルトン, G.『ケースワークの理論と実際』(1940)
	機能主義アプローチ	意思心理学	ロビンソン, V.『ケースワーク心理学の変遷』(1930)
	問題解決アプローチ	自我心理学, 役割理論, 問題解決学習法	パールマン, H.『ソーシャル・ケースワーク―問題解決の過程』(1957)
	コミュニティ・オーガニゼーション		ロス, M.『コミュニティ・オーガニゼーション』(1955)
〈1960〜70年代〉ソーシャルワークの多様化	心理社会的アプローチ	主は自我心理学, 役割理論, 社会システム理論, コミュニケーション理論も応用(診断主義)	ホリス, F.『ケースワーク―心理社会療法』(1964初版, 3回改定)
	行動変容アプローチ	オペラント行動理論 学習理論	トーマス, E. D.「行動変容とケースワーク」『ソーシャル・ケースワークの理論』(1970)
	危機介入アプローチ	自我心理学, ストレス理論の強調	ラポポート, L.「短期処遇としての危機介入」『ソーシャル・ケースワークの理論』(1970)
	課題中心アプローチ	精神分析理論, 一般システム理論, 役割理論	リード, W. とエプスタイン, L.『課題中心ケースワーク』(1977)
〈1970〜80年代〉ソーシャルワークの統合化・一元化	コミュニティワーク		
	システム理論によるアプローチ	一般システム理論	ピンカス, A. とミナハン, A.『ソーシャルワーク実践―モデルと方法』(1980)
	エコロジカルアプローチ	生態学	ジャーメイン, C. B. とギッターマン, A.『ソーシャルワーク実践の生活モデル』(1980)
	ソーシャルポイント・ネットワーク	社会学, システム理論	
	ケア(ケース)マネジメント		
	ジェネラリスト・アプローチ	エコシステム理論	
〈1990〜　〉ポストモダンの視点の導入	エンパワメントアプローチ(ストレングスパースペクティブ)	エコシステム理論 人権思想, 当事者の力	リー, J. A. B.『ソーシャルワーク実践のエンパワメントアプローチ』(1994) コックス, E. とパーソンズ, R.『高齢者エンパワメントの基礎』(1994)
	ナラティブアプローチ	社会学, 哲学, 現象学(社会構成主義)	

出典：田澤あけみ・髙橋五江・髙橋流里子『社会福祉学の理論と実践』法律文化社, 2007年, p.172

い実践モデルが登場している（表3－6）．

(2) 日本におけるソーシャルワーク論の導入と展開

　以上のように，日本の社会福祉の専門職が用いる理論や技術は，欧米，とくにアメリカのケースワークの理論と技術が導入されることによって成立していった．

　社会福祉の専門職が一般的に「ケースワーカー」あるいは「ワーカー」とよばれていること，援助をうける人を「クライエント」とよぶことも，この「ケースワーク」からきている．

　ケースワーク論は，すでに戦前，大正時代のおわりに日本に紹介されたが，本格的に実践にとりいれられていくのは，第二次世界大戦後であった．

　その後，公的扶助におけるケースワークの是非が問われたり，社会福祉政策研究からの批判をあびたこともあったが，社会福祉の「政策論」とは「対立」したまま別個に「方法論」として理論と技術が発展していった．

　つまり，アメリカを中心とした欧米のソーシャルワークの理論研究がタイムラグをおいて紹介され，日本の社会福祉の専門職の理論，技術の研究の趨勢をつくってきたのである．このことについて，社会福祉の隣接領域の研究者は次のように指摘する．

　　生物学的に見れば，ヒトというのは1つの種であり，病気と治療に関する知識は人類に共通である．アメリカ人であれ日本人であれ，同じ病気になれば同じ治療が必要となる．そこに国境はない．これに対して社会福祉が対象とする事象は，非常に個別主義的であって文化依存的である．したがってアメリカで通用するソーシャルワークの方法が，そのまま日本で通用するという保証はない．（中略）社会福祉学も欧米の概念をそのまま用いるのではなくて，他の分野の学問のように外来語をローカライズするための努力をもっとすべきであろう．また，日本の現実に関するデータを集めて，これの経験的一般化を繰り返すことによって，実践に関する知識の体系化をはかるべきであろう（武川正吾『社会福祉教育の近未来，学術の動向』日本学術会議，2007年）．

たしかに，海外の社会福祉の実践の理論，技術は，日本の社会福祉の専門職にとって，実践の手がかりになるところもおおいにあった．しかし，近年の海外の理論の奔流(ほんりゅう)には，実践現場が追いつくことが難しい．

一方，欧米の輸入理論を援用しながらも，日本にあわせた実践をつくろうとする試みが，社会福祉事業の前史ともいえる戦前の慈善・博愛事業，セツルメントの実践にあったことも忘れてはならない．たとえば，岡山孤児院を設立した石井十次や家庭学校を作った留岡幸助の実践である．石井の実践のプロセスを丹念に綴った『日誌』や『岡山孤児院 12 則』の評価は今も高い．賀川豊彦，片山潜のセツルメントの実践もふりかえりたい．今日の日本の社会福祉の専門職にとって，海外や他領域からの学びは貴重であるが，歴史の実践から学ぶという姿勢も忘れてはならない．
(川池秀明)

2 社会福祉専門職の価値と倫理

ソーシャルワークの「価値」と「倫理」については，社会福祉専門職養成機関（大学等）の組織において，次のようなとりまとめがされている[3]．

「ソーシャルワークの価値」とは，ソーシャルワーカーが専門技術を発揮する際に依拠するもので，国際ソーシャルワーカー協会は，1982 年に「ソーシャルワークはヒューマニタリアンと民主主義の考え方を基本とし，人間の平等，価値，尊厳を尊重することを，ソーシャルワークの価値とする」と提示し，さらに「ソーシャルワーク活動は，人びとの人権と社会正義のために貢献することを，その動機とし，その意義とする」と明記した．全米ソーシャルワーカー協会は倫理綱領において「サービス」「社会正義」「人の尊厳と価値」「人間関係の強調」「インテグリティ (Integrity)」「コンピテンス (Competence)」の 6 つの価値を提示しており，他の国々も概ねこれに準拠している．

「倫理」とは，人として守り行うべき道．善悪・正邪の判断において普遍的な基準となるものであり，専門職一般，とりわけ，医師，弁護士，教師，社会福祉援助職など，対人専門職と呼ばれる職業には強く求められるものである．「社会福祉の倫理」とは，社会福祉の援助において守られるべき共通の原則あるいは利用者に向かう態度のことをさし，このような専門職の倫理を体系化したものを倫理綱

領という．倫理綱領は，専門職の能力，役割，責任あるいは地位を明らかにし，行動基準を導くとともに，それに準拠しないものに対して規制，統制するという機能を果たす．

上記の規定に対し，医師や看護師等とともに医療の場で連携しながら仕事をし，当事者の権利を守るために法律の専門家と関わることも多かった社会福祉専門職（PSW）である私の視点からは，いくつかの疑問がある．社会福祉の専門職の「倫理」「価値」の意義と，医師や法律家のそれらは同じなのだろうか，「対人専門職」というくくり方が適切なのだろうか．

たとえば，医師や看護師の場合，高度の医療技術は患者の命に直結する．悪用すれば命が危うい．また医療や法律の専門職は，医療や法に関する「権限」を有することも多い．それゆえ高度な知識や技術を「加害行為」や不正な「利益供与」に用いないよう，人びとの命や生活を守る位置に絶えずいることが求められる．そのために価値や倫理が重視され，これに抵触した場合は厳しい社会的制裁が科せられる．つまり，医師や法律家の価値や倫理は，「業務独占」の専門家だけがもっている高度な知識・技能ゆえに必要とされる．

社会福祉の専門職の場合，その専門的な知識に基づく実践技術が結果として命と生活に影響することはあっても，手術用のメスや法的権限とは異なる．もちろん，社会福祉の専門職の場合も，専門的な相談援助には高いレベルの知識や技術が求められるが，医師や法律家のような，素人には閉ざされた理論・技術・権限があるから「価値」や「倫理」が重要だとは考えにくい．

むしろ社会福祉の専門職の「価値」「倫理」には，「援助を受ける人の置かれている状況」の特性が関わっていると考える．当事者の人たちは，社会的に「人間の尊厳」が脅かされる状態にある．すでに尊厳も権利も奪われていたり，奪われやすい状況にある人びとである．時には生命の危機に直面するような情況で支援を求める術さえ失っている状況の人もいる．そのような人びとの尊厳の回復，人権を守ることをめざす仕事だからこそ「倫理」が強く求められるし，常に当事者の側に立つ存在であることを自覚するのである．さらに「倫理」は，

第3章 社会福祉のしごと　83

資料1　社会福祉士の倫理綱領

前文　われわれ社会福祉士は，すべての人が人間としての尊厳を有し，価値ある存在であり，平等であることを深く認識する．われわれは平和を擁護し，人権と社会正義の原理に則り，サービス利用者本位の質の高い福祉サービスの開発と提供に努めることによって，社会福祉の推進とサービス利用者の自己実現をめざす専門職であることを言明する．

われわれは，社会の進展に伴う社会変動が，ともすれば環境破壊及び人間疎外をもたらすことに着目する時，この専門職がこれからの福祉社会にとって不可欠の制度であることを自覚するとともに，専門職社会福祉士の職責についての一般社会及び市民の理解を深め，その啓発に努める．

われわれは，われわれの加盟する国際ソーシャルワーカー連盟が採択した，次の「ソーシャルワークの定義」(2000年7月)を，ソーシャルワーク実践に適用され得るものとして認識し，その実践の拠り所とする．

> ソーシャルワークの定義：ソーシャルワーク専門職は，人間の福利（ウェルビーイング）の増進を目指して，社会の変革を進め，人間関係における問題解決を図り，人々のエンパワーメントと解放を促していく．ソーシャルワークは人間の行動と社会システムに関する理論を利用して，人びとがその環境と相互に影響し合う接点に介入する．人権と社会正義の原理は，ソーシャルワークの拠り所とする基盤である．

われわれは，ソーシャルワークの知識，技術の専門性と倫理性の維持，向上が専門職の職責であるだけでなく，サービス利用者は勿論，社会全体の利益に密接に関連していることを認識し，本綱領を制定してこれを遵守することを誓約する者により，専門職団体を組織する．

価値と原則
1．（人間の尊厳）　2．（社会正義）　3．（貢献）　4．（誠実）　5．（専門的力量）

倫理基準
1）利用者に対する倫理責任
　1．利用者との関係　2．利用者の利益の最優先　3．受容　4．説明責任
　5．利用者の自己決定の尊重　6．利用者の意思決定能力への対応
　7．プライバシーの尊重　8．秘密の保持　9．記録の開示　10．情報の共有
　11．性的差別，虐待の禁止　12．権利侵害の防止
2）実践現場における倫理責任
　1．最良の実践を行う責務　2．他の専門職等との連携・協働
　3．実践現場と綱領の遵守　4．業務改善の推進
3）社会に対する倫理責任
　1．ソーシャル・インクルージョン　2．社会への働きかけ
　3．国際社会への働きかけ
4）専門職としての倫理責任
　1．専門職の啓発　2．信用失墜行為の禁止　3．社会的信用の保持
　4．専門職の擁護　5．専門性の向上　6．教育・訓練・管理における責務
　7．調査・研究事例

※価値と原則・倫理基準の各項目の内容は省略．以下，社会福祉士の行動規範は省略
1995年，日本社会福祉士会で採択した「ソーシャルワーカーの倫理綱領」を改訂，2005年に「社団法人日本社会福祉士会」として採択した倫理綱領．

資料2　日本精神保健福祉士協会倫理綱領

前文　われわれ精神保健福祉士は，個人としての尊厳を尊び，人と環境の関係を捉える視点を持ち，共生社会の実現をめざし，社会福祉学を基盤とする精神保健福祉士の価値・理論・実践をもって精神保健福祉の向上に努めるとともに，クライエントの社会的復権・権利擁護と福祉のための専門的・社会的活動を行う専門職としての資質の向上に努め，誠実に倫理綱領に基づく責務を担う．

目的　この倫理綱領は，精神保健福祉士の倫理の原則および基準を示すことにより，以下の点を実現することを目的とする．
1．精神保健福祉士の専門職としての価値を示す
2．専門職としての価値に基づき実践する
3．クライエントおよび社会から信頼を得る
4．精神保健福祉士としての価値，倫理原則，倫理基準を遵守する
5．他の専門職や全てのソーシャルワーカーと連携する
6．すべての人が個人として尊重され，共に生きる社会の実現をめざす

※以下，倫理原則　省略．社団法人　日本精神保健福祉士協会　2004年採択

資料3　日本介護福祉士会倫理綱領

1995年11月17日宣言
前文　私たち介護福祉士は，介護福祉ニーズを有するすべての人々が，住み慣れた地域において安心して老いることができ，そして暮らし続けていくことのできる社会の実現を願っています．そのため，私たち日本介護福祉士会は，一人ひとりの心豊かな暮らしを支える介護福祉の専門職として，ここに倫理綱領を定め，自らの専門的知識・技術及び倫理的自覚をもって最善の介護福祉サービスの提供に努めます．
（利用者本位，自立支援）（専門的サービスの提供）（プライバシーの保護）
（総合的サービスの提供と積極的な連携，協力）（利用者ニーズの代弁）
（地域福祉の推進）（後継者の育成）　※各項目の内容と以下は省略

資料4　全国保育士会倫理綱領

　すべての子どもは，豊かな愛情のなかで心身ともに健やかに育てられ，自ら伸びていく無限の可能性を持っています．
　私たちは，子どもが現在（いま）を幸せに生活し，未来（あす）を生きる力を育てる保育の仕事に誇りと責任をもって，自らの人間性と専門性の向上に努め，一人ひとりの子どもを心から尊重し，次のことを行います．
　　　　私たちは，子どもの育ちを支えます．
　　　　私たちは，保護者の子育てを支えます．
　　　　私たちは，子どもと子育てにやさしい社会をつくります．

（子どもの最善の利益の尊重）（子どもの発達保障）（保護者との協力）
（プライバシーの保護）（チームワークと自己評価）（利用者の代弁）
（地域の子育て支援）（専門職としての責務）　※各項目の内容は省略　平成15年採択

一人ひとりの実践の指針ではあるが，職場の仲間とともに働く中で確かなものになる．職場のすべての専門職で構成されるチームで切磋琢磨しながら互いの専門的技術を駆使することによって社会福祉の専門職としての倫理を「体に染み込ませて」いくのである．「価値」についても，日々の実践において，当事者との「悲しみの体験」や「喜びの体験」，「意外性の体験」といった，ともにある「価値ある体験」を積み重ねることによって，それらが「生きた」ものとなっていくと考えている．

社会福祉の専門職にとって，倫理綱領や国家資格を「画餅」にしないためには，日々の実践において「倫理」と「価値」を「使う力」が求められる．つまり，「倫理」や「価値」をもちつつも，確かな「理論」に裏打ちされた「技術」をもつことが専門職の専門職たるゆえんなのである．

付言すると，社会福祉の専門職の倫理や価値や技術が，医師や法律家のそれらよりレベルが低いとか高いとかいう比べ方もできない．それぞれの専門性が違うのである．「名称独占」が「業務独占」に比べて，専門性が低いと考えるべきではない．また，医師や弁護士，教師と社会福祉専門職を一括して「対人援助職」ととらえることにはむりがあると考える．

社会福祉の各専門職の倫理綱領の一部を「資料」として掲載する．それらの倫理綱領は，基本的な部分は共通であるが，援助の対象となる人たちの特質の違いや組織の在り方によって，その内容は若干，異なる． （川池秀明）

3 〈社会福祉のしごとの事例〉

ここまでの社会福祉のしごとの理解を，具体的な事例のなかで理解するために以下に，5つの事例をおいた．1つめは保育士へのインタビュー記録をもとに筆者がまとめたものである．2つめは社会福祉士をめざす学生（現在は社会福祉士）の日誌のひとこまをまとめてもらったもの．3つめは精神保健福祉士の実践記録の一部，4つめは介護福祉士の高齢者施設での実践，最後は，独立型社会福祉士事務所をもつ社会福祉士の事例である．

それぞれの実践のひとこまだが，これらの事例を用いた学びの方法・工夫は，「ガイド」してくれる先生や仲間で試みてほしい．この記述から事例をさらにつくりあげてもいい．「価値と倫理」という抽象的な内容も，これらの事例を読むことで理解が深まるはずである．

「実践と記録をつなぐもの」を問うてきた久保紘章は，利用者との「何気ない会話」の記録が実は「何気なくはない」ことに気づくことの大切さ，それらの記録と向き合い，ソーシャルワーカーの感性を磨くことの大切さなどを論じている[4]．社会福祉の専門職や専門職をめざした学生の実践記録から切り取った事例であるが，実践を垣間みてほしい．
(川池智子)

事例1　地域の親子の子育ち・子育てを支援する保育者

　保育所では，朝，登園の時に，抱っこして検温をする．「今日，何食べてきた？　昨日，何してたの？　今日は何して遊ぶ？」話しながら抱っこして，体温を調べて，目を見て，今日の機嫌はどうかな？　ってスキンシップしながら状態をみる．身体を観察すると体罰がみつかることもある．子どもの様子が変化したとき，身体に傷がみつかることがある．そのとき，まずは園長から親御さんに声をかける．今のお母さんは，虐待は届けられるという知識があるから声をかけることが抑止にはなる．知識のあるお母さんもいるし，法律が役に立つ．でも，児童相談所を知らないお母さんもいっぱいいる．どうしたらいいかわからない，にっちもさっちもいかなくなったお母さんもいる．

　わたしも子育てで悩んだり辛いこともあったけれど，周りの親や親せきが「子育て頑張ってやってるね．大したもんだね」って褒めてくれたの．ほめられるとうれしくなるから，それで，子どもにも優しくしようと思う．

　子育てで悩んでる人って，ほめてくれる人がいないのかもしれない．だから保育士がほめてあげればいい．「おかあさんはおうちでこうやってあげて，えらいんですね」って．それだけで親はうれしい．それで親と仲良くなれる．問題になることもいわなければならないけれど，何かほめないとおさまりがつかない．そうすると，問題にならないで，自然とうまく解決することだってある．やんちゃな子どもの，噛んで噛んでたいへんな子でも1日に1回くらいいいことは必ずある．「おともだちにいい子いい子したんだよ」「お茶をあげたんだよ」でもほめる言葉だから，いいことを探すのって難しい日もあるけれど，いいことを探さないとお母さんに渡す保育日誌が書けないの．悪いことばかりずっと書くとお母さんが日誌を書いてこなくなるし，しゃべらなくなる．ずっと子どもを追ってみて関

わりをすごくもって，子どものいいところを探す．お母さんとうまくやることによって，子どももうまく育つ．

子どもはいいおとなとめぐりあうと育つ．昔と違って，地域に他に助ける人がいないから，保育所の役割が大きくなっていると思う．＊1

事例2　児童デイサービスの日々，子どもたちとともに．

9月19日　今日は，川の土手に散歩．子ども7人にスタッフ3人．子どもによっては，個別にスタッフがつく．みんなで摘んだ花は，帰って押し花にした．

9月22日　W君は「どのくらい」をとても気にする．「20代前半ってどこまで」，Sさんが「W君嫌い」とふざけると「どのくらい」としつこくきく．

10月3日　今日は運動会の振替休日．午前中から大人数．K君は私に「死んじゃえばいいのに」という．Yさんは高い棚の上に何回も登った．

10月14日　W君から「好きじゃな〜いっていうのはうそ」「好き〜」と言われた．彼にとって私への「好き」はどんな「どのくらい」の好きなんだろう．

失禁，かみつき，パニック，そんな小事件の日々．今日はなんだかまわりが騒がしくて落ち着かない，なんだか気持ちが悪い，ということを言葉であらわせなかったり，感覚過敏などの特性のある子どもたち．「問題行動」といわれるものは，私たちへの「SOS」だ．強い個性の持ち主で，ちょっと不器用だけど素敵な子どもたちとの毎日は「発見」がいっぱいだ．飾らない，飾れない子どもたちから，人間というもの「素の姿」がみえるような気がする．「この子らを世の光に」（糸賀一雄）という有名な言葉の意味が今はよくわかる．＊2

事例3　精神障害当事者と家族──保健所の相談活動から

その家族は，妻に先立たれ，80すぎの父親と中年の息子さんだった．

大学生時代に統合失調症を発病した息子さんは治療拒否をしていた．

息子さんは，これまで，措置入院を繰り返していた．

「どのように対応したらよいのか皆目分からない．今日は，現状を1歩先に進めたい覚悟で来た．いつあの世からお迎えがきても不思議でない年になったが，息子が専門治療を受けないままでは死ぬに死にきれない」という父親に，いくつかの質問をし，次回の面接の約束をした．

2回目の面接で，父親は「息子に治療を勧めると興奮するので口に出せないでいた．息子は，自分が精神病だとは思っていない．パトカーや消防車などのサイレンに敏感に反応する．押し入れに隠れ，次に興奮状態になる」と話した．次回の相談の継続を約束して，「家族教室」に誘ったところ，すぐに参加してくれた．その日はダジャレをはさみ和やかな素敵なお父さんぶりを発揮された．

3回目の面接の後，家庭訪問をした．訪問当日，ドアをノックすると中から周囲を警戒しながら，「あなたは，本当に保健所の相談員なのか」と質問される．

顔写真付きの身分証明書と運転免許証を提示したら家に入れてくれた．「夜中なのに，奴が来て睡眠妨害して困る」と言う．妄想があるようだ．「いやな奴は，夜中の何時ごろに来るの？」と返すと，目に力が入り「奴の隙を盗んで寝てしまう方が勝ちかな」といった言葉を返してくれた．「相談員はスパイではなさそうなので一応，信用した」らしく，熟睡したいので信用できる病院を紹介してほしいという．そこで病院に連絡し同伴受診，通院治療が開始できた．その後，社会復帰のために生活訓練施設でショートステイを継続．父親の死亡後は，その施設に入所，交友関係が広がり安定した生活を送っている．＊3

事例4　高齢者施設での介護福祉士の実践：理想と現実のはざまで

大規模「処遇」を改善しようと制度化された全室個室ユニット型の「新型特養」で働いたことがある．ユニット型施設であったが，やはり複数の利用者の共同生活の場であり，ある程度，共通の1日の生活の流れを作らざるをえない．利用者一人ひとり，長年培ってきた生活のリズム，個別性や主体性を重視した支援をめざしたが，数名の方から排せつの訴えがあった場合など，1人で対応することが困難で我慢してもらうしかない．施設全体で定員100名近く，1ユニット4～5名で職員が［早出7:00～16:00］［日勤8:30～17:30］［遅出12:00～21:00］［夜勤16:00～10:00］といった24時間をこの人数で対応するとなると，日中10人に職員1人で，夜間は15人か20人に1人でという体制だった．しかも，自分が担当する人たちのうち，半数が認知症であり，ほぼ全員が車いす使用，うち寝たきりの人が数名．誰に対してどれだけの時間どのような支援をするのか判断し行動するには，高度な力量が求められた．

職員チームでケアプランや個別援助計画を作成，理念や実践を共有するという，専門的な技術が生かされるやりがいのある仕事だったが，一人ひとりを深く観察し，その方の想いに応える介護をめざすには，あまりにも業務量が多く，課題も大きかった．＊4

事例5　「援助者を援助するためのソーシャルワークオフィス」の実践

私は，地域を基盤として独立した立場でソーシャルワークを実践する「独立型社会福祉士」として，オフィスをたちあげている．全国にも，独立して「独立型社会福祉士事務所」を設立する専門職が少しずつふえてきているが，その多くが，個人と契約し，相談活動や成年後見の後見人，行政から委託された介護保険の認定調査，福祉サービスの第三者評価，施設や事業所の第三者委員，コンサルタントなどを仕事にしている．私のオフィスでは，これらの仕事とは違い，社会福祉の専門職の人たちを援助している．

社会福祉専門職は，さまざまな問題を抱えている利用者に対し援助実践を行う．ときに命にかかわる緊急性の高い場面に直面することもある．一方，援助の成果

が見えにくく専門職としての存在価値や意味があいまいになってしまうことも否定できない．また，どんなときでも「やさしく，元気に，明るく，誠実に，親切に，丁寧に，受容的，共感的に」という呪縛で自らを拘束していることさえもある．このような状況で援助者自身が「もう疲れた」，「ここから逃げてしまいたい」と思ったとしても，そのような感情を出すことはできない．

　かつて新人ソーシャルワーカーであった私も，「援助者に向いていないのではないか」，「仕事に自信がもてない」と，苦しんだ経験がある．そのとき相談した先輩から返ってきたのは「そういう問題は，自分１人で何とかできてこそプロフェッショナルだ．私はそうしてきた」という答えだった．悩みあぐね，苦しみもがいていた私は，突き放されたような気持ちになり，「プロには向いていないのではないか」とさらに凹んだ．また，子ども虐待に直接かかわる現場で心身ともに疲弊しきっている私たち援助者に，上司から「この職場の職員は暴力に弱い」という心ない言葉を浴びたこともある．このようなことの積み重ねで，たとえ，こころやからだのバランスを崩したとしても援助者を援助するというシステムも視点もほとんどない．その結果，援助者自身が燃え尽きたり利用者への不適切なかかわりにつながることもある．これらの現実をふまえ，ソーシャルワーカーとして所属した組織から独立し「援助者を援助する」オフィスを設立した．

　ここでは福祉施設や行政機関，専門職能団体等での援助者のためのセルフケア等をテーマとする研修事業，個人や組織と契約によるスーパービジョン事業，地域の援助職との連携・協力を通したセミナーや事例検討会の企画・運営，援助者のセルフヘルプグループの定期的開催などの連携事業を行っている．PR などはしていないが，年間，依頼が絶えることはない．＊5

＊１　川池智子「「子育ち・子育て支援」をめぐる保育政策の課題（その１）」山梨県立女子短期大学紀要，第 37 号，2004 年，で用いた保育者へのインタビューから．
＊２　山梨県立大学人間福祉学部卒業生・田中南
＊３　元・精神保健福祉センター職員　元・山梨県立大学教員・反町誠
＊４　元・高齢者福祉施設職員　専門学校講師・末廣洋祐
＊５　独立社会福祉士事務所主催　山梨県立大学教員・山中達也

注・引用・参考文献

1）山梨県立大学人間福祉学部フォーラム「つながりあう福祉社会を求めて―第二弾　福祉・保育専門職として何をどう学ぶ？」のパネリスト，学生と社会福祉の専門職の発言から．2012 年 1 月 25 日
2）この項は，川池智子「保育者の「子育て支援」に関わる専門性とリカレント教育（その１）」山梨県立大学人間福祉学部紀要，第 3 号，2008 年の記述を参考に

まとめている.
3) 社団法人日本社会福祉士養成校協会，わが国の社会福祉教育，とくにソーシャルワークにおける基本用語の統一・普及に関する研究報告書 2005（平成17）年3月から英語表記を省き，内容が変わらない程度に文章の語句を少し変更した.
4) 久保紘章「実践と記録をつなぐもの─当事者・現場の人たちとのかかわりから─，特別企画：社会福祉研究・実践の飛翔をめざして」『社会福祉研究』第84号，鉄道弘済会，2002年

〈参考文献〉
① R. A. ドルフマン著，西尾祐吾訳『臨床ソーシャルワーク 定義，実践そしてビジョン』相川書房，1999年
② 『社会福祉教育の近未来 隣接分野から見た社会福祉教育 学術の動向』日本学術会議，2007年
③ 相澤謙治監修，植戸貴子編『ソーシャルワークの基盤と専門職』みらい，2010年
④ 岩間伸之・白澤政和・福山和女編著『ソーシャルワークの理論と方法Ⅰ』ミネルヴァ書房，2010年
⑤ 岩間伸之・白澤政和・福山和女編著『ソーシャルワークの理論と方法Ⅱ』ミネルヴァ書房，2010年
⑥ F. P. バイステック，田代不二男・村越芳男翻訳『ケースワークの原則─よりよき援助を与えるために』誠信書房，1965年
⑦ フレデリック・G. リーマー著，秋山智久監訳『ソーシャルワークの価値と倫理』中央法規出版，2001年

学びのオリエンテーション

「ソーシャルケアサービス従事者研究協議会」の意義と実践

　2000年に発足した,「ソーシャルケアサービス従事者研究協議会」は,各種の福祉専門職団体,養成校,学術学会等により専門職団体や養成校で組織されたものである.この名称に用いたソーシャルケアとは,ヘルスケアに対置する用語としてイギリスで提唱され,わが国ではソーシャルワークとケアワークを総称する用語として用いられている.つまり,社会福祉の各専門職の枠を超え,結成された組織なのである.ただし,このような動きは,まだ全国で広がってはいない.都道府県段階での同様の組織は,唯一,「とちぎソーシャルケアサービス従事者協議会」だけである（2000年にとちぎソーシャルワーク共同事務所として発足し,その後筆者の提案により改称）.栃木県では,社会福祉士会,介護福祉士会,精神保健福祉士会,医療社会事業協会,ソーシャルワーカー協会,ホームヘルパー協会という,栃木県内の6つの福祉専門職団体により設置され,年1回のソーシャルケア学会や公開セミナー等の開催により,実践報告や研究報告の交流を通して,それぞれの専門性の研鑽に努めている.最近では,ケアマネージャー協会など関係団体との交流も進んでいる.

　我が国では福祉専門職団体の組織化と細分化が進んできた経緯がある.初期には日本医療社会事業家協会（現・日本医療社会福祉協会.医療ソーシャルワーカーの専門職団体として1953年設立後,1957年に日本医療社会事業協会に改称）,日本ソーシャルワーカー協会（1960年設立）,日本精神医学ソーシャルワーカー協会（1964年設立）があり,都道府県段階でも組織されていった.社会福祉士及び介護福祉士法や精神保健福祉士法の制定後は,それぞれ資格制度ごとに日本社会福祉士会,日本介護福祉士会,日本精神保健福祉士協会が設立されていったほか,ホームヘルパーやケアマネージャー等を含め,職能ごとに細分化されている.こうした動向は,それぞれの専門性の向上や社会的位置付けの確立をめざすものであった.

　さらに今日,社会福祉,保健医療,教育,就労支援,司法といった領域との専門職連携が重視されているが,いわば「身内」にあたる社会福祉専門職同士での連携があまり重視されることなく,細分化の傾向にあるといえるだろう.

　同時に,社会福祉専門職養成教育においても,連携よりもむしろ細分化の傾

向が見られる．たとえば社会福祉士と介護福祉士とは同じ法律に基づく資格制度でありながら，独自の専門性や共通の専門性について学ぶ機会はけっして十分ではない．2009年度から全面改定された社会福祉士養成課程では，従前は「介護概論」という独立した科目があったが廃止され，その内容の一部は「高齢者に対する支援と介護保険制度」という科目に吸収された．また，介護福祉士養成課程では，従前は社会福祉援助技術論という独立した科目があったが廃止され，類似の科目として「コミュニケーション技術」が設けられた．前者については，社会福祉士にとっては介護についての制度を学んだとしても介護の理念を学ぶことが希薄となりはしないか，また後者については，介護福祉士にとって利用者との関わりが，単なるコミュニケーションに矮小化され，面接という専門技術であるという位置づけが曖昧になりはしないかが危惧される．

このように，社会福祉専門職団体においても社会福祉専門職養成教育においても，専門性の高度化が細分化の方に傾き，そのことがかえって社会福祉ならではの専門性を阻害する要因になりはしないかということが案じられる．たしかに保健医療等の他分野においても専門性の高度化とともに，その細分化はすすんでいる．だが，社会福祉とは比べようもない長い歴史をもつ保健医療等の分野と，未だ歴史をつくりつつある段階にある社会福祉分野の専門性とはその質が異なること，また「医学モデル」ではなく「生活モデル」という方向をめざす社会福祉において，社会福祉分野内の各領域の連携を通じた「包括的」なとらえ方をないがしろにすることはできないであろう．だからこそ，冒頭に紹介した「ソーシャルケアサービス従事者研究協議会」の存在意義と問題提起が重要となる．社会福祉専門職間とともに社会福祉専門職養成教育における連携の重要性を鑑み，本協議会のさらなる発展が期待される．

参考文献
大橋謙策「ソーシャルケアサービス従事者研究協議会と日本社会事業学校連盟の役割」『学校連盟通信』第52号 日本社会事業学校連盟事務局，2003年
大橋謙策（研究代表）『わが国におけるソーシャル・ケア・スタンダード構築のための日米英のモデル比較研究 文部科学省科学研究費報告書』，2008年

（小嶋章吾）

第4章
社会福祉のあゆみ

いつの時代にも，どんな社会にも，貧しい人びと，障がい者，老いて介護が必要な人たちはいた．「姥捨て」といって，老いて働けなくなった高齢者が山におかれ，死を待つこともあった．産まれたての子どもが産声を上げる前に息を止め「神に返す」として，悲しみに堪える母もいた．かつての時代の貧しさや悲惨さと，今の時代のそれは，同じだろうか．違うのだろうか．はたまた問題がおきる"しくみ"，そして，それらの問題を解決する"しくみ"は同じだろうか．

　歴史に知られる慈善事業家たちの多くは，私財をなげうち，「孤児」，貧困者，障がい者のために，その生涯を捧げた．しかし，事例のような慈善事業に，改善の要求をだす権利は誰かにあっただろうか．

　ところで，この章では，イギリスの社会福祉の歴史もとりあげている．イギリスをとりあげたのは，この国が，世界の中でもいち早く「福祉国家」の道を歩んだからである．しかし，イギリスにもかつては，悲惨な救貧院はたくさんあった．"福祉国家の母国"といわれるようになったのは，「世界の工場」として，近代的な社会・経済システムをいち早く典型的に成立・発展させ，同時に社会問題も早期に典型的に生み出したこと，その予防と解決をめざして社会福祉・社会保障のシステムを構築してきたからである．皮肉なことに，その典型的なシステムは，「福祉国家」のもつ本質的な特性をも顕在化させる．今や眉をひそめて語られる"サッチャリズム"も，「新自由主義の本質を覆い隠す偽装のスローガンなのか，社会民主主義に新たな地平を開く理念なのか」（山口二郎『ブレア時代のイギリス』岩波新書，2005年）といわれたブレア政権"第三の道"も，その内在する本質のあらわれかもしれない．

　日本は，西欧諸国を「社会福祉先進諸国」として，いろいろな国の制度をアレンジしつつ，社会福祉制度を構築してきたが，とりわけイギリスモデルの影響が多いといわれる．近年の日本の「社会福祉基礎構造"改革"」，

ウエルフェアからワークフェアへといった「社会保障"改革"」，少し遡って，社会福祉専門職の国家資格化もイギリスの70年代以降の動向にヒントを得た部分が少なくないという識者もいる．両国は島国，海洋国家であり，国の規模，王室，皇室がある，といったことなど類似点が多い，という説もあるが，はたしてそうなのだろうか．姿はかえつつも厳然とした「階級社会」であるとともに，七つの海の植民地の多様な人種の人びとが流入し，「英国病」の原因に彼らの存在を指摘されることもあったイギリスを，日本の歴史・文化・風土的背景と比べたとき，どのくらいの共通性があるだろう．社会福祉の歴史は社会福祉だけをみていては理解できない．広く深くその国の特性を学ぶ必要がある．経済・政治のみならず文学・芸術などの文化，そして庶民や社会から疎外された人びとの生活を知ることも欠かせない．

歴史は社会を俯瞰してみせてくれる．ただし〈歴史の読み解きかた〉が違えば，〈歴史の意味するもの〉も異なってくる．〈木を見て森を見ず〉〈森を見て木を見ず〉どちらも目を曇らせる．まずは歴史をひもといてみよう．

(川池智子)

① イギリスのあゆみ：「福祉国家」の成立と変容

　社会福祉の本質を資本主義経済・社会システムとの関連で明らかにしようとするなら，産業革命に始まる近代的貧困問題の発生から触れる必要がある．資本主義経済社会が成立する初期，資本の本源的蓄積の時代における労働力の社会的創排出過程と絶対的過剰人口（貧民群）の対策・維持問題もまた確認しておかなければならない問題である．

　その代表的モデルは，イギリスである．七つの海を支配した大英帝国，世界の工場といわれたように，世界に先駆け産業革命をおこし，資本主義経済を発展させてきた．生産技術，生産方法の革命的発展，大量・高速の輸送手段の確立，そこで働く人びと，いわゆる労働力と，それらの産業を経営する一握りの人びととの関係，条件，要素が一定の段階に達したことによって可能になったこの経済システムは，同時に，一方の極に貧しき者，一方の極に富める者を生み出す装置でもあった．

　そういう意味で，イギリスは資本主義社会の生成・発展・没落・再生の歴史的モデルであり，「福祉国家」の成立と展開・変節の典型的モデルなのである．

1 救貧法の時代から救貧法の解体へ

(1) 封建社会の崩壊とエリザベス救貧法

　イギリスの封建制度が揺らぎ始めたのは 14 世紀頃からである．荘園制度の解体によって封建家臣団が衰退し，宗教改革によって修道院，僧院が解散没収された．さらに 16 世紀になると，より効率的に羊毛製品をつくり，販売するという商品経済が発展し，領主たちは，自分の持っている牧羊業を拡大するために，小さな牧羊地を貸し与えていた農民を追放した．これを囲い込み（エンクロージャー）運動という．一方，都市部でも効率的な製品づくりは手工業ギルドも衰退させた．

　このような社会変動のなかで，土地から追い出された農民，都市の小規模手

工業者は仕事をなくし，食べていけない状態の人びとと（「貧民」）が大量に生み出された．貧しい人びとは，職を求めて都市部に流入し，膨大な数の「浮浪貧民」となった．その中には窃盗，物乞いといったことをせねば生きていけない人びとも少なからずいたため，為政者にとっては放置できない社会的・政治的不安となった．

それまでの時代，「貧民」が受けていた教会や教区の慈善によって，対応できるはずもなく，絶対王政国家の秩序・治安維持のために全国的な貧民対策がうちだされる．これが，それまで部分的・単発的に作られてきた救貧法を総合的に集大成した，いわゆる「エリザベス救貧法」とよばれる旧救貧法である（1601年）．

エリザベス救貧法は貧民の救済をその労働力から次のように分けて対応した．
① 有能貧民（労働能力のある貧民）＝「懲治監」に収容し，強制的に働かされ，拒否した場合には懲罰を与える
② 無能貧民（病気や老齢，障害などにより働けない貧民）＝救貧院に収容する
③ 要救護児童（孤児，棄児など）＝救貧院に収容か教区内に里子にだし，徒弟条例による開始年齢（8歳）に達した子どもは徒弟にだす

これは，それまでの救貧法と同じく「救貧」とは名ばかりの貧民の抑圧策であった．絶えることなく生み出される貧民は，より容易に救済が与えられる教区へ移動・集中することになり，教区住民の救貧税負担の軽減と貧民の流入を防止することを目的に定住法（1662年）が制定された．1722年には労役場テスト（ワークハウス・テスト）法が制定された．これは，救済の条件として労役場への収容を求めたものである．救貧を求める人びとは，劣悪な労働条件のもとでの苛酷な労働を強制された．

しかし劣悪な労働環境と苛酷な労働に対して社会改良主義や人道的立場からの厳しい批判がなされ，1782年，ギルバート法が制定された．この法令は有能貧民に対して仕事を斡旋し，賃金による生計が維持できない場合，不足分を補てんするという院外救済をみとめたものである．労役場は無能貧民や児童な

どの救済施設とされた．この制度はさらに1795年のスピーナムランド制度（不足賃金を救貧費で補う）によって推進された．

この時代は，封建時代から資本主義経済の時代への移行期にあたる．

(2) **産業革命と新救貧法の制定**

18世紀後半から19世紀前半にかけて産業革命が進行し，機械化による大量生産方式が生み出された．機械化された工場生産は必然的に多数の労働力を必要とした．都市に流れ込んでいた膨大な「有能貧民」は産業界の要請のもと，賃金労働者となっていく．

こうした経済システムの発展の初期は，「個々人の自由な経済活動・利潤追求も神に導かれて調和する，これは公共の利益と一致，自由競争こそが国富を生み出す」というアダム・スミスの国富論に代表される自由放任思想が支配的であり，「貧困は個人の資質や怠惰あるいは勤勉の欠如に起因し，個人の努力の不足として止むを得ない」ものとされた．そのような考え方をもとに，救貧制度は，1834年により厳しい制度に改訂された．これは，スピーナムランド制度の廃止による有能貧民の院外救済の禁止とワークハウス（労役場）への収容，被救済貧民の生活は自立した労働者の最低賃金以下であること（劣等処遇の原則，principles of less-eligibility），救貧対策の全国統一のため行政の中央集権化を原則とするものであった．

(3) **「社会改良」施策の登場**

産業革命の進行は，社会・労働問題，貧困を中核とする社会福祉問題を拡大させていく．近代資本主義的貧困の増大の前に救貧法はまったく無力な存在であった．

救貧法行政の弛緩（院外救済），貧困の慢性化，慈善の無秩序な乱立にともない，その対応として，国は，救貧法と慈善との範囲についての公式見解として，地方自治庁長官ゴッシェン（Goschen）による「覚書」が1869年に出される一

方，既存の乱立する慈善を組織整理するのを目的とする「慈善組織協会」(COS：Charity Organization Society) が設立され，両者の間には，密接な協力関係がもたれるようになった．

他方，キリスト教社会主義者であったエドワード・デニスンの試みからセツルメント活動が盛んとなった．とくにアーノルド・トゥインビーの活躍は有名である．1884年にはトゥインビー・ホールと呼ばれる世界ではじめてのセツルメントハウスが設立され，ここを拠点としてセツルメント活動は本格化した．この活動は貧民に対する単なる慈善救済事業ではなく，貧民問題を社会の問題として認識し，ここから社会改良の必要性が叫ばれた．

さらに1886～88年にかけてのチャールズ・ブースのロンドン調査や1899年のシーボーム・ラウントリーによるヨーク市調査などによって住民の3割もが個人的責任ではなく，雇用機会の不足や不完全就労，あるいは低賃金を原因とした窮乏であることが明らかになった．こうした科学的調査による社会問題 (＝労働問題) や社会的諸問題 (＝社会福祉問題) の原因の解明から，労働者の生活保障の責任が，国にあることが明らかとされた．

1880年代以降の大不況のなかでの大量の失業者は，従来の救貧法と慈善事業では対処しえず，1905年には「失業労働者法」(Unemployed Workmen Act) が制定されたが，それは失業者処遇にあたっては何らの新しい救済原則をもっていなかった．そこで，1905年に「救貧法並びに貧困救済に関する王立委員会 (Royal Commission on the Poor Laws and Relief of Distress)」が設立され，3年余の調査研究を経て，1909年に救貧法の改正，廃止をめぐる2つの報告書がだされる．

こうした状況を背景に，1906年労働争議法によるストライキの合法性が承認され，学校給食法，学童保健法，無拠出老齢年金法 (1908年)，児童法，炭坑規制法，職業紹介法 (1909年)，最低賃金法，住宅・都市計画法，母子および乳児保護法等，次々に社会改良的な法律が作られていく．

第一次世界大戦を契機として，経済システムの矛盾と欠陥が拡大しているな

か，社会システムの維持のために国が国民の生活に積極的に関与することが求められた．その基本原理が，基本的人権，生存権保障，民主主義であり，こうした背景のもとに社会保障制度の萌芽があったのである．

2 「福祉国家」の成立と変容

(1) ベヴァリッジ構想と1909年「王立委員会」報告

　イギリスの戦後の福祉国家構想は「ベヴァリッジ報告」に始まるとされるが，先にあげた1909年の救貧法並びに貧困に関する王立委員会（「王立委員会」）報告の理念が結実したものであるといわれてきた．ベヴァリッジ体制の話に向かう前に，その報告についてとりあげておく．

　1909年「王立委員会」報告として，「多数派報告」「少数派報告」という2つの報告が提出される．救貧法が多くの欠陥をもち，根本的な改革が必要なことについて両者は一致していたが，理念や改革の方向については，大きな違いがあった．

　「多数派」は，貧困の原因は過度な「施し」への依存による自立への失敗であるとして，倫理的貧困観をもとに，「国家権力は人びとを道徳的にできない」「公的資金に依拠した国家主導のサービスよりも慈善の方が，自由なやり方が可能で，計画も大胆である」と主張した．「救貧法の廃止でなく，一層，思いやりのある，弾力的な，そしてできる限り治療的な労働能力者の処遇……救貧法を拡張し，強化し，人道的にすること」と．その方法として，全国に公的扶助委員会(Public Assistance Committee)と私的援助委員会(Voluntary Aid Committee)を設置し，前者は自立が可能な貧民を，後者は自立の見込みのない貧民を対象とするとした．いわば救済に値する貧民は公的扶助，値しない貧民はボランタリィな組織が対処するというものだった．

　それに対して「少数派」は，地方自治省の証言を聴取するといった調査で終わるのではなく，貧困の原因の調査を行うことを強硬に主張，救貧児童や疾病貧民の調査，貧困の環境的要因など広範にわたる調査を行った．救貧法は貧困

の多様な原因を考慮することなく，一般の市民と区別された「貧民」として一括して扱ってきたが，すでに，救貧法の外部で，教育，医療，失業，年金などの分野で地方自治体の各専門機関が「予防の機構」を徐々に形成してきていることから，すべての「貧民」をそれらの各種の社会サービスに委ねること，原因別の専門的対応，救貧法から独立した公的年金の設立，公的な医療サービスのシステムを構築すること，すなわち救貧法の全面的な解体を主張した．少数派の基本的な姿勢は貧困の「予防」であり，ナショナル・ミニマムという概念を提示した．

ちなみに少数派報告に署名したのは，職人の労働組合代表，フェビアン協会で夫と共に研究をすすめてきたベアトリス・ウェッブ (Beatrice Webb)，そして宗教家などわずか4名だった．一方，多数派報告には貧民救済委員やCOS会員など総勢14名が署名した．少数派報告の中心的リーダーであったベアトリスは，委員会で正論を主張する時には「御しがたい競走馬」のように振る舞ったという．彼女はのちに，女性参政権が認められる以前のイギリスの民主政治に対して，どんな女性も成し遂げることができなかったインパクトを与えたと評された．

「ベヴァリッジ報告」の主，若きベヴァリッジは，「少数派報告」の調査員として働き，「ベヴァリッジ報告はウェッブ夫妻から，われわれみんなが吸収したものから生まれたのである」と述懐している[1]．

(2) 「福祉国家」の成立とその変容

1942年，『ベヴァリッジ報告（社会保険および関連サービス）』が発表される．第二次世界大戦に参戦するにあたり，国民の意識を鼓舞し，勝利のうちに終戦を迎えることが経済発展と社会保障の充実をもたらすものであるという戦後社会のビジョンを国民の前に提示する必要があった．「ゆりかごから墓場まで」をスローガンとするベヴァリッジの社会保障構想は，「窮乏」「無知」，「疾病」，「不潔」，「怠惰」の五巨人悪への戦略を明らかにし，そのうち「窮乏」と戦う

ものとして，所得保障制度の中核に社会保険を位置づけた．社会保険には，均一拠出・均一給付原則に基づく国民保険という仕組みを採用した．社会保険をとおしての所得保障を確立し，ナショナルミニマムなどを原則にすること，その前提として，完全雇用，国営による無料の国民保健サービス，家族手当の制度をつくることを提起した．

このプランを受け，1945年には家族手当法，1946年，国民保険法，国民労働災害保険法，国民保健サービス法，1948年，国民扶助法，児童法など一連の法律が成立する．

しかし，1961年，保守党政権がだした新年金法は，所得比例制を導入して，早くもベヴァリッジの均一拠出均一給付の原則を崩す．1966年，「年金・国民保険省」は「社会保障省」と衣を新たにし，社会保障の問題を総合的に実施するという方向を打ち出したが，それは，むしろ，選別主義的な政策への動きであった．同時に，1960年代，「貧困の再発見」という現実にも直面せざるをえなくなっていく．1968年には，「シーボーム報告」がだされ，これを受け，1970年には「地方自治体社会サービス法 (Local Authority Social Services Act)」が制定される．これは自治体の社会福祉の統合・再編が根本にあった．その頃から，「対人社会サービス (personal social service)」やコミュニティケアという考え方もだされてくる．ただし，それらの概念は，今日，日本の社会福祉の領域で理解されているような狭い概念ではないという論者もある．

(3) サッチャリズムからブレア政権へ

1970年代の石油危機以降，経済状況の厳しさのなか，インフレが進行し，失業も増加していった．1970年代の終わり，公共部門の労働組合のストライキで人びとの生活はマヒ状態に陥った．労働党の統治能力への不満が高まるなか，1979年，イギリスの「福祉国家」を真っ向から否定する，「鉄の女」，マーガレット・サッチャー率いる保守党政権が誕生する．この政権は，レーガノミックスと呼ばれるアメリカのレーガン政権と並び，サッチャリズムと呼ばれ

る，新自由主義に基づく政策を断行していく．鉄道，電話，水道などの公共事業の民営化，金融部門や労働政策の規制緩和，富裕層の税金の引き下げ政策が行われていくと同時に，インフレの抑制と財政危機を打開するために社会保障・社会福祉制度の抜本的な見直しと抑制による政府支出の削減がはかられることになる．

「福祉国家」が労働者の無気力を生み出し，生産性を低下させ，「英国病」の原因となったと批判された．経済状況を打開するために，保守党政権の政策が，ある部分，功を奏したことは確かである．しかし，結果として，失業者を増加させ，犯罪を横行させ，国民生活を疲弊させるといった，新自由主義による明確な負の遺産を残したということも事実である．

労働党が返り咲いたのはその18年後，1997年であった．ただし，ブレア率いる労働党は，保守党の政策を180度転換したわけではなかった．新生・労働党の政策は，新自由主義でもなく，社会民主主義でもない，「第三の道」といわれる一方，「人間の顔をしたサッチャリズム」と揶揄されるように，保守党の政策枠組みを少なからず継承した．イギリスとて国際競争の波にもまれるグローバル経済という時代的背景のなか，ブレア政権は，国民におおかた，いや，しばらくは熱狂的なくらい支持された．

ところで社会保障・社会福祉に関して，この間，どのような動きがあったのだろうか．保守党政権は，新自由主義のもと，社会保障・社会福祉費用に市場メカニズムを導入，公的な負担の抑制を図っていった．1985年にだされた，グリーンペーパー，『社会保障の改革』では，「個人と国家の新しいパートナーシップの確立」が掲げられ，政府の役割は最低限の生存給付にとどめ，それ以上は民間の市場に委ねるという社会保障の考え方がだされた．1990年には「国民保健サービス及びコミュニティ・ケア法 (National Health and Community Act)」が成立し，国民保健サービスの組織・機構の再編成が行われると共に，医療と社会的ケアにおける「疑似市場」が導入された．福祉サービスの提供主体を民間非営利組織などのボランタリー部門，家族や近隣住民などのインフォ

ーマル部門，民間営利業などの営利部門，政府部門として多元的にとらえ，民間活動の積極的な参加を促す，いわゆる「多元主義」も登場する．

　一方，ブレア政権のもとでは，若年層や子育て世代に手厚い施策が推進された．ただし，自立し，社会に参画することは支援するが，福祉に依存することのないよう，モラルハザードを防ぐための厳しい条件がつけられた．また，社会的排除の問題を重視し，ウエルフェアからワークフェアへという，「環境整備型」「人間の力を強化する」福祉国家政策をとった．同時に，ボランタリー・セクターにさらに，「サービス供給者」としての役割も期待されるようになっていく．

　さて，イギリスの歴史に関する記述はここで閉じる．長年，その国に「生活者」として住まったり，その国で社会保障や社会福祉の教育を受けたわけではない寡聞浅学の筆者には，これ以上，かの国の歴史を語る力はない．イギリスの社会福祉を語るとき，シーボーム報告のほか，ウルフェンデン報告（1978年），バークレイ報告（1982年），グリフィス報告（1988年）などがだされたが，それらの報告書の意義を数行で語ることは不可能である．同国の社会福祉の歴史においてどれだけの比重をもつのか，原書にあたる必要がある．

　むしろ，イギリスの社会保障・社会福祉の歴史から学ぶことをひとつあげるとすれば，政府からグリーンペーパーやホワイトペーパーが公表されたり，研究者へ委託した各種の調査研究が公開され，議論されるという，政策形成過程にあるといっても過言ではない．議論がまとまらなければ多数派報告，少数派報告といった各種の報告書が共に発表される．近年は，どこかの国のごとく，政治への期待がしぼんでいるという状況があるとはいえ，二大政党，時には三番目の政党が，国民の審判の元，振り子のように，交代しながら，国のあゆみを調整してきた民主主義的な政治のあゆみと軌を一にすることかもしれない．

（中里操夫）

② 日本のあゆみ

1 明治以前の救済事業

　前近代の日本社会の人びとは，病気や老衰，罹災などによって生活困難に陥ったとき，主として血縁や地縁による相互扶助で救済をはかった．人びとは田植えや稲刈りなどを共同作業で行うなか，連帯し，助け合うことで生活を守り，かつまた危機を乗り越えようとした．また，為政者や宗教家による救済も行われていた．たとえば，推古天皇の摂政であり，信仰心の篤い仏教徒であった聖徳太子は，四天王寺に敬田院，施薬院，療病院，悲田院を設け，病人や身寄りのない老人などの救済にあたったという．

　718（養老2）年，朝廷は最古の公的救済制度である戸令を定め，「鰥寡孤独貧窮老疾，不能自存者」を救済することにした．具体的には，働くことができず，困窮している61歳以上で妻のいない者，50歳以上で夫のいない者，16歳以下で父のいない者などを救済するとしていた．ただし，親族などによる助け合いのできない場合に限って，地方の役所で救済をはかるというものであった．

　古代の律令によれば，稲と粟の出挙（貸し借り）について，利子は元金の2倍までとするという利息の制限を確認できる．また，布などの貸し借りに関し，利息をつけない慣習を確認できる．当時，米や布は，貨幣の代わりに使用されていた物品である．古代の朝廷社会は経済的な格差の拡大を防ごうとしていたのである．

　中世になると，鎌倉新仏教が生まれるなど，宗教家による救済活動が活発化した．旧仏教側でも僧・忍性が鎌倉でハンセン病患者の救済を行っている．また，酒屋や土倉に代表される裕福な人びとは，「有徳人」と呼ばれ，「富」を持つことと「徳」をもつことは同義とされた．そのため，飢饉の発生などにより，社会が危機的状況に陥ったとき，富裕層は蓄えた資産を社会に還元し，苦しむ人びとの救済にあたることを求められた．一方，借金に苦しむ人びとは，

債務や債権放棄を求め、頻繁に土一揆・徳政一揆をおこした。幕府・領主などに圧力をかけることで徳政令を発布させて、貧困からの脱却をはかろうとしたのである。1428（正長元）年の正長の土一揆は、「日本開白以来、土民蜂起これ初めなり」と記録されている。

近世では、徳川吉宗が享保の改革を行い、年貢の税率決定の仕組みを検見法から定免法に改め、税率を一定化し、幕府の財政の安定化に努めた。また、凶作・飢饉に際し、幕府の役人は破免を行い、税率を引き下げており、支配する側の「仁政」意識の強さも認められる。「仁政」意識の欠如は、飢饉などに際し、生活に行き詰まった人びとが百姓一揆を起こす正統性の根拠にもなった。天明の飢饉などにより、全国的に打ちこわしや一揆の頻発するなか、寛政の改革を行った松平定信は、下層民を救済するため、江戸に七分積金制度を導入し、町会所を設立した。飢饉や凶作に備え、食料の備蓄をはかる囲米制度も導入した。

2　明治期：慈善事業から感化救済事業へ

1868（明治元）年、成立間もない明治政府は、五榜の掲示で①「人タルモノ五倫ノ道ヲ正シクスヘキ事」、②「鰥寡孤独廃疾ノモノヲ憐ムヘキ事」などと人びとに指示した。父子の親や長幼の序など、儒教的な価値観を守ることや身寄りのない人や障害のある人、重い病気の人を思いやるようにと前近代からの道徳的な慣習の維持を命令したのである。一方で、同年には堕胎禁止令を出し、江戸時代からの悪習であるとして、口減らしのための間引き、すなわち堕胎や嬰児殺しを禁止した。欧米列強と付き合っていくなかで、近代国家としての体裁を整えようとしたのである。1873（明治6）年には三子出産ノ貧困者へ養育料給与方を発し、第三子を出産した貧困者には一時金を支給することにした。胎児や嬰児殺しの防止につながる法令ではあるものの、実際の効果はあまりなかった。

1874（明治7）年、明治政府は恤救規則を定め、公的救済制度を設けた。独

り身の70歳以上で病気や老衰のために働けない老人や，身寄りのない13歳以下の子どもなどを救済対象にしていた．救済のあり方としては，「人民相互ノ情誼」（相互扶助）を前提としており，「無告ノ窮民」すなわち誰の助けも期待できない困窮者に限って，救助米代を支給するというものであった．そのため，明治期の救済対象者は，全国で3,000人から2万3,000人程度と非常に少なかった．

　1890（明治23）年，第1回帝国議会で政府から窮民救助法案が提出された．法案は，恤救規則で窮民を十分に救済できないことを理由に提出された．病気や老衰のために働けない者や孤児などを市町村の公費で救助するというものであった．救済の内容として，居所の提供や衣食の給与，救療などを規定していた．しかし，法案への賛成者は少なく，廃案となった．

　国の消極的な救済政策を補うように誕生，発展したのは，民間人による「慈善事業」であった．具体的には，石井十次による孤児などの養護施設・岡山孤児院の設立，石井亮一による日本最初の知的障害者施設・滝乃川学園の設立，留岡幸助による不良児の更生施設・家庭学校の設立などがあげられる．なお，いずれの事業も思想的な背景として宗教的な動機付けを確認できる．

　ところで，四民平等を唱え，近代化をはかる明治政府は，1871（明治4）年に解放令（賤称廃止令）を出し，前近代からあった賤民身分を廃止した．ただし，その後も差別問題は残存し，社会問題となった．明治後期ではあるものの，島崎藤村は『破戒』（1906年刊）を出版し，大きな話題になった．同書は，被差別部落に生まれた教師を主人公にした小説であった．また，明治政府は北海道に開拓使を置き，開拓事業を進め，アイヌ民族の同化政策を進めた．1899（明治32）年には北海道旧土人保護法を制定した．貧困状態にあるアイヌ民族の救療などを盛り込み，その保護をうたっていた．しかし，実際には農業で生計をたてさせるために和人のいない荒れ地に強制移住させるなどしたため，多くは失敗に終わるとともに差別と偏見を助長することになった．

　日清戦争後，清国から巨額の賠償金を得たことで，日本の産業革命は進展し

た．ただし，工場に勤務する労働者の増加は，都市を中心に新たな労働者階層を形成することになり，低賃金・重労働といった新たな社会問題を生むことになった．横山源之助は，綿糸紡績工場や織物工場，鉄工所の労働者などの厳しい生活を『日本之下層社会』(1899年刊)というルポルタージュにまとめた．政府は1900 (明治33) 年に治安警察法を制定し，労働運動の取り締まりをはかりつつ，工場労働者の調査を行い，『職工事情』(1903年) などをまとめ，労働者の保護をはかる工場法 (1911年公布) の制定に向けて動き始める．

日露戦争に際しての巨額の戦費を捻出するための増税や国債の発行は，深刻な戦後不況を招く．小作争議や労働争議も急増するなか，1910 (明治43) 年には大逆事件も起きる．政府は反政府勢力であった社会主義者の弾圧をはかる一方，明治天皇の下賜金をもとに恩賜財団済生会を設立し，救療事業を行っていく．

明治前期・中期には「慈善事業」などとよばれていた救済事業は，明治後期から大正前期にかけて「感化救済事業」とよばれることになった．「感化救済事業」という名称の由来は，1908 (明治41) 年に開かれた内務省主催の第1回感化救済事業講習会である．同講習会は，刑法および感化法改正にともない，慈善事業の関係者を集めて開かれた．感化法とは，1900 (明治33) 年に制定された不良少年の更生をはかる感化院の設立を決めた法律である．「感化救済事業」は，貧困や失業を，個人の能力や性格に起因する問題としてとらえ，道徳や教育的な視点から対応するというところに特徴をもっていた．

ただし，政府自らが積極的に救済事業に取り組むわけではなかった．その代わりに皇室の慈恵資金を慈善事業団体などに下げ渡したり，慈善事業の全国組織として中央慈善協会 (後の日本社会事業協会，現在の全国社会福祉協議会) を結成させて民間慈善事業を組織化し，活用するといった手法を取っている．

ところで，1904 (明治37) 年，日露戦争の開始にともない，政府は下士兵卒家族救助令を制定し，出征中の下士兵卒の家族で生活困窮に陥っているものを国費で救助することにした．日露戦争は世界最初の総力戦となり，日本は約

130万人もの国民を動員することになった．そのため，同令で十分な対応はできず，家族の生活を心配した兵士の脱走，留守家族の自殺などの事件もおきた．また，日露戦争によって身体障害者になったものは5万5,000人に達し，その対策として1906（明治39）年，政府は廃兵院法を制定した．

3 社会事業の成立

　第一次世界大戦は日本に一時的な好景気をもたらしたものの，ほどなく戦後恐慌に陥った．1918（大正7）年，シベリア出兵などにともなう米価の高騰により，富山県魚津町で発生した「越中女一揆」と呼ばれた米騒動は，大阪市・東京市・広島市・仙台市など全国各地に波及していった．参加者は約70万人にも達した．一連の騒動鎮圧のため，軍隊も投入された．

　こうした社会的な混乱に対し，政府は救済政策を大きく転換することになった．「感化救済事業」から「社会事業」への転換である．国による救済事業に対する取り組みは積極的になり，内務省の担当部署も社会課から社会局へ，さらに外局に昇格するなど，行政機構も整備・発展していった．また，内務大臣の諮問機関として社会事業調査会も設置された．

　「社会事業」において，政府は積極的に救済事業に取り組んだ．とくに経済保護事業を重視した．具体的には，生活の困難な人びとに対する応急措置として，公設市場・簡易食堂・公益質屋・公営住宅・公営浴場・公営職業紹介所などといった施設を多数設置していくことになった．

　また，「社会事業」は，救貧にとどまらず，防貧に取り組んだ．方面委員制度の先駆けである岡山県の済世顧問制度では，その目的として「防貧事業の遂行」をうたっている．1917（大正6）年，岡山県知事の笠井信一は，県下の市町村に済世顧問を置き，地域の有力者を任命した．翌年，大阪府知事の林市蔵は，嘱託小河滋次郎の協力のもと，大阪府方面委員制度を創設した．同制度は，岡山県の済世顧問制度やドイツのエルバーフェルド制度を参考にしており，小学校学区ごとに方面委員を置き，要救護者の生活状況調査や救済方法の検討な

どにあたらせた．以後，内務省の指導もあり，同様の制度は全国に広まっていった．そして，今日の民生委員・児童委員制度につながることになった．

第一次世界大戦の国内の影響は，救済政策の転換にとどまらなかった．大戦中におきたロシア革命により，共産主義思想の広まりを恐れた政府は，新たな治安立法に着手し，治安維持法（1925年）を制定することになった．同時に普通選挙法も制定されており，普通選挙制度の導入にともなう共産主義者や社会主義者の議会進出を抑える役割を果たした．

この時期，経済学者の河上肇は，『貧乏物語』（1917年刊）を著し，貧困の原因や現状，解決の手段を論じ，ベストセラーになっている．同書の冒頭において，河上は「驚くべきは現時の文明国における多数人の貧乏である」と切り出す．イギリスやアメリカなどといった豊かな国々に何ゆえ貧乏人が多数存在するかと問いかけた．何ゆえ，貧困問題はなくならないのかというのである．貧乏人が存在している理由を「富者がその余裕あるに任せ，みだりに各種の奢侈ぜいたく品を需要するがゆえに，天下の生産力の大半がこれら無用有害なる貨物の生産に向かって吸収され尽くすがためである」と説明する．「もしこの社会より貧乏を根絶せんと要するならば」，世の富者が「自ら進んでいっさいの奢侈ぜいたくを廃止する」必要があると主張した．河上は「社会組織の改造よりも人心の改造がいっそう根本的な仕事である」と断じた．また，同書で河上は「いくら働いても，貧乏は免れえぬ」人びとの存在に言及し，貧困は個人の責任だけではなく，社会に原因のあることも指摘した．

ところで，1923（大正12）年9月の関東大震災は，10万人にも及ぶ死者行方不明者を生んだ．その被害は甚大であり，官民ともに被災者救済活動・復旧活動を積極的に行った．具体的には，内務省の外郭団体としての財団法人同潤会の設立があげられる．同会は，帝都復興の一環として住宅供給を行うために設立された．また，東京帝国大学の有志の教員・学生による罹災者の救援活動は，東京帝国大学セツルメントの結成につながった．労働者や貧困層のための労働学校，託児所，診療所などを設け，社会連帯と交流がはかられた．セツルメン

ト活動はしだいに隣保事業といわれるようになった.

　その他，この頃，政府により被差別部落に対する融和事業も進められた．内務省は中央融和事業協会を設立するなどして，部落改善・地方改善をはかったのである．一方，1922（大正11）年，西光万吉らは全国水平社を結成，「全国に散在する吾が特殊部落民よ団結せよ」，「人の世に熱あれ，人間に光あれ」と訴える水平社宣言を発し，被差別部落民自身の力で差別の撤廃をめざす部落解放運動を展開していった．

　在日朝鮮人に対する協和事業も進められた．韓国併合といった朝鮮半島の植民地化にともない，貧困化した朝鮮の人びとの移住が急増した．関東大震災に際しての朝鮮人虐殺事件後，神奈川などに内鮮協会を設立し，日本人との融和をはかった．昭和期に入ると朝鮮人の統制の強化と日本人との同化・皇民化を徹底するために中央協和会も設立された．

4　昭和戦前期―社会事業から戦時体制下の厚生事業へ―

(1) 恐慌と救護法

　昭和前期，日本は金融恐慌，昭和恐慌（世界恐慌）に襲われた．それにともない，失業者が増大した．若者は「大学は出たけれど」という流行語も生まれるほどの就職難にも見舞われた．さらに農業恐慌も発生した．欠食児童や女子の身売りが深刻な社会問題になった．1930（昭和5）年の文部省の調査によれば，義務教育を受けている児童で栄養補給を必要としているのは約30万人となっている．

　こうした状況のなかで，1929（昭和4）年，政府は恤救規則に代わる公的扶助義務を採用した救護法の制定にいたる．救護の種類は，生活・医療・助産・生業扶助と埋葬費の支給であった．しかし，財源の確保ができず，実施は見送られた．1932（昭和7）年，救護法実施期成同盟会などの働きかけにより，政府は競馬法を改正し財源を確保，ようやく救護法の実施にいたる．恤救規則による1931（昭和6）年末の救助人員は約1万8,000人であったのに対し，救護

法による1932（昭和7）年度末の救助件数は約17万2,000件と大幅に増えた．ただし，救護法は，要救護者に保護請求権を認めていないこと，受給により選挙権が停止されることといった問題点を抱えていた．また，労働能力がありながら，失業している者は救護の対象にしなかった．そのため，方面委員は1935（昭和10）年の要救護者を206万人と認定したのに対し，1936（昭和11）年の実際の救護人員は22万5,000人にとどまった．

不況にともない，子どもが路上で物品の販売，見せ物，物乞をさせられたり，芸妓，酌婦などとして酷使されたりすることが増えたため，1933（昭和8）年，14歳未満の子どもを保護する児童虐待防止法が制定された．また，母子心中も増加し，社会問題化した．1937（昭和12）年，貧困状態に陥った母子家庭の支援のため，母子保護法も制定された．

深刻な不況は運営資金を寄付金などに頼る私設社会事業（民間社会事業）を財政的に追い詰めた．そのため，全日本私設社会事業連盟が結成され，政府に公的な資金の助成制度の導入を積極的に働きかけた．そうした働きかけもあり，1938（昭和13）年に社会事業法は成立した．同法は民間社会事業の基本法となり，民間社会事業施設に対する公費助成は実現した．しかし，その助成は政府の予算内とされ，各施設への分配は少額であった．また，戦時体制が進むにつれて，同法に基づく，国による民間社会事業への監督が強まった．民間社会事業は，国の厚生事業に取り込まれて，戦時体制への協力を余儀なくされていった．

(2) **厚生事業への変質**

深刻な経済的な行き詰まりを打開するため，日本は1931（昭和6）年の満州事変の開始，1937（昭和12）年の日中戦争の開始，1941（昭和16）年の太平洋戦争の開始など，侵略的・軍事的行動を活発化させていった．1938（昭和13）年，国家総動員法が成立する．この法は，議会の決議なく，人や物資など，すべての資源を軍需のために優先的，独占的に運用できるようにするものであった．

日中戦争開始後の総力戦になると，兵力と労働力の確保・増強が国家の重要な課題となった．そうした国家の課題に即し，「社会事業」も「厚生事業」に変質していくことになる．「厚生事業」では，戦争をする国家を支えるための人的資源の確保や国民の体力向上をはかるべく，医療や保健といった分野が重視された．そうした状況のなかで，政府は戦時における医療や保健，労働，社会事業を専門に扱う厚生省を新たに設立した（1938年）．戦時下において，同省は「健民健兵」政策を推進していくことになる．

1938（昭和13）年には国民の約6割を占める農漁村民が安価な診察料で医師の治療を受けられるように国民健康保険法も成立させた．恐慌の発生は，「国民病」とされた結核などを患いながらも，医師の診療を受けられないといった悲惨な状況に陥る人びとを多く生み，徴兵検査における甲種合格者も減少させた．1930（昭和5）年における日本人の平均寿命は，男性44.82歳，女性は46.54歳であった．国民の健康を守ることは，強い兵士を生みだすことであり，戦時下における医療保険制度の充実は重用な政策だったのである．

戦時下において，軍人およびその家族に関する援護事業は，積極的に取り組まれた．1937（昭和12）年，軍事救護法を改正し，軍事扶助法を制定したのである．給付水準を高め，傷病兵の保護の範囲を戦傷によるものから兵役中に感染した結核なども含むよう拡大し，扶助を受ける家族の範囲も同一戸籍内から同一世帯内に改められた．また，同法の対象とならない場合も恩賜財団軍人援護会といった団体による救済対象に加えることにした．

戦時下の社会において，国民は国家への有用性という基準で区分，序列化されることになった．一般的に，障害者（傷痍軍人を除き）は戦争をするうえで戦力や労働力にならないとして，差別的な扱いを受けることになった．らい予防法（1931年），国民優生法（1940年）の制定も同様の社会の情勢の影響を受けていた．らい予防法により，ハンセン病患者の施設への強制隔離政策が推し進められ，療養所のなかでは患者に対し，断種手術，妊娠中絶など，非人道的な行為が行われた．

1945（昭和20）年8月にはアメリカの原子爆弾の投下により，広島で約12万人，長崎で約7万人の死者を出した．また，被爆者も多数出て，戦後に健康被害，社会的差別といった問題を生むことになった．この戦争における死者・行方不明者は軍人で約186万人，民間人で約67万人，これは日本人だけの数である．

昭和20年8月15日，日本は連合国軍に無条件降伏し，多くの命を奪った太平洋戦争はその幕を閉じる．　　　　　　　　　　　　　　　　　　（庄司拓也）

5 戦後の社会福祉

(1) 福祉三法時代

終戦を迎えたわが国は，住居や就労先を無くした多くの国民や海外からの引揚者等であふれていた．戦後，日本の社会福祉の基盤整備は，連合国総司令部（以下「GHQ」という）の指導により進められた．1945（昭和20）年，GHQは「救済並福祉計画ノ件」を示し，これを受け，政府は「生活困窮者緊急生活援護要綱」をとりまとめるとともに，「救済福祉ニ関スル件」を提出した．さらにGHQは，翌年，「社会救済に関する覚書（SCAPIN775）」により「国家責任，無差別平等，必要充足」という社会福祉の三原則を示す．これに応え，政府は生活保護法（旧法）を制定したが，同法は，怠惰・素行不良者を保護の対象としない排除規定や保護請求権が存在しないなどの問題点をもっていた．

日本の法体系の基本となる憲法は1946（昭和21）年11月に制定された．第25条第2項は「国は，すべての生活部面について，社会福祉，社会保障，公衆衛生の向上及び増進に努めなければならない」として「社会福祉」の用語がはじめて登場した．この頃，国民生活は依然厳しく，1万人を超える浮浪者や12万人余の親を失った子どもたちであふれた．子どもたちに対しては，「刈り込み」と言われる施設への収容が行われた．保護等が必要な特殊な児童だけでなく全児童を対象とした「児童福祉法」は1947（昭和22）年に成立する．また，1949（昭和24）年に身体障害者福祉法が成立する．傷痍軍人援護組織のような

軍国主義団体が強化されることへのGHQの懸念が，この法の成立が遅れた背景にある．

この時期は，「福祉三法体制」とよばれる．しかし，実施主体が未統一であったため，1949（昭和24）年に①厚生行政地区制度の確立，②市厚生行政組織の再組織，③厚生省が行う助言的措置と実施事務，④厚生省による民間社会事業団体の管理，⑤全国的協議会の設置，⑥有給厚生吏員の職場訓練計画策定，を内容とする「社会福祉行政に関する6項目原則」がまとめられた．

憲法と6項目原則に呼応して社会保障制度審議会は1950（昭和25）年「社会保障制度に関する勧告」を行い，社会保障制度を，社会保険，国家扶助，公衆衛生，社会福祉により構成され経済保障や生活保障を行うものとした．また，社会福祉を「国家扶助の適用を受けている者，身体障害者，児童，その他援護育成を要する者が，自立してその能力を発揮できるよう，必要な生活指導，更生補導，その他の援護育成を行うこと」と定義した．

1950（昭和25）年，保護請求権，不服申立を明確にし，保護実施の補助機関を民生委員から社会福祉主事とした現在の生活保護法が成立，翌年，社会福祉事業の全分野における共通事項を定めた社会福祉事業法が成立する．

(2) 社会福祉制度の拡充期

1950年代の後半以降，わが国は高度経済成長期に入る．それは，人口の都市集中，農村部の過疎化，住宅問題や公害問題などをもたらした．

1950（昭和25）年勧告に基づき，1958（昭和33）年に国民健康保険法，翌年に国民年金法が制定され「国民皆保険・皆年金」制度が完成する．また，1963（昭和38）年には老人福祉法が，1960（昭和35）年には精神薄弱者福祉法（1998年「知的障害者福祉法」に改正），1964（昭和39）年に母子福祉法（1981年に「母子及び寡婦福祉法」に改称）が成立，「福祉六法体制」となる．

1968（昭和43）年度には，GNP（国民総生産）が世界第2位となるが，一方で，1970（昭和45）年，高齢化率が7％を超える．その動向を受け，1971（昭和46）

年を初年度とする「社会福祉施設整備緊急5カ年計画」，1973（昭和48）年には，70歳以上の高齢者の医療費無料化が実施される．このような国の対策の進展を指して，この年は「福祉元年」といわれたが，その中身はいまだ整っていたとは言い難かったのみならず，すぐに「福祉見直し」が始まる．なお，この時期，「人間裁判」として生存権の議論がたたかわされた朝日訴訟（昭和32年～42年），それに続く「堀木訴訟」（昭和45～57年）などの社会保障裁判があったことは，日本の社会保障・社会福祉の歴史において大きな意味をもつ．

(3) 日本型福祉社会論による福祉見直し

　成長を続けた日本経済は，1971（昭和46）年，「ニクソンショック」といわれるアメリカによる為替システムの固定相場から変動相場への切り替え，それに続く1973（昭和48）年の中東戦争により生じた原油，石油製品価格の高騰，狂乱物価など「石油ショック」（第1次オイルショック）と呼ばれる事態により，インフレと不況が複合するスタグフレーションに陥った．1979（昭和54）年には，イラン革命により石油価格が高騰する（第2次オイルショック）．大蔵省は急増した社会保障関係費の縮減を強く求めた．

　社会保障・社会福祉の「見直し」のキーワードは「日本型福祉社会」であった．日本型福祉社会の論理は，社会保障先進国で財政悪化が深刻なイギリスを「英国病」として否定し，日本の伝統的価値である自助，相互扶助に基づき，公的福祉は，個人，家庭，地域共同体，企業の福祉機能を補完するというものであった．1981（昭和56）年には第2次臨時行政調査会が発足し，翌年の報告書で，「増税なき財政再建」，個人の自立・自助，家庭や近隣，職場や地域社会での連帯を基礎に，効率のよい政府が適正な負担の下に福祉の充実を図る，「活力ある福祉社会」が提言され，社会保障の解決すべき課題は，年金制度の改革・一元化，医療保険制度の合理化，受益者負担やボランティアなど民間活用であるとされた．

　そして，社会福祉関係の国庫負担率の引き下げが行われ，老人医療無料化は

財政見直しにより10年で幕を閉じた．1983（昭和58）年には老人施策の医療と福祉の一体的推進を目的に老人保健法が成立する．年金制度については，1986（昭和61）年から基礎年金制度が導入され，支給開始年齢と保険料の引き上げ等が実施される．1981（昭和56）年，生活保護の引締め対策として出された，いわゆる「一二三号通知」も，「見直し」の動向の一環ととらえることができる．

また，「地方公共団体の執行機関が国の機関として行う事務の整理及び合理化に関する法律」が1986（昭和61）年12月に公布され，地方自治体の機関（知事，市町村長）が国の主務大臣の下位機関として位置づけられ，国の指導監督下のもとで事務を執行する体制である「機関委任事務」から地方公共団体固有の事務としての位置づけである「団体委任事務」へ変更された．

6 近年の社会福祉・社会保障の動向

(1) 介護保険の導入と社会福祉基礎構造改革

高齢化の進展に対応するため，国は1989（平成元）年，「高齢者保健福祉推進10か年戦略」（ゴールドプラン）を発表し，ホームヘルパー10万人，ショートステイ5万床，デイ・サービスセンター1万箇所の整備を目標数値として掲げるとともに，特別養護老人ホーム，老人保健施設も緊急整備の目標がうちだされた．

1990（平成2）年には「老人福祉法等の一部改正」により福祉関係八法が改正され，高齢者，身体障害者，知的障害者に係る福祉の実施主体が市町村となった．この法改正の審議中に前年1989（平成元）年の合計特殊出生率が「1.57」と発表され，過去最低であった1966（昭和41）年の数字を下回り「1.57ショック」とよばれた．これを契機に1994（平成6）年に「今後の子育て支援のための施策の基本的方向について（エンゼルプラン）」，新エンゼルプラン等，少子化対策も打ち出されていく．「21世紀福祉ビジョン—少子・高齢社会に向けて—」（高齢社会福祉ビジョン懇談会）(1994年)では，年金，医療，福祉等への給付構造を5：4：1から5：3：2への変更，新ゴールドプラン策定や介護保険

制度創設の必要性が提言された．1995（平成7）年には「障害者プラン～ノーマライゼーション7か年戦略～」が策定される．

同年，社会保障制度審議会は，33年ぶりに「社会保障体制の再構築（勧告）―安心して暮らせる21世紀の社会を目指して―」を勧告した．ここでは，社会保険料方式による公的介護保険制度の創設や，「措置制度」から「契約」への見直しが提言され，1997（平成9）年に介護保険法が成立する．介護保険制度は，わが国の社会福祉において，契約から利用制度への先駆けとなった．児童福祉においても，1997（平成9）年の児童福祉法の改正により，市町村の措置による保育所への入所方法を見直し，保育所が利用契約制度となった．

1997（平成9）年に社会福祉事業等のあり方に関する検討会が「社会福祉の基礎構造改革について（主要な論点）」を，1998（平成10）年に中央社会福祉審議会社会福祉構造改革分科会が「社会福祉基礎構造改革について（中間まとめ）」をそれぞれ示した．

基礎構造改革の提言を受け，2000（平成12）年6月「社会福祉の増進のための社会福祉事業法等の一部を改正する等の法律」が成立した．社会福祉事業法は名称を社会福祉法と改正するとともに，社会福祉サービス利用者の利益の保護，地域福祉の推進，サービス利用者と提供者の対等な関係の確保，苦情解決システムなどが盛り込まれた．2003（平成15）年には障害者福祉に「支援費制度」が導入され，障害者福祉事業の一部が措置制度からサービス利用方式に移行した．支援費制度は，2006（平成18）年には，障害者自立支援法へと転換される．同法は，福祉サービスを利用する際の負担の在り方をそれまでの「応能負担」から「応益負担」に変更した．そのため障害程度が重度である者ほどその負担が高額となる現象が生じ，障害をもつ人たちの反対運動も激化した．暫定措置として，サービス利用に係る負担金に従来の応能負担に近い限度額の設定も講じられた．2009（平成21）年には障害者制度改革推進本部が設置され，2012年，障害者自立支援法は障害者総合支援法にかわった．

また，地方分権の動向もこの時期大きい法律の成立があった．2000（平成2）

図4-1 社会福祉基礎構造改革の概要

I 改革の必要性

〈福祉を取り巻く状況〉
- ○少子・高齢化, 家庭機能の変化, 低成長経済への移行
- ○社会福祉に対する国民の意識の変化
- ○国民全体の生活の安定を支える社会福祉制度への期待

〈社会福祉制度〉
- ○現行の基本的枠組みは, 終戦直後の生活困窮者対策を前提としたものであり, 今日まで50年間維持
- ○現状のままでは増大, 多様化する福祉需要に十分に対応していくことは困難
- ○この間, 児童福祉法の改正, 介護保険法の制定を実施

⇓

社会福祉の基礎構造を抜本的に改革

II 改革の理念

改革の基本的方向

① サービスの利用者と提供者の対等な関係の擁立
② 個人の多様な需要への地域での総合的な支援
③ 幅広い需要に応える多様な主体の参入促進
④ 信頼と納得が得られるサービスの質と効率性の向上
⑤ 情報公開等による事業運営の透明性の確保
⑥ 増大する費用の公平かつ公正な負担
⑦ 住民の積極的な参加による福祉の文化の創造

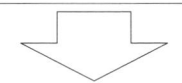

⇓

社会福祉の理念

- ○国民が自らの生活を自らの責任で営むことが基本
- ○自らの努力だけでは自立した生活を維持できない場合に社会連帯の考え方に立った支援

↓

- ○個人が人としての尊厳をもって, 家庭や地域の中で, その人らしい自立した生活が送れるよう支える

出典:「社会福祉基礎構造改革について(中間まとめ)」

年4月に施行された「地方分権一括法」では，地方自治体に対する国の関与を減らすということで機関委任事務が廃止され，国が地方自治体に委託して事務を行わせる「法定受託事務」と，地方自治体が主体となって事務を行う「自治事務」に法的整備され，社会福祉に係る事務は，自治事務に位置づけられた．

(2) 生活問題の深刻化と社会保障・社会福祉

平成以降のわが国の経済・財政は，株の大暴落，円安など，バブル経済が崩壊し長期低迷期に入った．当時の小泉政権は「官から民へ」を主張し，市場原理により「聖域なき構造改革」を行い「小さな政府」の実現をめざした．具体的には，国庫補助・負担金の廃止，税財源の地方への移譲，地方交付税の見直しを一体的に実施する「三位一体改革」を断行した．また，毎年度の財政経済方針を「経済財政運営と構造改革に関する基本方針」(「骨太方針」) に示した．2006（平成18）年の方針には「社会保障制度の総合的改革」の項を設け，「持続可能な社会保障制度」構築のため，個々の制度や税・財政なども視野に入れて一体的見直しを行うとした．このように進められた三位一体改革は，地方自治体に対しては，地方交付税の削減に見合う十分な税源移譲が行われず，多くの自治体が財政危機に陥った．地方自治体の財政状況が厳しさを増す一方，国は各自治体の財政力を高めることを前面に押し出し市町村合併が推進される．この「平成の大合併」によって全国で3,232あった自治体が1,727（2010年3月）となる．

たとえば，山梨県の場合，介護保険制度導入時は，64市町村であったが，平成の合併が進められた結果，2010（平成22）年には，27市町村と当時の2分の1以下になった．一方，自ら合併を選択しない自治体も出現した．山梨県の早川町の場合，高齢化率が高く，人口は減少傾向にあり，大きな産業はなかったが，それでも，約50年前に当時の6村の合併によって，地域住民にとって行政サービスが遠のいたという苦い経験をしていること，町が南北に長く，両端の移動には2時間かかることから，住民に新たな自治体に属する意識が定着

しないのではないか，との理由だった．このような自治体は山梨県ばかりでなく全国に見受けられた．「住民自治」という自治体の本来のあり方の再考が求められている．近年，よく用いられる「限界集落」という言葉は，住民の地元に対する愛着や誇りを失わせ，それこそが「限界集落」をさらに崩壊させるという批判もある．

2007（平成19）年にアメリカで低所得者向けの住宅ローンを債権商品化していたサブプライムローンが破綻したことから，世界中を巻き込んだ金融不況が発生し，国内経済は低迷し，「不況」に陥った．そのなか，企業は，雇用者の形態を正規雇用から人件費が安価で済む非正規雇用へと変更することで経営の維持を図ろうとした．急激な非正規雇用の増加のもとで，ワーキングプアという言葉も広がった（図4-2）．長引く不況により，非正規雇用者のなかには解雇と同時に住居を失い生活の基盤維持が困難となる者が多く発生し，生活保護受給者数が増加する．2008年のリーマンショック以降，働くことのできる世代の生活保護受給が増えている．ただし，国際的に，日本の生活保護の補足率

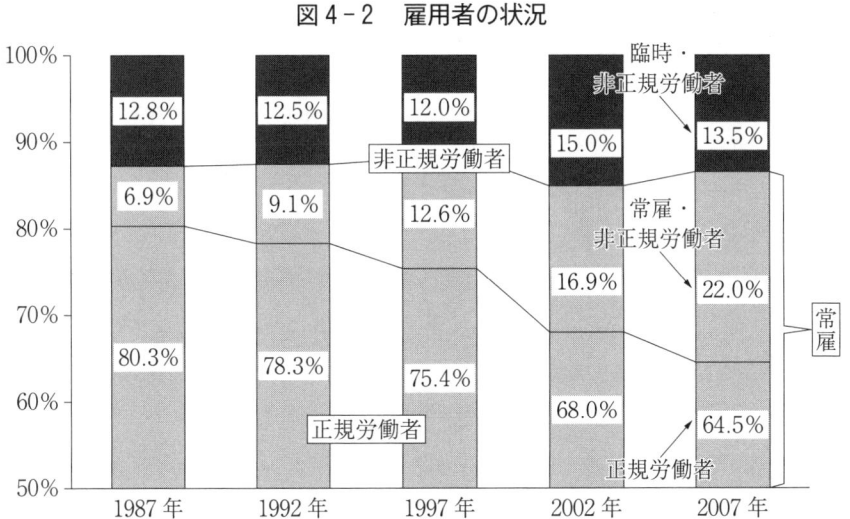

図4-2　雇用者の状況

年	正規労働者	常雇・非正規労働者	臨時・非正規労働者
1987年	80.3%	6.9%	12.8%
1992年	78.3%	9.1%	12.5%
1997年	75.4%	12.6%	12.0%
2002年	68.0%	16.9%	15.0%
2007年	64.5%	22.0%	13.5%

出典：総務省「就業構造基本調査」2007年

が低いという実態にも目をむけなければならない．相対的貧困率の進行も話題になった（図 4-3）．

この社会情勢の中で，社会福祉に関連する各種の社会的な問題が世間をにぎわす．自殺者は 1998（平成 10）年から 13 年間連続して 3 万人を超えた．2010（平成 22）年の夏，全国で所在不明の高齢者が存在していることが判明した．「無縁社会」という言葉も生まれるほど，単身世帯は増えてきている．高齢者世帯の単身化も大きな問題となっている（図 4-4）．2010（平成 22）年の国勢調査によると全国の世帯中，単身世帯は 1,678 万 5 千世帯で，世帯数全体の 32.4％を占めている．児童虐待という形の問題の顕在化は，さらに進行し，相談件数としては 2010（平成 22）年度には，20 年前の 30 倍，2000（平成 12）年の

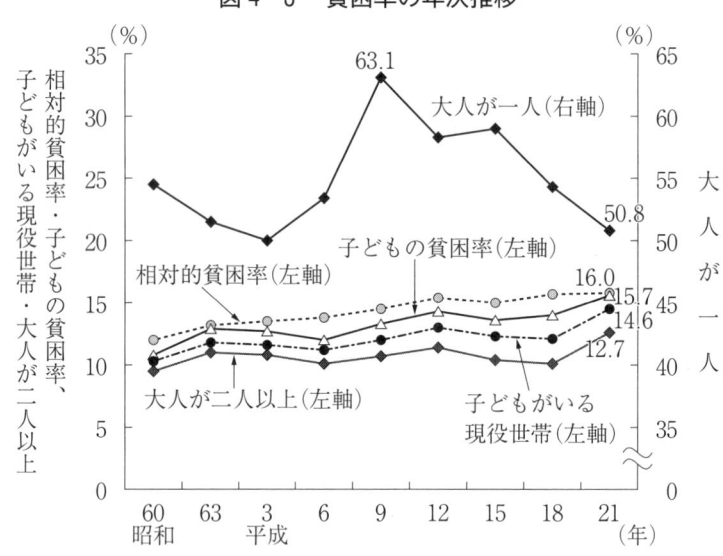

図 4-3 貧困率の年次推移

注 1） 平成 6 年の数値は，兵庫県を除いたものである．
　2） 貧困率は，OECD の作成基準に基づいて算出している．
　3） 大人とは 18 歳以上の者，子どもとは 17 歳以下の者をいい，現役世帯とは世帯主が 18 歳以上 65 歳未満の世帯をいう．
　4） 等価可処分所得金額不詳の世帯員は除く．
出典：2010 年国民生活基礎調査から

図4-4　世帯構造別にみた65歳以上の者のいる世帯の構成割合の年次推移

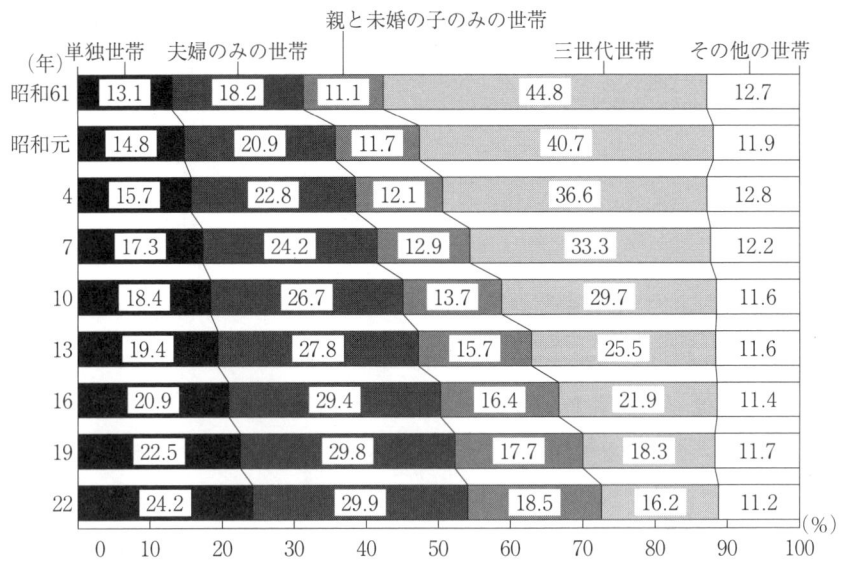

(年)	単独世帯	夫婦のみの世帯	親と未婚の子のみの世帯	三世代世帯	その他の世帯
昭和61	13.1	18.2	11.1	44.8	12.7
昭和元	14.8	20.9	11.7	40.7	11.9
4	15.7	22.8	12.1	36.6	12.8
7	17.3	24.2	12.9	33.3	12.2
10	18.4	26.7	13.7	29.7	11.6
13	19.4	27.8	15.7	25.5	11.6
16	20.9	29.4	16.4	21.9	11.4
19	22.5	29.8	17.7	18.3	11.7
22	24.2	29.9	18.5	16.2	11.2

注1）平成7年の数値は，兵庫県を除いたものである．
　2）「親と未婚の子のみの世帯」とは，「夫婦と未婚の子のみの世帯」「ひとり親と未婚の子のみの世帯」をいう．
出典：2010年国民生活基礎調査から

「児童虐待防止法」（児童虐待の防止等に関する法律）成立以降からすると3倍以上となった．「虐待」という現象は同じであっても，その原因はかなり異なるとはいえ，2005（平成17）年には「高齢者虐待防止法」（高齢者虐待の防止，高齢者の養護者に対する支援等に関する法律）が成立する．家庭内の身内による「介護殺人」が珍しい事件ではなくなったのみならず，2009（平成21）年におきた法定外の高齢者施設での火災「たまゆら事件」は，高齢者の介護施設不足や介護施設での悲惨な生活状況だけではなく，生活保護を受給する高齢者が「現代の姥捨て」という状況におかれていることを明るみに出した．

　公的年金のうち，2009（平成21）年に基礎年金である国民年金に対する国庫負担金の割合が3分の1から2分の1に引き上げられたが，被用者年金の厚生年金部分，いわゆる2階部分は，2013（平成25）年から61歳からの支給となり，

以後3年に1歳ずつ受給開始年齢が引き上げられることとなっている．2025（平成37）年からは，65歳にならないと公的年金の支給はない（女性は5年遅れ）．基礎年金（国民年金）は，65歳からの支給になっているが，財政悪化を理由に，その引き上げについても論議されている．

そして2011（平成23）年3月11日，三陸沖を震源地とするマグニチュード9.0の「東日本大震災」が発生した．地震にともなう大津波は岩手県，宮城県，福島県，茨城県，千葉県など三陸沿岸から関東地方沿岸を襲った．この大地震と大津波によって，東京電力福島第一原子力発電所の一部が破壊され，国際原子力事象評価尺度レベル「7」の深刻な原子力事故がひきおこされた．2011（平成23）年11月の発表では死者15,836人，行方不明者3,650人．被害者の7割近くが高齢者だという．この大震災が日本の社会保障・社会福祉にどういう影響を及ぼすのか，まだ〈歴史〉とはいえないかもしれないが，過ぎ去った時の中に，もう戻れない時間の中に，そして，たくさんの人たちの犠牲に，私たちは目をそむけず，多くのものを学んでいかなければならない．　　（樋川　隆）

注・引用・参考文献

1) 1909「王立委員会報告」は，単なる「歴史的な文書」ではなく，今日的な意義を有しており，「救貧法から福祉国家へ」という伝統的理解にとどまるべきではないという指摘が，近年，社会保障や経済学の研究者からなされている．その中には，「多数派報告」が，今日でいうならば「社会的排除」に対する観点から「社会政策」を構想していたと，多数派報告を再評価しようとする研究者もいる（江里口拓『19-20世紀転換期における救貧法改革をめぐる諸思想—ボザンケ，マーシャル，ウェッブ，初期ベヴァリッジ』経済学史学会発表資料，2008年など）．

〈参考文献〉
① 星野信也『「選別的普遍主義」の可能性』海声社，2000年
② David Cannadine, Class in Britain, Yale University Press, 1998.（D. キャナダイン著，平井雅博・吉田正広訳『イギリスの階級社会』日本経済評論社，2008年）
③ 小田兼三訳『地方自治体と対人福祉サービス—英国シーボーム委員会報告書（Report of the Committee on Local Authority and Allied Personal Social

Services)』相川書房，1989 年
④　小山路男『西洋社会事業史論』光生館，1978 年
⑤　安保則夫「1905 - 9 年の王立救貧法委員会について：イギリス失業政策史との関連において」『經濟學論究』34(4)，43 - 64，関西学院大学，1981 年
⑥　藤井透「1909 年王立救貧法委員会少数派報告　100 周年記念パンフレットに寄せて」『佛教大学社会学部論集』第 52 号（2011 年 3 月）
⑦　平岡公一『イギリスの社会福祉と政策研究』ミネルヴァ書房，2003 年
⑧　小田兼三『コミュニティケアの社会福祉学』勁草書房，2002 年
⑨　山口二郎『ブレア時代のイギリス』岩波新書，2005 年
⑩　吉田久一『吉田久一著作集 2　改訂版　日本貧困史』川島書店，1993 年
⑪　吉田久一『新・日本社会事業の歴史』勁草書房，2004 年
⑫　牧原憲夫『日本の歴史 13　文明国をめざして』小学館，2008 年
⑬　小松裕『日本の歴史 14　「いのち」と帝国日本』小学館，2009 年
⑭　菊池正治ほか編著『日本社会福祉の歴史　付・史料』ミネルヴァ書房，2003 年
⑮　炭谷茂「社会福祉基礎構造改革の展望と課題─社会福祉システムの再構築をめざして─」『社会福祉研究』第 73 号，鉄道弘済会，1998 年
⑯　藤森勝彦『単身急増社会の衝撃』日本経済新聞出版社，2010 年
⑰　上村敏之・田中宏樹『検証　格差拡大社会』日本経済新聞出版社，2008 年
⑱　山野良一『子どもの最貧国・日本　学力・心身・社会におよぶ諸影響』光文社，2008 年

学びのオリエンテーション

ギデンズと第三の道

イギリスでは，1997年に労働党がトニー・ブレアを首班として保守党から政権を取り戻した．この政権の政策は「第三の道」とよばれ，それまでの保守党政権の新自由主義と，以前の労働党の社会主義の中道を行く，「第三の道」とよばれた．この時の理論的支柱となったのが社会学者アンソニー・ギデンズである．

ギデンズの理論は再帰性理論とよばれている．再帰性理論は，人間には主体性（エージェンシー）があることを強調する理論である．しかしながら，この主体性はフリーハンドでどのような行為も行えるという意味ではなく，その都度の社会的文脈や与えられた生活資源のあり方に影響を受けつつ実現されるものであると考えている．新自由主義の唱える主体性を備えた人物とは，自らの能力を最大限に活用し，自己責任において自らの生存基盤を確立することのできる人物であろう．しかし，再帰性理論においては，どんな人間であれ，活躍するための環境整備が行われたり，生活基盤が確保されるといった社会からの支援がなければ主体的にはなれないと考える．自助努力は重要だが，社会としてもそれをバックアップする必要を強調するのである．よって，ギデンズは人びとの主体性を確保するために国家の役割を強調する．ただし，彼が描く国家像は，集めた金銭を配り直す再配分国家ではなく，国家像は「社会投資国家」である．

指針とすべきなのは，生計費を直接支給するのではなく，できるかぎり人的資本（human capital）に投資することである．私たちは，福祉国家のかわりに，ポジティブ・ウェルフェア社会という文脈の中で機能する社会投資国家（social investment state）を構想しなければならない．[Giddens 1998 = 1999; 196-197]

ここでの国家の役割は，教育・訓練により人びとの対応能力を伸ばしたり，ソーシャル・キャピタル（人間関係が適切な状態）の育成を始めとした人びとを取り巻く社会環境の整備を行うことで活動的な市民を作り出していくことである．こうした国家の作り出す社会のあり方を，ギデンズは「アクティブ・シチズンシップ」とよんでいる．社会主義時代の労働党が強くこだわった再配分国

家や産業国有化による労働者保護では，人びとの主体性が損なわれてしまう．かといって，保守党の唱えた新自由主義による自己責任の過度な強調では，優勝劣敗の格差社会を作り出すため，社会的公正が損なわれてしまう．再帰性理論の考えた人びとの主体性を発揮させるにはどちらも不都合であり，両者の長所を取り入れ，短所を克服する第三の道が提起された（表4-1参照）．保守党の政策の長所である市場の合理性の活用は受け継ぐ．しかし，人びとをエンパワーメントする国家の役割は残し，社会的公正が損なわれないようにするという政治路線が選ばれたのだった．

こうした政治路線における福祉政策の事例としては若者の自立支援が有名である．職業相談や福祉給付の相談窓口を一本化するワンストップサービスの「コネクションズ」（Connexions）は，若者が自立した生活を営むための総合相談を行うサービスである．また，「若者へのニューディール政策」（NDYP）では，18から24歳の若年失業者が6カ月以上続けて失業手当にあたる求職者給付を受ける際には，政府の用意する教育訓練プログラムに参加することを義務づけた．ギデンズが社会投資国家の理念のなかで語ったように，同じ福祉給付だとしても，国家は単に生計費を直接支給するのではなく，若者への投資になるような仕組みを作り上げ，そのなかでの支給になるように制度が工夫された．

表4-1 旧労働党と保守党の考え方の長所と短所

	特徴	長所	短所
左派：旧労働党	産業国有化 労働組合と協調 手厚い社会保障	国家介入による公正の確保	福祉依存 個人の自由の侵害
右派：保守党 （新自由主義）	産業民営化 労働組合と対決 社会保障の削減 （＋軍備増大）	市場の合理性の活用	個人主義化により社会的連帯が後退 治安の悪化

参考文献

畑本裕介『再帰性と社会福祉・社会保障』生活書院，2008年

Giddens, A., 1998, *The Third Way*, Polity Press.（佐和隆光訳『第3の道——効率と公正の新たな同盟』日本経済新聞社，1999年）

（畑本裕介）

第5章
社会福祉とのつながり

この章では，社会福祉と関連する「教育」，「労働」，「医療・保健・看護」，「住宅」の領域をとりあげている．教育政策，労働政策，医療政策，住宅政策，更生保護，さらには消費者保護，「まちづくり」までを社会福祉と並列に並べ，それらを社会政策ととらえるとともに，社会福祉が他政策との重なる部分を重視し，"社会福祉のL字型構造"とする研究者もいる（古川，2009）．ただし，社会福祉と関連領域のとらえ方はこれにとどまらない．国によって，たとえば，イギリスとドイツではかなり異なる．また，経済学や社会学の研究者によっても，異なる．

この章の論考は「政策」に焦点化していない．各領域にも「政策」「実践」「教育」など多様な側面がある．「政策」だけで「政策」は理解できない．

そして，関連領域それぞれのとらえかたも研究者，論者の立ち位置で違ったものになる．たとえば本章では教育学者が教育について論じているが，教育行政の関係者とは視点が異なるかもしれない．医療・保健については行政職（元）と看護学の研究・教育者による論考であり，それぞれ視点は異なる．

隣接領域との連携が近年大きな課題となっている．ここでとりあげた論考を手がかりとし，各領域の学，政策・実践・教育等は，広く，深い，簡単にはわからない．ということに〈気づく〉ことが，他領域との〈連携〉の第一歩である．そして，社会福祉が関わる問題は，関連領域の政策，実践のもつ限界と矛盾とも関わる問題であるということも知る必要がある．

そのことのイメージをふくらませるための事例を以下にとりあげる．

「若者ホームレス白書」から

若年の「ホームレス」の人，50人への聞き取り調査から，次のようなことがわかった．［教育］中卒の割合が高い．貧困家庭に育った人が多く，酔っては暴力を振るう父親から逃れるため，一家で逃亡した人，高校を中退した人もいる．［仕事］半数以上が転職5回以上，製造業派遣や短期バイト等不安定就労の繰り返しの人が多い．解雇，倒産，職場での人間関係

のトラブルから，仕事に対する"ポジティブな感情"を持てない人もいる．[心身の状態] 路上で寝ることが怖く，夜通し歩き，救急車で搬送された人もいた．消費者金融の借金をしている人が多く，ギャンブル依存症的傾向の人もいる．話の辻褄が合わない人もいる．抑うつ的傾向にある人が約4割いる．(2010年 特定非営利法人ビッグイシュー基金の調査)

高齢者の医療相談から

義父は，脳梗塞で倒れ，左半身麻痺が残ってしまった．現在は，義母が面倒をみている．じきに入院3ヶ月になるが，主治医から「転院してほしい」と言われた．義母も高齢であるため，転院先の病院が遠くなると負担が大きい．義父は，毎日微熱が続いており，転院できる状態ではない．「転院しろ」というだけで，何の説明もないのは不満である．3ヶ月毎に，病院を転々とさせられるのかと思うと，納得できない．(医療相談事例集 平成17年 福島県保健福祉部)

障害児の母親の語り

生まれて5分後，染色体異常の可能性があるかもしれないと医者から言われた．夢なのかしらと頭が動かない．ぼーっとしていたら「お母さんここを見てください」とお尻をみせられた．「こうなっているの，ミルクを飲んでも出すところがない．」と．生まれて抱くこともできず，大きな病院に搬送された．医者の説明は，淡々と，後で本を読むと本のとおりだった．看護師さんは，ダウン症協会のHPのプリントアウトを渡して「こういうのが日本にあるらしい，県にもあるらしい，よかったら行かれたら」と言ってくれた．ネットで調べたらリハビリするのがいいとわかったけれど，どうしたらよいかわからない．手術が終わり，受付の裏にまわって偶然，相談室を見つけ，そこで紹介してもらった．今，親の会で学校見学をしている．これから先，子どもがどういう教育を受けたらいいのか，大人になって働けるのか，不安ばかりだ．(編者の調査研究から)

(川池智子)

1 教育

1 教育ということば

「教育」ということばを聞くと，すぐに誰もが，なにか知識を伝授したり訓練したり，いまの学校で日々行われている様子を，頭の中に思い描いてしまうようである．

しかし，「教育」ということばがそもそも本来どんなことを意味しているのか，それは，いまの常識をただ上塗りして繰り返していてもわかってくることでもない．まずは，じっくりと「教育」ということばについて考えてみなければならない．そのさい，英語の"education"の意味した事柄を調べてみるのが，てっとりばやくかつ正攻法である．というのも，いまでは誰もが当たり前のように使っている「教育」ということばが爆発的に普及したのは，明治（1868-1912）に入って以降，英語の"education"の翻訳語として充てられてからのことだからだ．そこで試しに，『オックスフォード英語辞典』を開いてみると，1566年に刊行された『快楽の宮殿』という書物の中の，次のような古い一文を見出すことになる．

「肉体の最も聖なる泉たる女の胸，それこそが人類の教育者（educator）である.」

どうだろう．わたしたちは，「教育者（educator）」と聞けば，学校教師をすぐに思い描く．しかし，そんなことはない．さきの古い一文は，人類の教育者は，女性の胸，つまり赤ん坊の生を養うミルクなのだ，と明言している．人類の教育者は，男性の学校教師などではなく，女性ですらなく，地上の生を養うミルクという物質なのだ．こんな調子だから，「教育」ということばがそもそもどんなことを意味しているのかを，ちゃんとわかろうと思えば，まずは常識に囚われず，常識から解放されて自由になることが必要なのである．

2 教育は生を養うこと

　英語の「教育（education）」ということばは，ラテン語の"educatio"（エドゥカチオ）から借りてこられたもので，早くても16世紀初め頃から使われ始めたものである．だから教育のそもそもの意味を明らかにするためには，ラテン語にまで，はるかにさかのぼってみなければならない．ラテン語の《教育》（educatio）を検索すれば，そのほとんどが，動物や植物を含むすべての生命を養うことはもとより，生命の生長を意味するものであることがわかる．

　そのことは古代ローマの哲学者キケロや博物学者プリニウスに顕著である．動物の成長や子育てはもちろん，キケロ（前106-43）『善と悪の究極について』では，「大地が生み出すものたちにも，動物たちのものと似かよった成長（educatio）と成熟が認められる．」と，「大地が生み出す」植物の生長が《教育》（educatio）ということばで言い表される．

　プリニウス（23/24-79）は，その著『自然誌』の中で，カッコウの卵や雛をはぐくみ養う（educat）雌鳥を描いている．カッコウはその卵を他種の鳥の巣に産みつける，托卵性の鳥である．"educatio"ということばは，だからここでは，他の鳥の赤ん坊を養いはぐくむ行為を意味している．

　他の鳥の赤ん坊を養いはぐくむお人好し的行為は別にしても，はぐくみ養う行為を鳥のイメージから言語化した例は，日本語にも見出される．『大言海』によれば，「育む」は「羽裏む」（卵や雛を羽根で覆って温めはぐくむこと）に由来し，「育てる」は「巣立つ」（巣から飛び立つこと）に由来している．ちなみに，漢字の「育」は，出産する女性とその赤ん坊を描いた古代の象形文字に由来している（図5-1参照）．

　図5-1の左から2番目以外はどれも，左辺に女性の立ち姿があり，右辺に赤ん坊が頭を下にして生れ出てくる様が描かれているのがわかるだろうか．図5-1の右側3つでは，赤ん坊の頭の下に迸（ほとばし）る羊水までもがリアルに描かれている．図5-1の一番右端の字では，女性の胸に乳首まで印象的に付け加え

図5-1 「育」の象形文字（周禅鴻による模写）

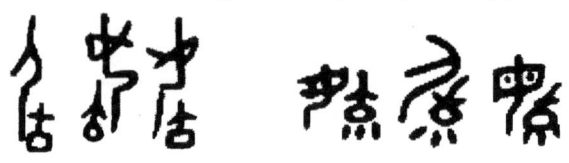

られている．
　このように，教育とは語源学的・原理的に，いのちに関わる営みであり，地上の生命を養い育むことである．

3　教育＝ケアと《心地よい生》の実現

　さらに，《教育》（educatio）は，地上の生をはぐくみ養う生命的行為にとどまらず，その生を癒し「心地よい生」を実現する配慮として語られる．
　古代ローマの哲学者セネカ（前4－後65）の『怒りについて』において，教育の役割が強調されるのは，まさに，「怒り」という「狂気（insania）」の「治療法」としてなのである．「怒り」は情念の一種である．そしてセネカによれば，情念は身の内から湧き起こる魂の惑乱であり，なかでも「怒り（ira）」は，イラとかイライラという些細なものから怒髪天を衝くものまで，一身の破滅に至る「狂気」にほかならない．だから人は，怒りを鎮める術を知らねばならない．ここに『怒りについて』のテーマがある．つまり，怒りという情念を「癒し（sanatio）」「配慮（curatio）」する技法．自らの魂を鎮める，鎮魂の技法．こうした鎮魂の技法に属するものとして《教育》（educatio）は語られるのである．
　「悩める魂を助け出す（educere）こと」（『ルキリウス宛書簡』．ちなみに，"educere" は "educatio" の動詞 "educo" の不定詞である．）は，セネカの窮極の関心事である．そのために，「魂（anima）への不断の配慮」（『魂の平静について』）が必須のこととなる．「配慮（cura）」とは，いまの英語でいえば，ケア（care）と治療（cure）を同時に含む概念である．そして，「魂（anima）」とは，生命体が物体とは異なり生命を有していることの根拠を表示する記号である．その「魂」，つまり

第5章　社会福祉とのつながり　135

生命体であるからだが鎮まり平静であることが,「心地よい生」であり, それこそがセネカの希求なのである.

このように, 生を癒し「心地よい生」を実現する配慮（ケアとキュア）の技法として,《教育》は位置づけられていたのである.

4　教育の目的は《ウェルビーイング》

してみると,《教育》の目的は「心地よい生」の実現だ, ということになる. この「心地よい生」はウェルビーイングと言い換えられるものである.

『オックスフォード英語辞典』によれば,《ウェルビーイング》(wellbeing) ということばは, その用例が 1613 年頃にまでさかのぼるもので, その後 1883 年までの用例が挙げられている. その意味は,「生における存在もしくは行為の良好な状態. 幸福, 健康, あるいは繁栄した状況. 精神的もしくは身体的福祉. (The state of being or doing well in life; happy, healthy, or prosperous condition; moral or physical welfare)」とされており, きわめて素朴に, 生きて在ることの善さを感じられる状態を表しており, それは特定の人にとってのものではなく, 誰にでも適用される普遍的な指標として使用されるものである.

1883 年の用例で, その素朴さ, 単純さ, 普遍性を味わってみよう. その用例は, ジョン・M・フォサーギルという医者が著した『消化不良・胆汁症・通風』という書物の中にある.

　「最も健康な人たちは, 食後にウェルビーイングの感覚 (a sense of well-being) を感じる.」

私たちは, 外界の物質を食べて体内に摂り入れ, その摂取した物質によって身体を構成している物質を不断にリニューアル（更新）するということによって, 生きている. 逆にいえば, 食事による身体の不断のリニューアルこそが, 私たちが生命体であることの証しなのだ. その生命体的行為＝《食》において「心地よさ」を感じられること, これが「健康」ということだ, と医者である著者はいっているのである.

生きてこの世に在ることにおいて身の内で感じるこの「心地よさ」の内臓感覚を，著者は「ウェルビーイングの感覚」とよぶ．「ビーイング (being)」とは，この世に生命体として生まれ生きて存在していることそのものであり，「ウェル (well)」とは，その生きていること自体が「心地よい」と感じられる状態であることを意味する．まさに，《ウェルビーイング》とは，身の内で内臓感覚から「心地よさ」を感覚することであり，あらゆる生きとし生ける人にとっての生の目的だといわねばならないものである．

教育とは，地上の生を養い育む営みであり，このようなウェルビーイング（心地よい生）を実現する営みにほかならないのである．

5 「生きる力」をはぐくむ教育

一人ひとりが心地よい生を生きる，そのことを不断に実現しつつ，その中で一人ひとりの「生きる力」を養うのが教育である．それは教育のひとつの場たる学校において，なによりも自覚的に実践されていなければならない．近代教育思想を代表するとされるジャン=ジャック・ルソーがすでに『エミール』(1762年)で，「自然の秩序のもとでは，人間はみな平等であって，その共通の天職は人間であることだ．……人間としての生活をするように自然は命じている．生きること (vivre)，それがわたしの生徒に教えたいと思っていることだ．」と宣言していたことでもある．

そこで，1996年に文部省中央教育審議会第一次答申で提唱されて以来，学校教育の指針である学習指導要領において，「生きる力をはぐくむ」ことが学校教育の大目的として設定され続けている．それは2008年に改訂された現行の学習指導要領でも同様であり，たとえば小学校学習指導要領では「第1章総則　第1教育課程編成の一般方針1」に「児童に生きる力をはぐくむことを目指し」と明記されているとおりである．これにしたがえば，「学力」の向上といった通常学校の主たる課題とされるものも，一人ひとりの子どもたちが「学ぶ」ことを喜びとし——言い換えれば心地よい生を実現するものと感じ——，

その「学ぶ力」を一人ひとりに即して高めることを教育の課題とするものとなる．同様に「体力」もまた，心地よい生を営むために，自らのからだに配慮しケアする「ものの見方や考え方，感じ方，行動のし方」を身体内化することが眼目とされる．

　「学ぶ」ことは，人間が心地よい生を営むのに必須の楽しみであるはずなのである．しかし，その楽しいはずの「学び」からの逃避が目立っているのも事実である．これには，これまでの学校教育がそこに学ぶ子どもたち一人ひとりのもとめる「学び」に応えず，一斉授業に象徴される一律の内容を一律に「教育」してきたその「教育」の姿が一因としてあることは確かだ．すでに子どもたちの側に「学び」の固定観念があり，それへの不適合が生じているのである．また同時に，学校に通う子どもたち一人ひとりがそれぞれに家庭的・社会的バックグラウンドを背負っているのであってみれば，その影響は計り知れないものがあるといわねばならない．子どもたちの生活自体が，大きく変化し，これまで学校教育が暗黙のうちに前提としていた家庭・地域・社会の教育力が違ったものになってきている．

　そこで，学校教育は，一方で「学び」の楽しさと「学ぶ力」を高め「生きる力」に結びつける努力をするとともに，子どもたち一人ひとりの必要に応じた指導と家庭・地域・社会の教育力との協働を図るために，たとえばスクール・カウンセラーやスクール・ソーシャル・ワーカーなどの専門家の協力をもとめ，また学校評議会制度の導入，学童保育の充実などを推し進めている．それらは，子どもたち一人ひとりの心地よい生を保障するために，取り組まれていることがらなのである．

6　転形期の教育の構想力

　時代は，転形期にある．かつて石川啄木が評論「時代閉塞の現状」(1910 年)で当時の閉塞状況を論じたが，今またまさに閉塞の時代にあるというのは誰しもの感じるところだろう．それは同時に，歴史的な転換を遂げるしかない転形

期にあることを証している．転形期にあっては，従来の常識は非常識となり，本来のあり方を阻んでいたものは時代のうねりの中で変容を強いられる．

　教育とは元来，地上の生を養い育む営みであり，ウェルビーイング（心地よい生）を実現する営みにほかならない．このために必要な制度とはどのように構想されるのだろうか．一例をあげれば，幼稚園は文部科学省（学校教育法）管轄である一方で，保育園は厚生労働省（児童福祉法）管轄といったように別の制度として存在してきたが，今，幼稚園と保育園を合体した機能をもつ「こども園」に統合しようという動きが，顕著になっている．その動きに見える市場主義的な財政削減のあからさまな意図は論外として，子どもたちのウェルビーイングを実現する制度がひとつであるべきだということ自体に異論はないだろう．

　さらに私たちは，構想力を歴史にさかのぼって羽ばたかせることができる．

　日本国憲法第26条で規定されている〈教育への権利〉も今日では広く「学習権」とよび慣わされているが，その「学習権」を戦前の日本で先駆的に主張したのが，下中彌三郎であった．彼は，1920年に発表した論文「学習権の主張」において，

　　「教育を受くることは，社会成員の義務ではなくて権利である．国家は，
　　　均等に，国民教育を施設する義務がある．」

と論じ，自分のニーズに応じて自由選択で小学より大学まで学べ，在学中の費用（学用品および最低生活費など）が保障される「公費教育制度」を提唱した．その下中の主張する「学習権」は，「生活権（生存権）としての学習権」だったのである．つまり，「学習権」は，健康で文化的な生活の一部であると同時に，「生活権（生存権）」を行使するに必須の核をなすものと位置づけられていたのである．

　あるいは，もともと東アジアの《學》《校》とは，まずは生産余剰の貯蔵施設であり，まさに世俗的な生産のサイクルから解放された自由な時空として，そこに生産労働から自由な子ども・老人・病人が同居しその生が養われる場所であった．いってみれば，生産の余剰を湯水のように使い尽くし蕩尽する，託

児所，養老院，病院（養生所）だったのである．こうした複合施設としての《學》《校》の残像は，1870（明治3）年に岩国藩で「養老院」を改革して中学・小学を設置したことにも表れるが，さらに，佐藤信淵（1769-1850）が設立した「小學校」に明瞭に見てとれる．それは，病者を対象とした「療病館」，乳児を対象とした「慈育館」，8歳以下の子どもを対象とした「遊児廠（しょう）」，8歳以上の子どもを対象とした「教育所」，そして貧民等の救済・土木事業を任務とする「広済館」，以上5部門から成るものだったのである．

将来どのような教育の姿が現れてくるのか，それは予見できない．しかし，教育の本来の目的が実現されねばならないだろう．そのために私たちは，これまでの経緯と常識に囚われず構想力をたくましくせねばならない．教育とは本来，いのちに関わる営みであり，あらゆる生きとし生ける人の生命を養い育むことで《心地よい生》（ウェルビーイング）を一人ひとりに即して実現することなのである．

（寺崎弘昭）

２　労　働

１　日本の労働環境の変化と社会保障

日本国憲法第27条は「(1)すべて国民は，勤労の権利を有し，義務を負ふ．(2)賃金，就業時間，休息その他の勤労条件に関する基準は，法律でこれを定める．(3)児童は，これを酷使してはならない．」と規定している．これにより国民の勤労の権利と義務が明記され，また労働者の保護として，勤労条件に関する基準を法律で定めること，児童の酷使を禁止することが規定されている．

この憲法第27条第1項で示されている勤労の権利とは，国は国民が労働をする自由を侵害してはならないということであり，勤労の義務とは，国民が自ら働くことで自らの生存を確保しなければならないということである．ただしこのことについて，憲法解釈では「…労働能力を有する者が，私企業のもとで就業し得ない場合に，国又は地方公共団体に対して労働の機会の提供を要求し，

それが不可能な場合には相当の生活費を要求し得る権利」であると説明している．つまり国民の勤労の権利義務について，私企業により達成できない場合には，これを憲法第25条の生存権保障と関連してとらえ，そこに雇用の創出や生活保護制度の適用などといった点で国が関与すること，すなわち国の責務を明示しているといえるのである．

ところで，わが国の経済は高度経済成長を経て，就業構造も第一次産業から第二次産業，第三次産業へと大きく変化した．この時期の日本の雇用は，終身雇用，年功序列，企業内組合といった，いわゆる「三大雇用慣行」を特徴としていた．しかし，高度経済成長から安定成長，経済低迷期へと移行する過程で，不況を原因とするリストラや早期退職の推進による終身雇用制の崩壊，年功序列型賃金から能力給などの導入による成果主義型の賃金体系への移行，労働者の組織率そのものの低下傾向など，日本型雇用慣行には変化がみられるようになる．また雇用情勢の悪化が進む中，不況にともなう大量の失業者や低所得者，貧困者が多く存在し，ニートやネットカフェ難民，ワーキングプアとよばれる者が顕在化してきている．さらに雇用情勢は，産業構造，人口構造の違い等によって地域による差が生まれている．このことへの対応として，まずは現在不足している雇用機会を緊急的に確保すること，中長期的には，構造的に雇用情勢が厳しい地域へ雇用機会を創出することなどが求められている．

緊急的な雇用の確保については，都道府県に基金を造成し，交付金を交付して行う，都道府県や市町村の継続的な雇用機会確保のための「ふるさと雇用再生特別基金事業」や，離職者の一時的な雇用機会の確保を図る「緊急雇用確保事業」とともに，成長分野として期待される分野における雇用機会の創出および人材の育成のための「重点分野雇用創造事業」などが実施されている．また地域雇用開発促進法に基づく雇用開発促進地域（雇用情勢がとくに悪い地域）では，事業所を整備して求職者を雇い入れる事業主に対して「地域求職者雇用奨励金」を支給すること等が行われている．さらに，厳しい経済・雇用情勢のなか，福祉・介護分野の雇用支援を行うために，たとえば福祉施設等で働きながら介

護福祉士等の資格を取得するための講座の受講を可能とする「『働きながら資格を取る』介護雇用プログラム」等が推進されている．また，雇用の受け皿となる成長企業を支援することを目的に，雇用を一定以上増やした企業に対して税制上の優遇措置等を行う「雇用促進税制」を実施している（2011～2013年度）．

2 日本の労働政策の概要

賃金の最低額を保障することにより，労働条件の改善を図り，労働者の生活の安定，労働力の質的向上および事業の公正な競争の確保に資するとともに，国民経済の健全な発展に寄与することを目的としたものとして最低賃金制度がある．最低賃金には，地域別最低賃金と特定最低賃金がある．両方の最低賃金が採用される場合は，高いほうの最低賃金が採用される．地域別最低賃金の引き上げについては，雇用戦略対話第4回会合において，「できる限り早期に全国最低800円を確保し，景気状況に配慮しつつ，全国平均1,000円を目指すこと」とされている．上記目標案は，新成長戦略の「2020年度までの平均で，名目3％，実質2％を上回る成長」を前提としたものである．3年後に必要な検証を行うなど弾力的な対応の必要性，中小企業に対する支援等についても検討されている．わが国の現状において，労使双方に配慮しつつではあるが，最低賃金の適正な運営と引き上げへ向けての取り組み・検討は今後さらに重要な課題である．

また労働者の生活を守ることを目的とした保険制度としては，労働保険（雇用保険・労働者災害補償保険）がある．雇用保険は，完全雇用という政策目標を実現するために，労働者が失業した場合，できるだけ速やかに再就職できるように援助するための制度である．失業や雇用の継続が困難となる事由が生じた場合，加えて労働者が自ら職業に関する教育訓練を受けた場合に，労働者の生活および雇用の安定を図るとともに，求職活動を容易にするなどその就職を促進し，あわせて，労働者の職業の安定に資するため，また失業の予防，雇用状態の是正および雇用機会の増大，労働者の能力の開発および向上その他労働者の

福祉の増進を図るための二事業を担っており，雇用に関する総合的機能を有するものである．雇用保険の被保険者となるのは，雇用形態にかかわりなく，1週間の所定労働時間が20時間以上で31日以上雇用されることが見込まれる者である．また雇用保険の失業等給付には，労働者が失業した場合の基本手当に代表される求職者給付のほか，就職促進給付，教育訓練給付，雇用継続給付などがある（図5-2）．保険料は労働者と事業主の双方が負担するもので，雇用保険に関する各種受付は公共職業安定所（ハローワーク）で行っている．

世界的な金融危機を背景に，2008年から労働政策審議会職業安定分科会雇

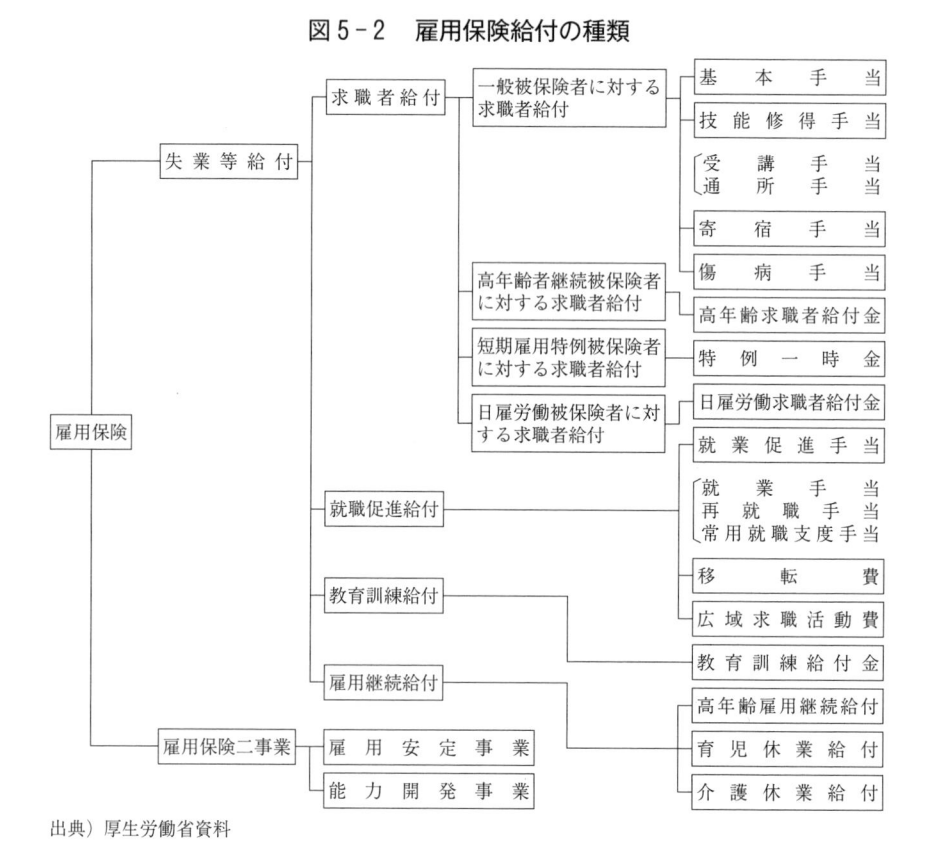

図5-2　雇用保険給付の種類

```
雇用保険 ─┬─ 失業等給付 ─┬─ 求職者給付 ─┬─ 一般被保険者に対する求職者給付 ─┬─ 基本手当
          │                │                │                                    ├─ 技能修得手当
          │                │                │                                    ├─ 受講手当
          │                │                │                                    │  通所手当
          │                │                │                                    └─ 寄宿手当
          │                │                │                                       傷病手当
          │                │                ├─ 高年齢継続被保険者に対する求職者給付 ─ 高年齢求職者給付金
          │                │                ├─ 短期雇用特例被保険者に対する求職者給付 ─ 特例一時金
          │                │                └─ 日雇労働被保険者に対する求職者給付 ─ 日雇労働求職者給付金
          │                ├─ 就職促進給付 ─┬─ 就業促進手当
          │                │                │  ┌─ 就業手当
          │                │                │  │  再就職手当
          │                │                │  └  常用就職支度手当
          │                │                ├─ 移転費
          │                │                └─ 広域求職活動費
          │                ├─ 教育訓練給付 ── 教育訓練給付金
          │                └─ 雇用継続給付 ─┬─ 高年齢雇用継続給付
          │                                 ├─ 育児休業給付
          │                                 └─ 介護休業給付
          └─ 雇用保険二事業 ─┬─ 雇用安定事業
                              └─ 能力開発事業
```

出典）厚生労働省資料

用保険部会で雇用保険制度の見直しの議論が始められた．ここで示された検討課題の第一は，セーフティネット機能の強化，とくに非正規労働者に対するセーフティネット機能の強化であり，これを受け，2010年，雇用保険法等の一部を改正する法律が段階的に施行されている．具体的には，雇用保険の適用範囲の拡大や財政基盤の強化等を図ることなどである．なお雇用保険を受給できない者に対しては，第二のセーフティネット（雇用保険と生活保護を補完する仕組み）と総称される制度が実施されている．具体的には，住宅手当（住宅を喪失した，または喪失する恐れのある離職者に対して賃貸住宅の家賃を給付），総合支援資金貸付（社会福祉協議会や公共職業安定所などから支援を受けながら，社会福祉協議会から賃貸住宅入居時の敷金・礼金等のための資金や生活資金などの貸し付け），職業訓練給付金：求職者支援制度（無料の職業訓練および訓練期間中の生活給付），臨時特例つなぎ資金貸付（公的な給付・貸付の交付までの間の生活費の貸し付け）などである．

労働者災害補償保険は，業務上の事由または通勤による労働者の負傷，疾病，障害，死亡等に対して迅速かつ公正な保護を行い，あわせて業務上の事由または通勤により負傷し，または疾病にかかった労働者の社会復帰の促進，当該労働者およびその遺族の援護，労働者の安全および衛生の確保等を図るものであり，労働者の福祉の増進を目的とした制度である．労働基準法第75，76条は，労働者が仕事で病気やけがをした場合には，使用者が療養費を負担すること，その病気およびけがのため労働者が働けない場合，休業補償を支払うことを義務づけている．しかし，事業主が負担できない場合や事故が大きい場合には，十分な補償ができない可能性がある．そのため，労働災害が生じた場合に労働者が確実に補償を得られるように労働者災害補償保険制度が設けられているのである．これは，基本的に労働者を一人でも雇用する事業主には加入が義務づけられており，保険料は全額事業主が負担する．パートやアルバイトも含むすべての労働者が対象となるもので，各種受付は労働基準監督署で行っている．

なお，人びとを取り巻く環境が変容するなか，すべての国民をいかに社会の中に包含できるか，という視点はどの国においても大きな課題であり，わが国

においても，2000年以降，生活保護制度の見直しとともに，自立，就労支援といった政策目標が多く出されるようになる．以下では，とくに貧困・低所得者，障害者，ひとり親世帯と関連する労働政策についてふれる．

3 社会福祉と就労支援

(1) 貧困・低所得者への福祉と就労支援

2003年，社会保障審議会福祉部会に設けられた生活保護制度の在り方に関する専門委員会の報告書では，「生活保護制度の在り方を，…その最低生活保障を行うだけでなく，生活困窮者の自立・就労を支援する観点から見直すこと」とし，「被保護世帯が安定した生活を再建し，地域社会への参加や労働市場への『再挑戦』を可能とするための『バネ』としての働きを持たせることが特に重要である」としている．また自立支援とは，社会福祉法第3条（福祉サービスの基本的理念）に示されている「…福祉サービスの利用者が心身ともに健やかに育成され，又はその有する能力に応じ自立した日常生活を営むことができるように支援するもの…」であるとし，自立支援を就労自立支援，日常生活支援，社会生活自立支援であるとしている．そしてこれをもとに2005年からは生活保護自立支援プログラム（生活保護受給者等就労支援事業）が実施されている．

「ホームレスの自立の支援に関する特別措置法」（2002年）においても就労支援が位置づけられている．この法の目標は，自立の意思があるホームレスに対し，安定した雇用の場の確保，職業能力の開発等による就業の機会の確保，住宅への入居の支援等による安定した居住の場所の確保ならびに健康診断，医療の提供等による保健および医療の確保に関する施策ならびに生活に関する相談および指導を実施することにより，自立を支援することとされている．

(2) 障害者への就労支援・雇用政策

近年の障害者の施策としては，とくに「障害者の雇用促進法」が2005年，

2008年に改正された．2005年改正は，働く障害者，働くことを希望する障害者を支援するため，障害者の就業機会拡大を目的とし，精神障害者に対する雇用対策の強化（精神障害者保健福祉手帳所持者を雇用率の算定対象とするなど），障害者雇用促進施策と障害者福祉施策の有機的な連携および在宅就業障害者に対する支援など，各種施策を推進することとしたものである．2008年改正は，意欲・能力に応じた障害者の雇用機会の拡大を背景とした中小企業における障害者雇用の促進，短時間労働に対応した雇用率制度の見直しなどの改正が行われている．これにより障害者雇用納付金制度（納付金の徴収・調整金の支給）が適用される対象範囲は常用雇用労働者が101人以上の中小企業に拡大された（一定期間は，常用雇用労働者201人以上の中小企業となる）．また，身体障害者または知的障害者である短時間労働者（週所定労働時間20時間以上30時間未満）が雇用義務の対象とされ，実雇用率のカウントが0.5カウントとなった．さらに地域障害者職業センターの専門性とノウハウを活かして，地域の就労支援機関に対する助言・援助等の業務をセンターの基幹業務のひとつとして新たに位置づけ，地域の就労支援力の底上げを図ることとなるなどが行われた．これらの改正は，障害者雇用の分野においても，従来の福祉的就労から一般就労への移行を促進するための施策を講ずることをめざすものとなっている．

(3) **ひとり親世帯への就労支援**

2002年11月には，母子家庭等の増加に対応するため，「母子及び寡婦福祉法」等が改正され，また翌年7月には，「母子家庭の母の就業の支援に関する特別措置法」が成立した．

なお，この法律は時限立法なので2008年度末で期限切れとなったが，2012年9月，この法律を恒久化し，父子家庭への就業支援を追加した「母子家庭の母及び父子家庭の父の就業の支援に関する特別措置法」が成立している．

4 『福祉から雇用へ』

　わが国における就労支援は国の経済政策の重要事項として位置づけられ，2007年12月には「『福祉から雇用へ』推進5カ年計画～誰でもどこでも自立に向けた支援が受けられる体制整備」が策定，就労支援プログラムが実施されている．これは障害者，生活保護世帯，母子世帯等に対して，可能な限り就労による自立・生活の向上を図ること，国民が社会的・経済的・精神的な自立を図る観点から，自ら働いて，生活を支え，健康を維持する，といった「自助」を基本にそれを共助，公助が支える福祉社会を構築することが示されている．また2011年度からは，就労支援対策の強化を狙う「福祉から就労支援事業」が行われている．これは，地方自治体とハローワークが協定を締結し，地方自治体とハローワークの担当者により構成する支援チームが，生活保護受給者，住宅手当受給者，障害者等に対して支援プランを策定し，個別求人開拓や担当者制による職業相談等を実施するものである．

　すでに欧米では，単に就労促進という意味だけではなく，労働市場から排除された人びとを就労により積極的に社会に統合していこうという考え方に基づいた政策が展開されている．たとえばイギリスにおける「福祉から就労へ」をスローガンとした失業保険改革やドイツにおける失業扶助と社会扶助の統合，すなわち労働市場改革関連法の一環としての「ハルツⅣ」改革などである．

　わが国においても社会保障制度改革の中に就労促進があげられたが，各国を参考としつつ，わが国独自の方向を志向し，その充実のための体制整備に向けてさらに取り組んでいくことが望まれよう．　　　　　　　　　　（山下利恵子）

③ 医療・保健・看護

1 医療制度改革と地域保健活動

(1) 医療制度改革
① 改革の背景

国民の「安心」と生活の「安定」は，医療保険制度や日々向上する医療提供体制などによって守られ，世界にも冠たる長寿国の実現や高い保健医療水準が確保されている．しかし，経済の低迷，国民の価値観の多様化を含む意識の変化や，国民の高度医療への期待の高まりなど，医療制度を取り巻く環境の変化があり，これにみあった医療制度の構築が求められてきていた．

こうしたことを背景に，2001年，政府・与党社会保障改革協議会が「医療制度改革大綱」を示し，高齢化の進展等により増大する老人医療費を深刻に受け止め，将来とも良質な医療を確保できる皆保険制度の再構築について見直しを提言した．この中では，維持可能な医療保険制度としていくためには，給付と負担に公平が図られ，国民の納得が得られることが重要であるという観点から，医療保険制度の在り方，保険料の在り方，患者負担の在り方，公費の在り方について見直しを進めること等が論議された．

具体的には①医療保険制度の一元化，②新しい高齢者医療制度の創設，③診療報酬体系の見直しなどである．これらの基本的視点で，保健医療システムの改革や診療報酬・薬価基準等の改革，医療保険制度の改革，高齢者医療制度の改革など総合的な構造改革の必要性を示す「医療制度改革大綱」が出された．

② その後の医療制度改革

2001年の医療制度改革大綱を受けて，さまざまな分野での論議が進み，2003年には，厚生労働省から医療提供体制の改革に関する検討チームのまとめとして「医療提供体制の改革ビジョン」が示され，①患者の視点の尊重，②質が高く効率的な医療の提供，③医療の基盤整備等がまとめられた．これ

を受けて関係分野でのさまざまな検討がなされ，医療制度改革の大きなうねりが生まれた．

その後，2007年，政府・与党医療改革協議会により「医療制度改革大綱」がとりまとめられ，2006年，「健康保険法等の一部を改正する法律」および「良質な医療を提供する体制の確立を図るための医療法等の一部を改正する法律」が成立した．これらを受けて，健康づくりから疾病予防の推進まで，保健・医療・福祉が一体的に，総合的に取り組むことの重要性を意識した事業展開が進められているものと考えている．

(2) 自治体での取り組みの事例：山梨県の場合

ここでは，国の医療制度改革を受ける形で，筆者が勤務していた山梨県福祉保健部での取り組みを紹介する．

① 訪問看護推進事業

終末期医療を含めた在宅医療の体制整備に必要な訪問看護の推進を図るため，山梨県では，平成18年度から訪問看護推進事業を始めた．初年度は，中核組織として「訪問看護推進協議会」を設置し，訪問看護実態調査を行った．調査から浮かび上がった主な課題は，在宅ケア，在宅ホスピスに関する医療等関係者のスキルアップ，地域の医療等関係職種による協力体制の構築，県民に対する在宅療養等に関する知識，認識の普及啓発などである．それらの課題解決のために，訪問看護推進協議会，在宅ホスピス地域連絡協議会，在宅ホスピスケア普及事業，訪問看護ステーション・医療機関に勤務する看護師の相互研修，在宅ホスピスケア研修の事業を実施してきた．

② 保健師現任教育マニュアルの作成

国の健康フロンティア戦略や，医療制度改革において大きな柱と位置づけられている生活習慣病対策の充実や介護予防の推進など，予防活動を充実させていくためには，地域保健従事者の確保と資質向上が不可欠であるとして，山梨県では，2004年度から保健師の現任教育の在り方について検討をすすめてき

た.「医療提供体制の改革ビジョン」に示された"医療を担う人材の確保,時代の要請に応じた看護の在り方の見直しと資質の向上"や,2003年の「地域保健従事者の資質の向上に関する検討会報告書」を受けたものである.

2004年度には保健師現任教育の実態把握調査を行い,職場内研修が効果的に実施されていない,職場内研修の教育システムが無い,といった課題を感じる者が多いなど,現任教育の課題が明らかになった.これらを受け,2007年度に「保健師現任教育検討委員会」を設置し,現任教育の在り方の検討を開始した.

保健師の活動については,従来から地道に展開してきた母子保健や感染症対策に加え,生活習慣病予防,介護予防,子育て支援,虐待防止等の幅広い健康対策など,新たな健康課題への対応へ拡大している.併せて,保健と福祉の総合的な行政サービスや,健康危機管理への対応などに効果的な行政運営が求められることから,専門能力に加え行政能力を備える必要がある.そこで,保健師に「施策化までできる実践能力」を高めることを,市町村,県保健師の共通の実践目標として,2008年に山梨県保健師現任教育マニュアルを作成した.

ところで「地域保健従事者の資質の向上に関する検討会報告書」では,地域保健活動の領域で求められる能力を次の3つの項目にまとめ,それぞれに中項目を掲げるとともに,新任期・中堅期・管理期の経験区分による能力を例示しているが,山梨県では実践目標の項目の分類を一部変更し,次のようにした.

(1) 基本能力:責任感,協調性・コミュニケーション,積極性・自己啓発,効率性,理解力,判断力 (2) 行政能力:企画・計画・評価,情報収集・活用,意思決定,説明,組織運営,育成・指導 (3) 専門能力:地域診断,保健活動の企画・立案,保健活動の運営,保健活動の評価,個人・家族支援,集団支援,健康危機管理,連携・調整・社会資源開発

市町村合併で,経験年数が少なくてもリーダー的立場を担う保健師がいるなど,偏りが生じていることから,経験年数と立場を目安として,初任期:採用1年未満　新任期:採用後1年～5年未満　中堅期:5年～15年未満　リー

ダー期：15年〜25年未満（担当内のリーダー的役割を担う立場にある者）　管理期：25年以上（部署の管理的役割（業務管理・人材管理）を担う立場にある者）という経験区分も設定した．さらに，実践能力の設定の目安を，経験別にめざす一般目標の目安と，総合的に到達すべき実践目標に整理した．評価指標については，チェックリストとして各経験別の評価シートを作成した．評価シートは，自己評価を行うことによって自分の実践能力の課題を把握し，自己啓発を積極的にすすめる資料として活用することを目的としている．

(3) 市町村合併等にともなう地域保健活動の変化

　市町村の合併が進み，山梨県内でも，小規模ならではの活動を展開してきた町や村の職員は，地域が見えにくくなった，住民一人ひとりの課題や家族保健指導などを，継続して総合的に支援することができにくくなったなどの戸惑いもある．しかし，合併準備期間から関係者が検討会をもち，それぞれの自治体が取り組んできた一つひとつの事業の共有や，そもそもの事業の目的などを検討しあい，よりよい活動を展開しようという職員の役割認識が高まり，合併後も資質を高めたスムースな活動が展開されている自治体があることも事実である．

　また，業務の展開方法が分野ごとであり，関係者が集まって総合的に取り組みにくいということも課題となっている．保健師もさまざまな分野での役割が期待され，業務別に少人数が分散配置されているなかで，多職種と連携し，専門的資質を発揮した仕事ができるよう，自治体ごとに統括保健師を置き，総合的に責任ある業務が展開できるような方策もとられるようになっている．

(4) 関連施策および関係職種の連携と総合的な施策推進

　地域保健法その他関係報告等でも明記されていることは，地域の特性や社会福祉等の関連施策との有機的な連携に配慮しつつ総合的に業務を推進せよというものである．地域保健従事者の資質の向上に関する検討会報告書では，地域

保健従事者を，都道府県および市町村行政の地域保健・福祉部門に所属する医師，歯科医師，保健師，助産師，看護師，准看護師，管理栄養士，栄養士，歯科衛生士，理学療法士，作業療法士，精神保健福祉士等の対人保健サービスに従事する者を念頭に置いている．これらの職員は，これまで保健サービスの提供に重点を置いてきたが，地方分権など地方自治体の役割が変化するなかで行政運営に携わる必要がでてきている．組織の一員としてチームワークを保ちながら業務を展開し，家庭訪問などで住民の生活をとらえ，声を聞き，地域住民との対等な協働関係を築くことができる基本的な能力が求められている．

(苗村久美子)

2 医療制度における看護師の専門性

(1) 看護のはじまり

　家族や親族などによって生活の中で行われてきた病者の看病を，19世紀になってフローレンス・ナイチンゲール（F. Nightingale：1820-1910）が普遍的で日常的な営みを看護 Nursing と名づけてすなわち看護を発見したのである．ナイチンゲールは病気を回復過程ととらえ，新鮮な空気，陽光，暖かさ，清潔さ静かさなど適切に環境を整えることによって，回復過程を阻害せず，促進するように働きかけることが看護であるとした．また，病院の設計や建築，管理運営，そして急速な産業革命の時代背景による社会的な施策が追いついていないことなど，組織的で社会的な実践の重要性を国に提言するなどの活動も行った．このように人びとの命と健康で尊厳ある生活のための活動によって近代看護が始まった．

(2) 保健医療福祉における看護師の役割と位置づけ

① 保健医療福祉の提供施設と看護

　人びとの生活の基盤は自宅であるが，必要時，図5-3に示す医療施設や保健施設，福祉施設を利用する．看護職にとってはそのどの施設においても活動

図 5-3 保健医療福祉の提供施設・機関

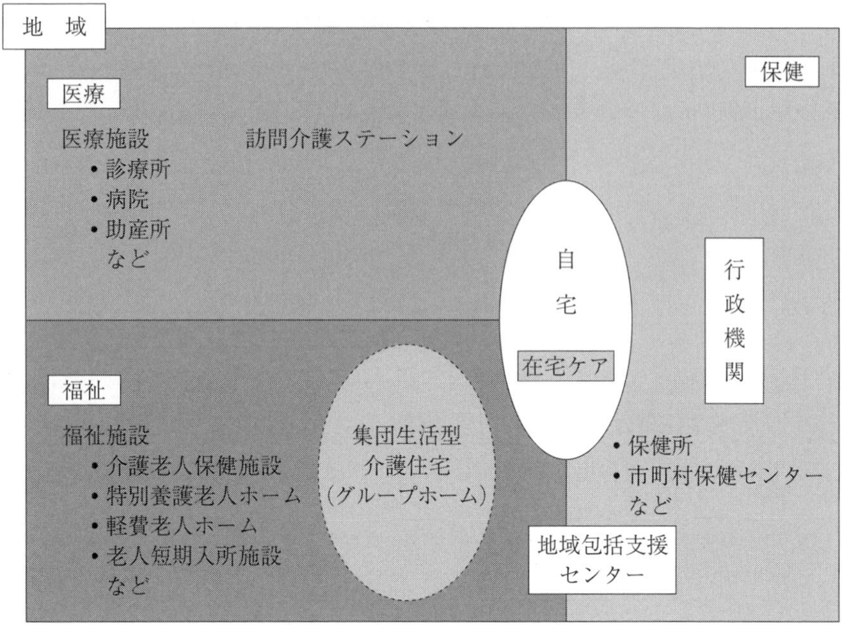

地域		
医療 医療施設 ・診療所 ・病院 ・助産所 など	訪問介護ステーション	**保健**
	自宅 在宅ケア	行政機関
福祉 福祉施設 ・介護老人保健施設 ・特別養護老人ホーム ・軽費老人ホーム ・老人短期入所施設 など	集団生活型 介護住宅 （グループホーム）	・保健所 ・市町村保健センター など 地域包括支援 センター

出典）松木光子『看護学概論』HIROKAWA，127，2011

の場である．看護職には保健師，助産師，看護師があり，いずれも国家試験によって国家資格が与えられ，保健師助産師看護師法の法律によってその身分や役割や活動の範疇などが規定されている．准看護師は都道府県知事によって試験が行われ資格が与えられる．業務について保健師は名称独占であり，助産師，看護師は業務独占である．保健師でないものがその名称を使って業務をなしてはならないが，業務においては保健師が行う業務を看護師も行うことができる．保健師，助産師は看護師の免許を有することが必要条件である．

　看護師の免許を有するものは，診療の補助業務と傷病者もしくは褥婦の療養上の世話が業務範疇である．診療の補助業務は医療行為の禁止であり，医師の指示のもとに行うことを明確にしている．

　近年，高齢化とともに，医療も高度化，複雑化しており，看護師の質の向上

と看護師不足の解消が求められている．また地域においても生活習慣病の増加や予防などへ対応する保健師においてもその質と人員の充足が求められている．とくに看護職の慢性的な人手不足の問題は高齢化するわが国において大きな課題である．

② 看護職の専門性に関わる課題

1）看護師養成教育

看護師の養成は厚生労働省（看護専門学校）と文部科学省（大学，短期大学）で行われ，国家試験をへて資格を取得する．助産師，保健師については専門学校で3年の修業期間の場合はさらに1年以上の教育期間を要する．准看護師から看護師になるには2〜3年の教育期間を経て看護師の資格を取得するコースがある．このように2種の看護職があること，資格取得のコースが複雑であること，2省庁が管轄をしていることなどは看護師養成教育としての課題である．

看護業務の責任として，准看護師は教育期間が短く資格認定が国家資格でないことなどから，法律上は看護師の指示のもとで看護実践を行うとされている．しかし，臨床現場では看護師不足から看護師と同じ看護業務をすることが多く，臨床現場にとってもまた本人にとっても，確実な看護判断や安全性の確保という点で，責任や命令指示系統などの改善が求められている．このようなことから日本看護協会では准看護師制度廃止の方針を示しているが，その歩みは停滞している現状である．

また，看護基礎教育が2省庁の下で行われているが，看護学の確立・発展にともなって，より高度な専門性が求められるようになった．また医療チーム（図5-4）の医師や薬剤師などは大学教育以上の教育を受けている．看護職は看護基礎教育の複雑さから看護の専門性が正当に評価されず，医療チームのなかで対等に働くためにも大学教育は必至であり，その方向に急速に転換されようとしている．

また，看護の高等教育として看護系大学院の修士課程をもつ大学は119校あり，そのうち博士課程を併設している大学は54校となっており，看護基礎教

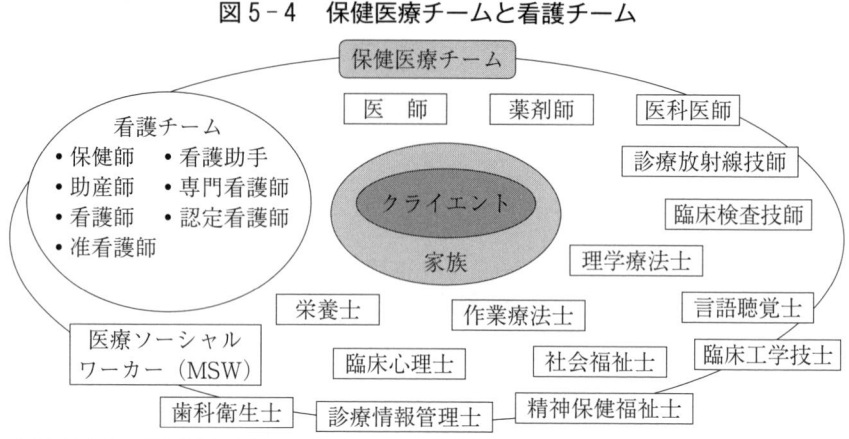

図 5-4 保健医療チームと看護チーム

保健医療チーム：医師、薬剤師、医科医師、診療放射線技師、臨床検査技師、理学療法士、言語聴覚士、臨床工学技士、精神保健福祉士、社会福祉士、臨床心理士、作業療法士、栄養士、診療情報管理士、歯科衛生士、医療ソーシャルワーカー（MSW）

看護チーム：
- 保健師
- 助産師
- 看護師
- 准看護師
- 看護助手
- 専門看護師
- 認定看護師

中心：クライエント・家族

出典）松木光子『看護学概論』HIROKAWA, 133, 2011

育終了後のさらなる専門性の追求のために高等教育課程も急増している（2009年現在）．

看護基礎教育にとって，臨地実習は重要なウエイトを占めており，"看護は実践の科学である"といわれている．臨地で実際に援助する実習を通して，大学で学んだ理論を対象の個別性に応じて科学的に判断し応用し関わることで，対象によりよい変化が生じ，回復過程をたどり健康が保持されることを学ぶのである．看護教員は学生とともに看護を実践し，その対象が健康回復するための看護になりえていたかをふりかえり，実践を積み重ねていく．このように実践現場の協力なくしては看護基礎教育は成り立たないのである．また，卒業したとしてもすぐに看護を実践することはむずかしい現実である．そのため，できるだけ実践現場に近い状況のなかでチームの一員として複数患者を受けもち，夜勤実習を行うなどの実習をとり入れるカリキュラム改正も行われている．

2）卒後教育制度と課題

高齢化の進展，医療技術の高度化，看護業務の複雑化・多様化，活動範囲の広がり――医療現場のみではなく，地域，産業界，学校，福祉施設など――のなか，より専門性の高い看護実践能力をもつ看護職が必要となっている．

そのため，キャリアアップのための教育制度が整いつつある．大学院教育のほか，地域の実践現場の研修や教育，研究，情報発信のためのセンター（山梨県立大学の場合：看護実践開発研究センター）が大学に併設され，卒後教育，研修，研究の拠点になっている．また，県の看護協会もセンターと教育内容をすみわけ，タイアップして卒後教育を行っている．とくに看護実践開発研究センターでは，「認定看護師」の養成課程や「専門看護師」の資格取得のための支援体制，加えて資格取得後も継続した活動を支援し再申請できるような支援態勢も整えている．

さらに2010（平成22）年4月，「保助看法および看護師等の人材確保の促進に関する法律」が改正され，「病院等の開設者等には，臨床研修の実施と，看護職の受講機会の確保への配慮に努める義務がある」と，法律に規定された（2010年施行）．これを受け，「新人看護職員研修」の到達目標，指導のためのガイドラインが示され，企画運営指導する教育責任者への研修が2010（平成22）年度より始められた．この教育責任者を中心に"すべての新人看護職員に研修を"のもと新人看護職員研修が始められている．しかし，看護実践能力の育成や，早期離職防止のために，この制度だけでは十分とはいえない．課題はまだまだ山積している． 　　　　　　　　　　　　　　　　　　　　　　（小林たつ子）

④ 住　　宅

建築士であり，福祉住環境コーディネーターとして，バリアフリー住宅への改修などの仕事を多く手がけ，福祉学科で，福祉住環境の授業をもち，学生たちを教えるなかで，「住宅」という視点から社会福祉を考えてきた．それらを通してみえてきた，社会福祉と「住宅」についての論点をまとめる．

1 建築士として「福祉」に出会う

デザイン事務所に所属していた時，福祉施設のコーディネートの仕事に携わり，そこではじめて「福祉の視点をもって建築を考える」ということに出会っ

た.

　救急治療を終えた慢性期の高齢者が，退院をしたくても自宅では暮らしていけないために入院し続ける「社会的入院」という事実を知り，とても衝撃を受けた．脳血管障害による半身麻痺により車椅子を余儀なくされた高齢者が自宅に帰りたくても帰ることができない現実がある．自宅に帰りたくても，段差があったり広さが足りなかったりと，車椅子で生活できる住環境が準備できないため，治療の必要がなくても入院し続けなければならないのだ．

　建築分野で，さまざまな寸法の基準になっているのは，「平均的な成人男子」である．今でこそ「バリアフリー」という言葉が一般的に使われるようになり，住まいに対する人びとの意識も変わってきているが，長い間，高齢者や障害者，子どもや妊婦など，少数派に対する配慮は行われてこなかった．

　この「住むことができない住まい」の責任は，建築サイドにあるのではないか，建築に携わるものの勉強不足，認識不足によって起こった問題ではないかと考えるようになっていった．

　住まいは，人間が生きていくためにまず必要なものであり，整った住まいに暮らすことは，基本的人権でもある．しかし，住まいの役割はそれだけではない．人間が社会的に生きていくためには，自分や家族や地域の暮らしを大事にする，暮らしに寄り添った住まいとその周りの環境が必要である．

2　建築の法制度と日本の「家」の特徴

　「住宅」領域において基本となる建築基準法は，建築法規の根幹を成す法律であり，「国民の生命・健康・財産保護の最低基準」を指し示す方針を掲げている．この法律には「集団規定」と「単体規定」という区分けがある．「集団規定」は，周りの環境の中で，その建物がどうあらねばならないかを規定している．住宅地と商業地を区分けするという用途地域の規定や，敷地に対する建物の広さや高さの規定により，良好な住環境に配慮している．「単体規定」は，建築物の構造や材料，居住環境に必要な採光や部屋の広さなど，建築物単体の

質を規定している．日本の建築物は，すべてこの建築基準法により，守られている．さらに良質な住宅を担保すべく，「住宅の品質確保の促進等に関する法律」がある．この法に基づき，住宅の性能を公的に指定された機関が評価，表示する「住宅性能表示制度」が設けられている．これらの住宅に関する法律が人の命にとって重要なものであることは，災害で倒壊した家と倒壊しなかった家の違いを知るとき以外，ふだん，一般の人たちはあまり気づいていないことかもしれない．

　そして，「住宅性能表示制度」の一部に「高齢者などへの配慮」に関する項目が設けられ，5段階評価で評価される．そのような制度があったとしても，日本の住宅は，高齢者や障害者にとって，住みやすいものになりにくかった．

　そこには，日本の住宅の伝統や文化的背景がある．今でこそ資材は多様になってきたが，もともと日本では，家は，国土の7割近くが森林であることもあり，木で建てられてきた．欧米と異なり，島国で自然災害とともに生きるなかで，壊れることを想定にいれた木と紙の文化を基盤にした家づくりだったのかもしれない．そして，高温多湿な気候のため，より床下に風を通すため，また靴をぬぐ文化ゆえ，内と外を玄関の段差によって区分けするため，住居の床は，地面より高く上げられた．浴槽にゆっくりつかり，洗い場で体を洗う入浴文化により，水仕舞いのために浴室の床は脱衣室の床より下げられた．畳と板床が混在する造りのため，和室と廊下には床の厚みの違い分だけ段差ができた．また，床を高くすることがステータスでもあったので，客間の床は，必要以上に高くされている家もある．このように日本の伝統的な住宅は，そこここに段差が多い造りであり，足腰の弱った高齢者にとって，けっして安全なものではなく，車椅子使用者は，家で暮らしていくことができないのである．

　日本の家は，尺貫法という単位を使用して建てられている．尺，寸，分，厘という単位を使い，基準となる1尺は，約303mmである．この1尺をモジュールに間取りが考えられ，とくに詳細な図面がなくても大工により家が建てられるというメリットがあった．しかし，廊下やトイレの幅，またドアなどの開

口部は，尺モジュールで考えると，車椅子が移動したり，介助が必要な生活には，狭くて使いづらい．90度に曲がった廊下では，車椅子が回転できずに通れないということも起きてきていた．

3 バリアフリー住宅の促進と介護保険

バリアフリーの各種法律，介護保険制度が整備されるなかで，「バリアフリー」という言葉が世の中に浸透していった．介護保険の住宅改修費の支給が始まり，一番ネックであった費用の壁もある程度は取り払われたことにより，福祉住環境整備は，身近なものになりつつある．

介護保険が始まった当時，住宅改修費支給の利用を勧めても，「福祉は措置」という考えから抜けだせず「恥ずかしい」という言葉や，隣近所で整備をした人がいるかどうかを気にする人が多かった．しかし，介護保険の認知度が高まるにつれ，そういう場面は見られなくなっている．むしろ，住宅改修をしたいので介護認定を受ける，という人が出てきている状況である．

筆者が関わった高齢者の住宅のバリアフリーに関する事例をここで紹介する．「施主」は，70代前半の男性．脳梗塞により入院，左片麻痺になったが，退院が決まって介護保険の申請をし，住宅改修が完了したら退院することになった．ケアマネージャーの呼びかけで，本人が一時帰宅をする日に合わせて，関係職が集まり，今後の暮らしについての打ち合わせをすることが決まった．

当日の参加者は，病院からPT，OTが同行し，同居する妻，市内に住む娘家族，訪問介護のヘルパー，福祉用具専門業者，福祉住環境コーディネーター（筆者），ケアマネージャー．当時から担当者会議の必要性はいわれていたが，一般的に開催されることは稀であり，まして福祉住環境コーディネーターは住宅改修業者という位置づけしかないことから会議によばれることはまずないというなか，担当のケアマネージャーが招集したこの事例は「よい事例」である．

まず，PT，OTから，動線や手すり位置，段差の解消などの確認，指導があった．寝室からトイレへ車椅子で移動することができず，ポータブルトイレ

の使用が提案されたが，筆者が，家の構造を考慮しながら，寝室と隣接するトイレの間の壁を撤去し，寝室から直接トイレに入るという方法を提案して実現した．そのほか自宅での生活がうまくいくような手立てをご本人の意向を確認しながら各専門職が議論していった．こうして関連職種が，それぞれの知識を持ち寄って，退院後の本人や家族の暮らしを思い描くなか，退院後の生活へスムーズに移行された．これはいわば「成功事例」といえよう．

　しかし，そうはうまくはいかない．

　介護保険の住宅改修費支給制度にもいくつか問題がある．まず，改修項目が限定されているということである．どんな暮らしがしたいか，ということより，どの項目が必要か，もしくはどの箇所に手すりや段差の解消が必要か，ということが話の中心になるという本末転倒のことが当然のように行われている．本人や家族が自宅で安心安全，快適に暮らしていくように検討しても，現在の項目では該当しない内容もある．しかし，費用の問題であきらめるケースがある．また，住宅改修費の支給の限度額の問題である．住宅改修費の支給は，20万円までの工事を一割負担で利用できる．超えた分は自己負担となるため，改修内容が「20万円の範囲内で何ができるか」という発想になりがちである．その他，償還払いや手続きの煩雑さなど，利用しにくい問題も抱えている．

　福祉住環境整備のとりかかりは，「どこに手すりを取り付けるか」ではなく「どんな暮らしがしたいか」であるということである．ゆえに，バリアフリー＝段差の解消，手すりの取付という認識は，問題なのである．

4　「福祉住環境」の課題

　ここで，「福祉住環境コーディネーター」について，若干，説明をしておく．この資格は東京商工会議所が行う検定試験で取得される．高齢者の住まいを考えるとき，本人や家族以外の，支援する人たちとの連携が必要であり，それをコーディネートする人材を養成する必要があるということから，1999年に資格化された．1級から3級まである．2005年には1級の検定試験が開始して

いる．

　住宅設計の仕事においては，住む人たちの暮らし方をていねいにヒアリングし，その暮らし方をいかに住まいに反映していくかということを大切にしている．住まう人の要望を聞き，問題点を整理し，制度に照らしあわせ，法に沿ったものを提案していくという過程は，ソーシャルワークに似ているかもしれない．

　介護保険下では，この役割はケアマネージャーが負うこととなっているが，ケアマネージャーには，建築の知識を持ち合わせている人はほとんどなく，建築サイドにも福祉の知識や理解がなく，計画が難航するケースも見られる．そう考えると，福祉住環境コーディネーターの存在意義は大きい．

　これからの新築住宅は，建物本体の質や内部環境の質が，長く住み続けられるよう工夫されていくことだろう．しかし，平均的な「健常者」モデルで進めてはならない．誰もが，人生のどの時期にあっても，安全や安心が保証され，その上に「自分の暮らしたい暮らし」ができるようになって，はじめて暮らしが「快適」であるといえる．「人間的な生活」は，その上に成り立つ．さらに，「住まい」は，家の中だけを指すわけではなく，周りの環境も含んでいる．住まいが地域にたいして，どう関わっているのか，どう関わりたいのかということは，住まいのつくりにも大きく影響してくる．

　阪神・淡路大震災の際の仮設住宅が，「公平性」という名のもとに，地域コミュニティを考慮せずに抽選で決められたため，隣近所がバラバラになった．地域が寸断されたことも，仮設住宅での「孤独死」の一因と考えられる．ちなみに，悲しいことに，「孤独死」という言葉は，この時，生まれた．東日本大震災では，その教訓を踏まえ，地域コミュニティを考慮した復興計画が進んでいくよう願う．また私たち「住宅」の専門職がそこに関わることができるよう努めたいと思う．被災された方々の痛みをおもんばかると軽々とはいえないが，「復興」という「再生」にあたり，住宅や住環境について，原点に立ち返って考えるチャンスが与えられたと認識することもできよう．「住まい」と「暮ら

し」のあり方を見つめ直し，建物の性能はもちろんのこと，暮らし方も含めた住まいの再生を成し，日本中の家づくり，まちづくりのモデルとなることを願う．

　限られた紙幅のなか，「ホームレス」という名で呼ばれる，貧困問題のなかに住宅問題を抱える人たちのこと，高齢者だけが住まう「シルバーハウジング」「シルバータウン」の不自然さ，持家政策に邁進し，庶民に何千万という生涯賃金の大方の借金を背負わせてきた日本の住宅政策，高齢者や障害者のニーズに十分こたえていない公営住宅等の課題には触れることができなかったが，社会福祉に関連する，日本の「住宅」にはまだまだ課題がたくさん残されている．

　福祉関係者には，狭いバリアフリーという理解にとどまらず，「雨風をしのげる生きるための住まい」の意義を基本におきつつ「家族，そして一人暮らし・単身者も安らぐことができるための住まい」について考えてほしいと思う．

(溝呂木百合)

引用・参考文献

① 古川孝順『社会福祉の拡大と限定―社会福祉学は双頭の要請にどう応えるか』中央法規出版，2009 年
② 寺崎弘昭・周禅鴻『教育の古層―生を養う』かわさき市民アカデミー出版部，2006 年
③ 鈴木七美他編著『高齢者のウェルビーイングとライフデザイン―「心地よい生」を考える』御茶の水書房，2010 年
④ 憲法普及會編『新憲法と文化・新憲法と勞働』国立書院，1948 年
⑤ 『厚生労働白書』各年版
⑥ 濱口桂一郎「労働市場のセーフティネット」独立行政法人労働政策研究・研修機構，2010 年
⑦ 宮沢俊義『日本国憲法』日本評論社，1955 年
⑧ 山梨県訪問看護推進協議会「訪問看護実態調査報告書」2007 年 3 月
⑨ 山梨県在宅ホスピス地域連絡会議「在宅ホスピス地域連絡会議報告書」2008 年 3 月
⑩ 厚生労働省「医療提供体制の改革ビジョン」2003 年 8 月

⑪　政府・与党医療改革協議会「医療制度改革大綱」2007 年 12 月
⑫　地域保健従事者の資質の向上に関する検討会「地域保健従事者の資質の向上に関する検討会報告書」2003 年 3 月
⑬　地域保健法：地域保健対策の推進に関する基本指針
⑭　地域保健従事者の資質の向上に関する検討会「地域保健従事者の資質の向上に関する検討会報告書」2003 年 3 月
⑮　福祉住環境コーディネーター検定試験 2 級公式テキスト
⑯　早川和男『居住福祉』岩波書店（岩波新書），1997 年
⑰　額田勲『孤独死―被災地神戸で考える人間の復興』岩波書店，1999 年
⑱　東京商工会議所編『福祉住環境コーディネーター検定試験 2 級公式テキスト』2007 年

学びのオリエンテーション

地域を基盤とした専門職連携教育と実践

近年，世界的な潮流となっているのが，Interprofessional Work（以下，IPW）「専門職連携実践」をめざす Interprofessional Education（以下，IPE）「専門職連携教育」である．IPE とは，複数の領域の専門職者が連携およびケアの質を改善するために，同じ場所でともに学び，お互いから学び合いながら，お互いのことを学ぶこと，と定義されている（CAIPE：Centre for the Advancement of Interprofessional Education., 2002）．この背景には，福祉専門職が，利用者の尊厳や自立などの価値を基盤に潜在的なニーズや地域課題を見出し，支援していくうえで，保健医療・福祉・教育などの多機関・多職種におけるさまざまな障壁や葛藤に対峙しつつも，変革や新たなサービスの創造をめざす'協働'実践が不可欠な現状がある．

ここでは，社会福祉と医療等の5学科による IPE と地域を地盤にした IPW が，政策にも影響をもたらした本学の事例を紹介する（図5-5は埼玉県の比企圏域・東松山市での6年間の実践概要）．担当地域では，IPE・IPW を進めるべく専門職連携推進会議（行政や社会福祉協議会，医療機関・大学など）を設置し，地域の課題（認知症高齢者の医療ニーズ）を共有し，その解決を図るための活動母体（考える会）や認知症ガイドなどの社会資源を創出してきた．

第一段階では，連携推進会議メンバーが，卒業間近の多学科学生による IPE を通じ，制度の狭間で苦悩する認知症高齢者や家族が適切な医療を受療できていない実態を認識し，地域課題とすることを共有した．第二段階では，推進会議が IPE を展開する過程とそのリフレクション（省察）により，全国的な問題として認識されつつある深刻なニーズの全体像を整理し，課題解決をめざして目標を共有した．そして，一連の IPW の取組みを地域に還元すべく方策を探求した．第三段階では，病院ボランティアや早期受診と診断・身体拘束への対応，認知症ガイドの作成などの具体的な成果

図 5-5

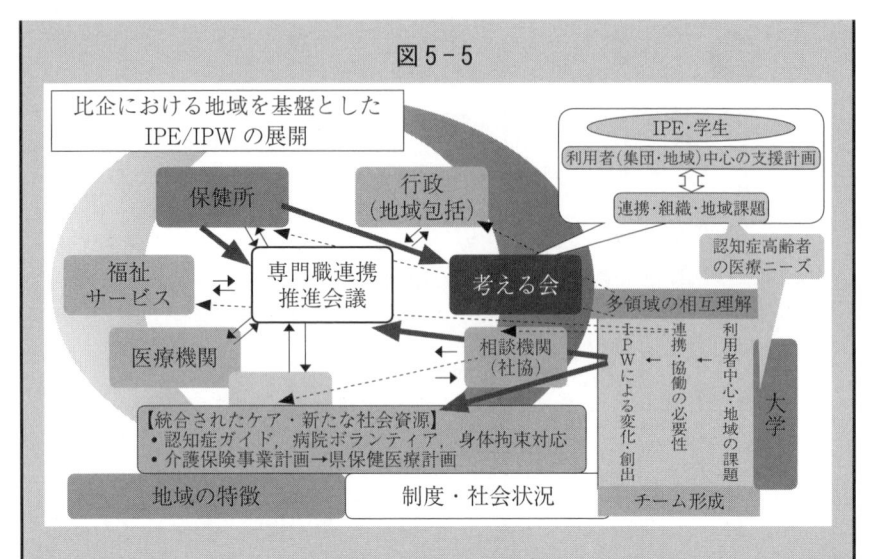

比企における地域を基盤とした IPE/IPW の展開

【統合されたケア・新たな社会資源】
・認知症ガイド，病院ボランティア，身体拘束対応
・介護保険事業計画→県保健医療計画

を，民生委員や住民，専門職に広く共有することで地域のネットワーク拡大を指向してシンポジウムを開催した．そして，その結果やプロセスが広く市民や行政に認識されたこと，さらに，介護保険事業計画において，市町村の実情に合った認知症利用者が抱える医療ニーズへの対策が求められたことから，本市の介護保険事業計画策定に影響をもたらすことができた．

社会福祉専門職は，地域や多職種チームが当事者主体である真の利用者ニーズを中心としたアセスメントに基づく計画作成，実施・評価が展開できるよう，責任が曖昧な地域や役割が複雑な組織についても，働きかける力量が求められるが，それは容易なことではない．本事例は，'利用者は何を求めているのか，専門職は何ができるのか' という観点から IPW を試行錯誤する意義を明示している．とくに，多忙な実践者が，教育・研究機関である大学と連携・協働することにより，わが国特有の複雑な制度による解決困難なニーズも先駆的に見出し，対峙する可能性を共有したい．

参考文献
『IPW を学ぶ―利用者中心の保健医療福祉連携』中央法規出版，2009 年

(嶌末憲子)

第6章
海外に学ぶ

「海外の福祉に学ぶ」と聞くと，いったいどのようなことが思い浮かぶだろうか？　授業や新聞記事では，アメリカやドイツ，スウェーデンの福祉に関するエピソードや先進的な取り組み事例が紹介されることが多い．
　ここでは，筆者が主な研究対象としているフィンランドの事例を取り上げてみよう．フィンランドは，ヨーロッパの北東端に位置する人口約530万人の国である．OECD（経済協力開発機構）の実施した学習到達度調査では開始以来連続して優れた成績を収め続け，教育システムが注目されている．調査の結果分析からは，フィンランドでは学校間での成績の開きが小さく，成績の低い子どもの割合が小さいという特徴を見出すことができる．ここから，住んでいる場所や家庭環境，経済環境によって子どもの学習到達度が比較的左右されにくいことが推測できる．そこで，フィンランドの子どもの生育環境について社会制度の側面から見てみよう．たとえば，出産・子育てのための費用負担が比較的少ない．母親は妊娠すると母子専用の無料クリニックで検診とその後の健康管理を受けることができる．決められた期間までにクリニックで検診を受ければ，出産とその後の子育てに必要なものがセットになった母親パックが支給される．この制度は，母子の健康管理を早期に始めること，良好な出産・子育て環境を確保することの両方に役立っている．出産の処置費も無料である．産前・産後の母親には仕事の有無に関係なく出産手当が支給され，自宅で子育て（3歳まで）をする母親には在宅保育手当が支給される．さらに，子ども手当は17歳まで支給される．家族の子どもの数が多いほど一人当たりの額も上がる．共働きが普通であるが保育所の利用料は日本に比べればはるかに安く，待機児童はごくわずかである．学校はほとんど公立で，公立の学校教育にかかる費用は大学に至るまで給食費を含めてほぼ無料である．このように，子どもを産み育てることに大きな費用がかからない．これは，生まれ育った家庭の経済条件に左右されずに，子どもが成長し，自分の能力を発揮する機会を得ることができるということでもある．学習到達度調査の良好結

果の背景には，このような子ども・子育て環境があることは見逃せない．同時に，国内に居住するすべての子どもが原則としてこれらのサービスの対象となり，利用できることも重要だろう．

　さて，このような話を聞くと，「北欧の事例を参考にして自分たちの社会の福祉制度の向上に役立てよう」と思う人もいるかもしれない．しかし，海外の事例についてこうしたとらえ方をすると，多くの誤解が生じるのではないだろうか．事例にはもちろん参考となるアイデアや仕組みが多くあるかもしれないが，別の視点からとらえれば課題もあるからである．また，個別の事例は社会全体とのつながりをもっている．どんなに「すばらしい」と思われた事例も社会の文化や慣習，制度とちぐはぐな関係であれば，導入することで多くの問題を引き起こす可能性がある．

　では，なぜ私たちはこのような海外の事例を参考にしようとするのか．筆者は，自分自身，自国，自分の直面している現状について知るためだと考える．たとえば，フィンランドの事例を読んで，「どこが良いのかわからない」と思った人がいるかもしれない．情報は単体では評価が難しい．しかし，「他」と比較してはじめて「自」の評価が可能になる．日本の状況について知っている人が読めば，日本との違いがはっきりと見えるだろう．多くの情報を得て，それらをもとに比較しながら評価をすることで，私たちは「自」をより深く，多面的に理解することができる．フィンランドの事例から，逆に，手当や制度が整っていなくても親が子どもを慈しみ育てることを当然と考える日本の家族関係や社会・文化的側面に気付いた人もいるだろう．本章で紹介される海外の事例と分析から，皆さんが日本の社会福祉について新しい気づきを得ることを期待したい．

（藪長千乃）

1 ドイツの社会保障・社会福祉

1 ドイツの社会保障制度・社会福祉の概要

　ドイツの社会保障制度の目的は，基本法に謳われている社会的公正と社会的安定を制度的に保障することにある．こうした社会的基本権の実現が社会政策の目標とされており，それを具体化するための社会保障制度の中核として，年金保険，医療保険，失業保険，労災保険，介護保険がある．これらの制度は，適宜，社会法典に編入され，求職者基礎保障やその他の制度とともにドイツ社会保障を形成している．(表6-1)．日本の社会福祉に該当する基本的なものとして児童および青少年扶助と社会扶助がある．

表6-1　社会法典

		編入年
第1編	総則（allgemeiner Teil）	1976年
第2編	求職者基礎保障（Grundsicherung Für Arbeitsuchende）	2005年
第3編	雇用促進（Arbeitsförderung）	1998年
第4編	社会保険の共通規定（Gemeinsame Vorschriften für die Sozialversicherung）	1977年
第5編	公的医療保険（Gesetzliche Krankenversicherung）	1989年
第6編	公的年金保険（Gesetzliche Rentenversicherung）	1992年
第7編	労災保険（Gesetzliche Unfallversicherung）	1997年
第8編	児童および青少年扶助（Kinder-und jugendhilfe）	1991年
第9編	リハビリテーション及び障害者の参加（Rehabilitation und Teilhabe behinderter Menschen）	2001年
第10編	手続きおよびデータ保護（Verwaltungsverfahren, Schutz der Sozialdaten, Zusammenarbeit der Leistungsträger und ihre Beziehung zu Dritten）	1981年
第11編	公的介護保険（Soziale Pflegeversicherung）	1995年
第12編	社会扶助（sozialehilfe）	2005年

2 社会保険

(1) 法的年金保険

　ドイツの法的年金保険は，1889年に制定された「廃疾・老齢年金保険法」が始まりであるが，その後いくつかの改正を経て今日に至っている．公的年金保険制度は，被保険者が老齢となり稼働能力が減少または死亡した場合に，減少したあるいは得られなくなった収入について代替給付を行う．1階建ての，いわゆる現業労働者と職員を対象とする「一般年金保険」，および鉱山従事者のみを対象とする「鉱山労働者年金保険」の2つの制度からなる．保険者は地方保険者およびドイツ年金保険組合，ドイツ鉱山・鉄道・海員年金保険組合である．職域ごとに分立していたが制度の統廃合が進められている．基本的には強制保険であり，適用対象者は，原則として「労働報酬を得て働いている者」である．また教師，助産婦など特定のグループの自営業者や被用者類似の自営業者（arbeitnehmerähnliche Selbstständige：保険加入義務のある被用者を雇用せず，かつ1人の依頼人のためだけに活動する自営業者），兵役・兵役代替業務に従事している者，傷病手当や失業手当Ⅰなど賃金代替給付を受給している者，在宅で介護をしている者，児童養育期間中の者なども強制被保険者となる．ただし，別の職種別の保障制度があるために免除される職種等もある．他方，加入義務のない者であっても，満16歳以上のすべてのドイツ人および国内に居住する外国人は，任意加入することができ，日本より多くの者へ門戸を開放している．

　給付が受けられるのは，老齢，稼得能力の減少，死亡という3つである．支給の条件は，通常の老齢年金の場合は，原則，満65歳以上（2012～2029年にかけて67歳へ引き上げられる予定）で，かつ5年間の一般的な待機期間を満たすことで，繰上げ・繰下げ支給がなされる．財政方式は世代間契約の考え方に基づく賦課方式，財源は保険料収入と連邦補助金である．少子高齢化により，保険料率は上昇傾向にある．失業手当Ⅰ受給者の保険料は連邦が負担する．また法的年金保険の加入が免除された失業手当Ⅱ受給者の保険料も連邦から補助金と

して支払われる．任意加入被保険者の場合は全額自己負担である．

年金額については，報酬比例の賃金スライド制を採用しているが，2005年から，被保険者数に対する年金受給者数の比率を年金額に反映させる「持続可能性要素」が導入された．2007年の給付水準（旧西ドイツ地域）は，現役世代の平均可処分所得の51.1％であるが，「公的年金保険持続法」（2004年成立）により，将来（2030年）43％を下回らないようにするとされた．

年金額は現役時代の賃金を基準とするため，個人差が大きく，とくに育児や介護に関わることが多い女性や障害者等の年金水準を低下させる要因ともなる．このため育児期間を考慮した年金額が設定され，この期間の保険料は全額公費で補助し家庭で介護に携わった場合には，要介護と介護時間に応じて介護保険制度から年金制度に保険料が支払われる．これは年金給付の財源に連邦からの補助金が投入されていることや連帯の原則に基づくものである．

ドイツの年金制度は，高齢期の賃金という意味合いをもち，等価性の尊重，貢献原則，現役時代の生活水準の維持という考え方が根底にある．しかし，少子高齢化がすすむなか，支給開始年齢の引き上げ，給付水準の低下など日本と同様の課題に直面している．なお，日本とドイツの間の年金制度に関する国際協定は，1998（平成10）年に署名され，2000（平成12）年より，発効されている．

(2) 公的医療保険

公的医療保険制度は，被用者を中心とし，一部の自営業者，失業手当Ⅰなどを受給している失業者，法的年金受給者などを対象とした一般制度と自営農業者を対象とした農業者疾病保険からなり，強制被保険者および任意加入被保険者，家族被保険者により構成されている．皆保険体制ではなく，実際に公的医療保険でカバーされている者は全国民の約85％である．2009年1月以降，公的医療保険に加入していない者については，原則として，公的医療保険または民間医療保険に加入することとされた．

保険者は疾病金庫という公法上の法人である．また，疾病金庫のための医療

サービス機関（MDK）があり，介護保険の認定や各金庫に対する助言などを行っており，財政は疾病金庫と介護金庫が折半で負担している．なお，医療保障制度の効率化を目的に疾病金庫の競争を促進するため，一定の条件の下，法が規定する疾病金庫の中から自身の加入する保険者を選択することができる（各疾病金庫は，独自の保険料率を設定する）．公正な競争の前提条件の整備のために，被保険者の年齢，性別，障害年金受給の有無，家族被保険者数，基礎収入の格差などに関するリスク構造調整がなされる．

　保険給付は，疾病の治療および予防，早期発見のための給付などの現物給付を中心とし，傷病手当金などの金銭給付も行われている．また，2004年より，自己負担として外来診療の診察料や原則1割の薬剤負担などが導入されている．

　財政方式は賦課方式であり，原則として，保険料により賄われ，公費負担はない．保険料負担は原則，労使で負担するが，年金受給者の場合は受給者と年金保険者による折半負担となる．失業手当Ⅰ受給者の保険料は連邦が負担する．公的医療保険の加入が免除された失業手当Ⅱ受給者の保険料も連邦から補助金として支払われる（失業手当Ⅱ受給者は，保険料支払いの経済的負担なしに公的年金保険に加入できる）．

(3) 労災保険

　労災保険の保険者は，職域組合，農業組合，労災保険基金（公共部門職員用）の3部門から構成されている．強制被保険者は，被用者，職業訓練生などの就業者のほか，家内労働者，社会福祉事業や災害援護事業の従事者，未就業者（学生，生徒，園児），要介護者の介護者などとなっており，労働災害・職業病のみならず，広く社会的被害に対する補償制度としての役割をもつ．

　給付の内容は，①医学的リハビリテーションを含む治療行為，②職業参加・社会参加のための給付，③要介護状態の場合の現金給付，④治療・職業的リハビリテーション中の現金給付，⑤年金である．財政方式は賦課方式，財源は事業主の保険料で，原則として公費負担はない．公共部門職員用の労災

保険基金は，使用主である連邦・州・市町村等によって保険料が負担される．

(4) **失業保険**

　失業保険の保険者は連邦雇用エージェンシーであり，強制被保険者は週15時間以上就労する満65歳未満の就業者とその他の加入義務者である．家族を介護している者は失業保険の適用除外であったが，自営業者にも2006年2月から自発的に保険料を納付することで失業保険制度への任意加入を認めている．一方，就業不能の者および官吏や裁判官，職業軍人などは加入義務がない．

　ここでは日本の雇用保険の求職者給付に相当する失業手当Ⅰを紹介する．失業手当Ⅰを受給するためには，すべての失業者について，離職の日前2年間に12ヶ月以上の保険料納入が義務づけられており，受給要件として，① 失業中であること，② 雇用サービス局に本人が求職申請していること，③ 受給資格期間を満了していること，そのすべてを満たすことが必要である．支給期間は表6-2のとおりである．

　財政方式は賦課方式であり，保険料，賦課金，連邦の支出，その他の収入からなり，公費負担はない．保険料率は2009年以降，失業前賃金の3.0％であり，労使折半となっている．また，55歳以上の失業者を新たに雇用した事業

表6-2　失業手当Ⅰの支給期間（2008年1月1日以降）

年齢	被保険者期間							
	12カ月以上	16カ月以上	20カ月以上	24カ月以上	30カ月以上	36カ月以上	48カ月以上
50歳未満	6カ月	8カ月	10カ月	12カ月			
50歳以上55歳未満	6カ月	8カ月	10カ月		15カ月		
55歳以上58歳未満	6カ月	8カ月	10カ月			18カ月	
58歳以上	6カ月	8カ月	10カ月			18カ月	24カ月

出典：連邦労働・社会省 "Sociai Security at a Glance"

主は，失業保険料が免除される．これは事業主の高齢者雇用促進意欲を高めることを目的としている．なお，連邦雇用エージェンシーに払い込む保険料は，失業手当Ⅰの給付金と並んで，労働者が職業の継続教育のための施策に参加した場合の必要経費や，こうした措置の運営にかかる費用，就職に際して特別な訓練や教育が必要な労働者のための助成金，公的な雇用創出策やその他多くの施策の資金となっている．これらの財源として保険料収入が不足した場合は，政府が補助金を支出する．失業手当Ⅰ自体は非課税で，受給期間中の法的年金保険および公的医療保険の保険料は連邦雇用エージェンシーが負担する．

(5) **介護保険**

　公的介護保険は，1995年に立法化された．保険者は，公的医療保険の保険者である疾病金庫に併存された介護金庫であり，被保険者は疾病保険の被保険者である．また疾病保険の被保険者の配偶者，事実上の配偶者および子（原則18歳未満）といった被扶養家族も介護保険の加入者となる．わが国と異なり，被保険者および被扶養家族は，法の定める要介護状態にあれば，年齢・原因を問わず，介護保険の給付を受けることができる．要介護状態とは，肉体的・精神的・知的疾病または障害のために日常的かつ規則的に繰り返される活動について，かなりの程度の援助を必要とする状態が6カ月以上継続，または継続が予見されうる場合のことをいう．給付を受けるためには，わが国と同様，要介護認定を受ける．認定の等級は3段階である．サービス受給にともなう利用者負担はなく，要介護者は支給限度額までは負担なしにサービスを利用できる．給付の内容は，在宅介護給付および施設給付介護，在宅給付介護は，現物給付と現金給付のいずれか単独でも，両方の組み合わせでも選択可能である．なお，金銭給付の場合には，介護金庫が依頼したソーシャルステーションなどの指定訪問介護事業者による助言のための定期的な訪問が課せられる．

　財政方式は賦課方式であり，保険料収入のみによって賄われ，公費負担はない．一般の被用者の保険料は，一部の州を除き労使折半であり，社会扶助受給

者や失業手当受給者の保険料は関係法の規定により，各支給機関が負担する．保険料率は賃金の1.95％であり，2005年以降，23歳以上の被保険者に関しては，子の有無により保険料率が異なる（子のない保険者に0.25％の付加）．また，介護に従事する家族等が家庭で介護に携わった場合には，要介護度と介護時間に応じて，介護保険制度から年金制度に保険料が支払われ，その家族等が在宅介護に従事している間，労災保険の保護を受けることができる．介護を終了し就業に復帰しようとする際に職業再教育を受ける場合には生計手当を受給できる．

なお，介護保険は，一般的な要介護のリスクに対応することを目的としており，介護保険が要介護者に対して介護給付を行う唯一の制度ではなく，介護保険導入後も社会扶助などにより一定の要介護者に対する給付が行われる．日本の生活保護に相当する社会扶助には，いわゆる補足性の原理が適用され，介護保険の給付が介護扶助に優先するが，この規定は，介護扶助の対象者が受給要件を満たすことによって介護保険の給付を受給することができる場合を想定している．つまり，介護を必要とする者のうち，介護保険の被保険者や要介護者に該当しない者，給付受給要件を満たさない者は介護扶助の受給が可能となる．介護保険の給付を受給できる者であっても，その給付だけでは介護ニーズを充足するのに十分でない場合には，介護保険の給付だけでは満たされない部分に対して介護扶助が給付されることもある．

3 社会扶助

ドイツの社会扶助は，日本の生活保護法と福祉サービス法の一部を含んだ制度である．2005年1月，労働市場改革関連法の一環として失業扶助と社会扶助の統合が実現し，社会扶助の対象は就業が不可能な者とその家族に限定された．就業可能な場合は「求職者基礎保障」（失業手当Ⅱ）を申請することになった（図6-1）．

ここにいう「就業可能な者」とは，疾病あるいは障害などの理由により，労

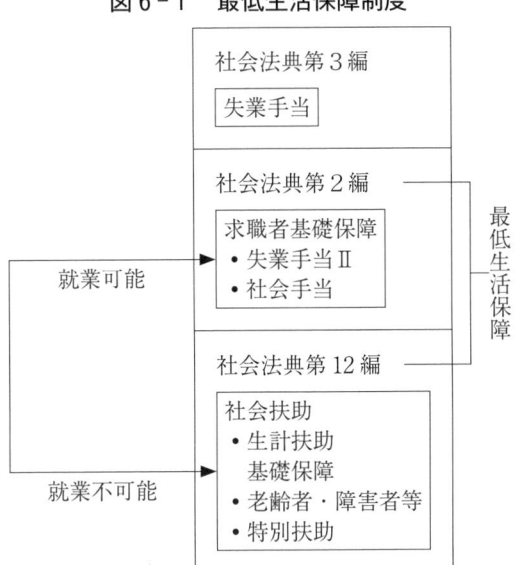

図6-1 最低生活保障制度

```
社会法典第3編
  失業手当

社会法典第2編                    ┐
  求職者基礎保障                  │最
    ・失業手当Ⅱ                  │低
    ・社会手当                    │生
                                  │活
就業可能                          │保
                                  │障
社会法典第12編                   │
  社会扶助                        ┘
    ・生計扶助
      基礎保障
    ・老齢者・障害者等
    ・特別扶助

就業不可能
```

出典：Klinger/kunkel/Peters/Fuchs, Sozialhilferecht-SGB X Ⅱ mit SGB Ⅱ und AsylbLG, 2005, Nomos. S. 7.

働市場の通常の条件の下で，毎日少なくとも3時間の就業ができない者以外の者をいい，「扶助を必要とする者」とは，自分自身およびその家族の生計費を自らの資力および能力ではすべて賄うことができない者である．

　社会扶助の目的は，人間の尊厳に相応しい最低限の生活を保障することで，社会保障制度の最後の砦となっている．当然ながら，自己の労働力や所得・資産によって自立できる者や，必要な給付を社会保険等（失業手当Ⅱ含む）から受給している者は，社会扶助の受給はできない．給付は，①生計扶助，②高齢者・障害者基礎保障，③特別な状況におけるその他の扶助（以下「特別扶助」という）の3つである．

(1) **生計扶助**

　生計扶助は，社会法典第2編による給付も同12編第41条から46条による

高齢者・障害者基礎保障も受給していない者で，必要生計費を自己の所得や資産によっては調達できないか，または十分に賄うことのできない場合に，社会法典第12編第27条から第40条の規定に基づいて給付される．生計扶助は，通常基準と各種の加算措置で構成されるが，通常基準は世帯主とその世帯構成員を区別して定められ，失業手当Ⅱ・社会手当と同水準である．各種の加算措置としては，① 追加需要加算，② 住居費および暖房費，③ 一時需要加算，④ 健康保険および介護保険の保険料，⑤ とくに困難な状況における特別需要加算などがある．

(2) 高齢者・障害者基礎保障

高齢者・障害者基礎保障の受給資格者は，自己の所得および資産で自らの生計費を調達できない65歳以上の者，あるいは18歳以上の者で，そのときの労働市場の状況にかかわらず，「完全な」稼得能力の減退（病気または障害が原因で，1日に少なくとも3時間の就業が可能でないため，職業紹介の対象にならない者）に該当し，当該状態が除去される見込みがない者である．

高齢者・障害者基礎保障の内容やミーンズテストをともなう点は生計扶助と同様である．ただし，その給付は生計扶助に優先し，申請書の提出がなければそれを受給できない．この点は，社会扶助が申請書の提出の有無にかかわらず，実施者が社会扶助実施の要件の存在を知ったとき，職権で直ちに保護が開始されるのとは異なる．また，高齢者・障害者基礎保障は，その申請資格のある者が高齢者・障害者基礎保障の請求をした場合，扶養義務者のある家族（子または親）の年間総収入が10万ユーロを超えない限り，扶養義務は考慮されない．この点も生計扶助と異なる．

(3) 特別扶助

特別扶助は，保健扶助，障害者社会統合扶助，介護扶助，特別な社会的困難を克服するための扶助，その他の境遇に対する扶助の5種類である．

4 児童手当

　児童手当は，通常18歳未満の児童（学生等は25歳未満，失業者は21歳未満）のすべてに所得制限なしで支給する普遍的制度である．ただし，18歳以上の児童については，本人の所得に関する条件がある．支給額は，2010年以降，第1子および第2子については月額184ユーロ，第3子は190ユーロ，第4子以降については215ユーロが支給される．児童手当を受給するには，書面による申請が必要である．自らの生計は賄えるものの，同居する25歳未満の子の生計を賄うには足りない所得しかない親に対し，子1人あたり月額最高140ユーロの児童付加給付が支給される．この制度は，2005年1月，ハルツⅣ改革と同時に，子の扶養のため親が失業手当Ⅱの受給者に転落することを防止するために導入された．なお，年金保険または労災保険の年金受給者は，年金に加算される児童加算を受けている場合は児童手当を受けることはできないが，加算額が児童手当より低い場合は，差額が児童手当として支給される．また低所得のため所得税の児童控除を全部あるいは一部しか利用できない者は，児童手当加算が受けられる．児童手当の財源は全額公費により賄われる．　　　（田畑洋一）

事例　小さな農村コミューン（フランス）の自治―まちづくりとプロキシミテ
　　　（Proximité）
　アキテーヌ州アントレ・ドゥ・メール地方のとある村，人口は約800人，役場は毎日開いておらず，職員も一人，メール（首長）と14人の議員がコミューン運営を担っている．村長と議員は，別に自分の仕事をもち，毎月，一回，コミューン議会を開き，年度予算からキャンプ場のマナーに至るまでまちづくり戦略を議論している．まちには，パン屋と美容院，日用雑貨店，レストラン，郵便局が1軒ずつあり，足りないものは，インターネットで買うか，車に乗って隣町の大型店で購入する．教会と風車が村のシンボルとして大切にされ，役場前の広場は，朝市や革命祭などが開かれる憩いの場になっている．村の子どもたちは，コミューンが運営する小学校に通っている．生徒数が少なく複式学級にならざるをえないが，毎朝，両親が，子どもを小学校に連れて行く姿が見られる．中学生や高校生は，スクールバスで隣町へと通学することになる．日曜日にはほとんどの店が

閉まるため，週末のショッピングは難しい．多くの人は，休日に子どもや親戚，友人との余暇に当てているようだ．コミューンでは，1年を通して，カルナバル（仮装祭），復活祭，フランス革命祭，バカンスのアクティビティ，クリスマスなどが催され，週末のスケジュールも充実している．

驚くのは，零細コミューンが，逞しく維持されていることである．メールと議員を中心に，限られた予算の中で，アイデア勝負によってまちづくりを進めている．地元商店の閉鎖や公共サービスの統廃合など，コミューンの悩みは絶えないようだが，彼らのまちづくり理念は，「安心な暮らしのために，生活必需品は自分の町から提供したい」，「毎日食べるパン屋さんが，家に近い方が良い」，「お医者さんは，顔見知りが安心だ，」「子どもたちは，目の届くところで過ごして欲しい」「大きくて立派な図書館が都心に出来たけど，遠くて使えない」など，いろいろなことが手の届く範囲にあることである．フランス人にとっての効率的なサービスとは，"身近にある"というプロキシミテ（Proximité）という考え方であり，その考え方のもと，空き店舗に雑貨やパン屋を誘致したり，地産地消バザールを行ったり，小回りの利いたまちづくりを進めている．

フランスには，36,000のコミューンがあり，コミューン一つあたりの平均人口はわずか2,000ほどである．各コミューンは，「365日違ったチーズが食べられる」ほど多様性がある一方，「パリ以外は砂漠」などというように，都市と農村の格差も激しい．歴史的にみると，コミューンは，1789年のフランス革命によって誕生した．革命によって，教会が担っていた祭事（誕生，結婚，葬式など），教育，医療など生活全般のサービスがコミューンの仕事となった．県は中心地から馬車で1日で戻れる範囲で，コミューンは，教会の鐘が聞こえる範囲で作られた．コミューン・サービスの柱は，戸籍業務，小学校教育，身の回りの仕事である．そのため，まちの風景も，教会の前に広場があり，役場と学校によって形成されている．「自治」への関心やまちづくりに熱心な人が多いというわけではないが，仕事は増え，予算が制限されるという厳しい状況だからこそ，ひらけてくるものがある．「プロキシミテ」には，自分たちの暮らしの場所から，自治やまちづくりを組み立てる可能性が秘められている．

(岩淵　泰)

2　アメリカの社会保障・社会福祉

1　アメリカの特性

アメリカの社会福祉を理解するために，まずアメリカがどのような特質をもつ国なのかを把握することが必要である．ここでは，アメリカ社会を形成する

主な価値観，差別と排除，新自由主義に焦点をあてながら概観していく．

(1) 移民の国と価値観

　アメリカは移民が建国した多様性豊かな国である．現在でも，世界中から多数の移民を受け入れている．その例として1990年の移民法改定は，移民制限数を年間67万5千人と定め，専門家や熟練労働者の移民を奨励するとともに，比較的移民の数が少ない国からも移民を促進することを目的とする．その一環をなす，「多様化プログラム」は，職業，学歴，所得，財産などに関係なく「抽選」によるもので，平等に移民になる機会が与えられるというものである．年間の受入数は5万人と定められている．このように積極的に移民を受け入れている一方で，国内では1,080万人という不法移民の問題が存在している．この問題が深刻なアリゾナ州では，2010年4月に連邦政府より厳しく不法移民を取り締まる措置を設けた州独自の移民法を成立させたが，移民政策は連邦政府の管轄下にあるとの理由で連邦地裁から差し止めになった．不法移民は，「低賃金職」に就きアメリカ経済の底辺を支える重要な労働力であることを否定する人は少ないだろう．だがその一方で，アメリカ人から職を奪う者，社会福祉の負担になる者と考える人が多数存在し，移民法の厳格化を求める声も大きい．アメリカでは自分の移民のルーツに誇りをもちつつ多様性を尊重すると同時に，移民に対して不快感を抱き，差別や排除しようとする傾向もみられる．

　また，アメリカでは，植民地および独立の歴史を通して個人の尊厳，平等，自由，西部開拓の精神（パイオニア精神），自助努力，個人責任などの価値観や信念が広く受け入れられている．それは，努力すれば誰もが成功することが可能な「アメリカン・ドリーム」の中枢となるものである．基本的に「個人」が重視されており，1960年代の市民権運動時に活発だったコミュニティ・オーガニゼーションや市民運動は衰退している．今のアメリカにおいて，いかに近隣関係やコミュニティを作り，つながり・ネットワークを形成しながら，コレクティブ・アクションを促進させて，社会的弱者も包摂した社会全体の福祉

(well-being) を向上させるのか，そのような人びとに対する社会的共感を育てていくのか．行き過ぎたまでに個人主義と自己達成を尊重する社会が直面している課題といえよう．

(2) アメリカにおける差別と排除：人種・ジェンダー・年齢

自由と平等を基本理念にかかげた開かれた社会においても，日常生活の中では社会的弱者に対するさまざまな差別や排除があらゆる場面で多種多様な形で存在している．この傾向は，人種・民族，ジェンダー，年齢，国籍，経済社会的地位，宗教，性的志向などと深く結びついている．ここでは，人種・民族差別，性差別，年齢差別の3つについてみていこう．

最初は，人種・民族に関わる差別と排除である．2008年にアメリカで初のアフリカ系アメリカ人の第44代バラク・オバマ大統領が誕生した．当時の大きな反響の裏には，アメリカ社会に今なお根付いている人種差別と排除の問題が存在することをも意味する．社会の豊かさや人びとの福祉の状態は，マイノリティの人びとが得られる機会や状況にあるのかが一つの物差しとなるだろう．アメリカの貧困率，所得，雇用，教育，健康と平均寿命などを見ると，すべての領域でマイノリティの数値が低いことがわかる．そのなかでも，ネイティブ・アメリカンは，他のグループと比較してアルコール依存症から死亡する確率770％，結核650％，糖尿病420％，事故死が280％，また，高校中退率15.5％，子どもの貧困率32.8％だと報告されている．彼らの平均寿命は71歳で全米人口より7年も短い．ネイティブ・アメリカンの状況はとくに深刻であり，さまざまな機会（医療，教育など）へのアクセスの問題など社会的不平等をもたらしている．多くが居住する保留区は「アメリカの第三世界」ともよばれ「社会的排除」を受けてきており，いまでも継続している．

第2番目は，性差別である．男女平等が進んでいるかに見えるアメリカ社会だが，性差別は，政治，社会，経済，文化などさまざまな分野において多様な形で存在している．2009年に国連開発プログラムが発表したジェンダー・エ

ンパワーメント指標（GEM）によると，アメリカは18位となっている．上位を占めたのはスウェーデン，ノルウェー，フィンランドなどの北欧諸国である．アメリカではじめて女性大統領候補者がでたのは1984年で，次，2008年にヒラリー・クリントン上院議員が現れるまで24年が過ぎている．また，労働統計局によると，フルタイム労働者の男女賃金差は20.1％，低賃金のサービス産業では2％でほとんど差がないと報告されている．どの分野でも，一般的に女性がある程度のポスト以上になると「グラスシーリング（目に見えない障壁）」が存在する．

最後に，年齢差別（エイジズム）に着目したい．現在，1965年のアメリカ高齢者法（OAA）および1967年の雇用における年齢差別禁止法（ADEA）によって，高齢者の固有なニーズと権利擁護，年齢による差別を禁止している．しかし，依然として高齢者に対するステレオタイプや神話をみると，「社会の負担」「社会に貢献できない」「病気が多く自活できない」「理解が遅い」「新しい事に適応できない」など受け身で非活動的であるというネガティブなものが圧倒的に多い．年齢差別は，日常生活を営むうえで，巧妙な見えにくい形で存在している．その背景には，すでに述べた「自助努力」「個人主義」と若さの象徴といえる「活力」「創造性」「挑戦」などが高く評価されていることからも推定できる．それゆえ日本人が想像する以上に，アメリカ人の「老い」「エイジング」に対する抵抗感は大変強いものがある．補足しておくと，この社会では高齢者と関わる仕事は人気が低い職業といえ，たとえば，筆者が在籍していたソーシャルワーク大学院（修士レベル）の高齢者福祉専攻の学校は10％にも満たない反面，医療や児童・家族福祉などの人気は非常に高くなっている．アメリカ社会における年齢差別の存在は，あまり知られてないように思える．

(3) 新自由主義と格差拡大

1980年代から規制緩和，福祉削減，民営化など市場原理に基づいた新自由主義が押し進められている．その結果，世界市場における競争力を取り戻すこ

とができた．その一方では貧富の差を拡大させることとなった．資本主義の導入から，裕福な人と貧しい人の差がつくことは新しい現象ではなく，避けられないことである．問題は，今のアメリカ社会における格差の存在ではなく大きさであり，それが断固として継続していることである．この仕組みをとらえるには，さまざまな差別，経済構造，経済政策だけではなく階層化の問題が大きく影響していることに着目しなければいけない．小数の富裕層はここ20年間でさらに裕福になり，政治的な決定に大きな影響力をもっている．中間層は縮小し生活を守ることに精一杯であり，貧困層は政治へアクセスする機会が少ない．大多数の人びとが将来と毎日に不安を抱えた暮らしをしているといっても過言ではないだろう．社会福祉政策の専門家である知人は，今の状況を「アメリカの悪夢」だとよんでいた．今後，あまりにも行き過ぎた格差是正に取り組み，再び「アメリカン・ドリーム」が実現可能な活力のある安心した社会にチェンジするのか．それには強い政治的コミットメントが必要となることは確実である．

2 豊かな国の貧困・格差

2008年のサブプライムローンから始まった金融危機以降，アメリカ経済は深刻な状況に追い込まれており，発足早々オバマ政権は，雇用創出と環境・エネルギー政策を結びつけた「グリーン・ニューディール政策」を打ち出した．その成果もあってか2009年後半から経済成長率はプラスに変化したものの，アメリカ経済の先行きは不透明なままである．その理由の一つが，失業者の急増である．2008年8月まで6％以下だった失業率は2009年後半には最高の10％まで達し，その後も9.5％前後（1,460万人）で改善は当面は見込めない状況となっている．また，所得の中間値をみても同じ傾向が見られ，2008年は前年から3.6％減少し50,303ドルとなった．人種別では，白人52,312ドル，アフリカ系34,218ドル，ヒスパニック系37,913ドル，アジア系65,637ドルである．世帯別では，夫婦世帯が73,010ドルに対し，母子世帯33,073ドル，父子

世帯49,186ドルとなっておりひとり親世帯の所得が低いのが目立つ．住宅の差し押さえ件数が増えるなか，子連れホームレスが急増している．現在，ホームレス状態にある子どもが約150万人以上に達し，これは50人中1人にあたる．ホームレスの子どもの42%は6歳未満であり，とくにアフリカ系アメリカ人とネイティブ・アメリカンが突出して高くなっている．ホームレスの子どもたちには，喘息などの病気をもつ子どもも多く，偏った栄養から肥満，メンタルヘルス，気管支炎や耳感染症などになる確率が高くなると報告されている．

表6-3　アメリカにおける貧困の推移（2007-2009）

	2007	2008	2009	2008年からの変化
貧困ライン（家族4人）	21,203ドル	22,025ドル	22,050ドル	25ドル
貧困者数	37.3百万人	39.8百万人	43.6百万人	380万人
貧困率（%）	12.5	13.2	14.3	1.1
人種別（%）				
白人（非ヒスパニック）	8.2	8.6	9.4	0.8
アフリカ系	24.5	24.7	25.8	1.1
ヒスパニック系	21.5	23.2	25.3	2.1
アジア系	10.2	11.8	12.5	0.7
年齢層別（%）				
18歳以下	18.0	19.0	20.7	1.7
18-64歳	10.9	11.7	12.9	1.2
65歳以上	9.7	9.7	8.9	-0.8
世帯構成（%）				
世帯総数	9.8	10.3	11.1	0.8
夫婦世帯	4.9	5.5	5.8	0.3
母子世帯	28.3	28.7	29.9	1.2
父子世帯	13.6	13.8	16.9	3.1
地域				
都心部	16.5	17.7	18.7	1.0
農村部	15.4	15.1	16.7	1.6

出典：DeNavas-Walt, Proctor & Smith, 2010, p.23

さらに，農務省によると，全米の7人に1人が2008年中に収入不足等の理由から「食糧不足」を経験し，その中には50万世帯以上の子どもが含まれている．アメリカの近年の貧困状況を示したのが，表6-3である．2009年の貧困率は大幅に上昇し，貧困者数は過去最高となり，7人に1人が貧困者という状況である．近年の貧困の特徴は，子どもと稼働年齢層の貧困率の上昇，マイノリティおよび母子世帯の相変わらずの高さ，勤労世帯（とくにパートタイム）の増加である．とくに，父子世帯の3.1％の上昇は労働市場のいちじるしい悪化を浮き彫りにしている．

表6-4は，2004年の所得と富の所有率を所得階層別に示したものである．上位10％がアメリカの総所得42.5％，純資産の71.2％，さらには純金融資産の80.9％を所有している．ごく少数の上位層が多大な所得を所有しているが，それ以上に資産格差は大きいことが明らかである．

表6-4 所得・富の配分（2004）

	世帯所得	純資産	純金融資産
全体	100％	100％	100％
上位 1％	16.9	34.3	42.2
次の 9％	25.6	36.9	38.7
残り90％	57.5	28.7	19.1

出典：Mishel, Bernstein & Shierholz, 2009, p.265

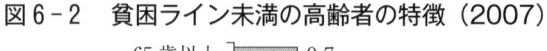

図6-2 貧困ライン未満の高齢者の特徴（2007）

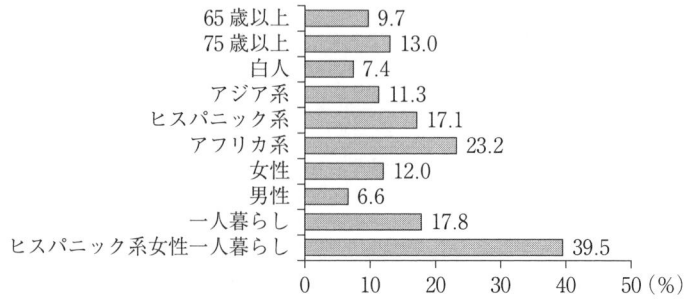

65歳以上	9.7
75歳以上	13.0
白人	7.4
アジア系	11.3
ヒスパニック系	17.1
アフリカ系	23.2
女性	12.0
男性	6.6
一人暮らし	17.8
ヒスパニック系女性一人暮らし	39.5

出典：AOA, 2009, p.11 より筆者作成

次に，高齢者に関する統計をみてみよう．2008年，アメリカの総人口は約3億400万人でその内高齢者人口は3,890万人，高齢化率は12.8％である．この高齢化率は2030年には約20％（7,150万人）に達するとされ，その中でも85歳以上の高齢者の増加率が高くなると予測されている．女性の高齢者数は2,190万人で男性より600万人多く，平均寿命は78歳，女性が80.4歳で男性は75.3歳であり，65歳以上の女性は59％が一人暮らしである．人種についてみると，現在のマイノリティの割合は19.3％であるが，2010年の800万人（20.1％）から2020年には1,290万人（23.6％）に上昇すると予想されている．すなわち，4人に1人がマイノリティ高齢者となる．貧困ライン未満の高齢者では，アフリカ系の高齢女性で一人暮らしの貧困率は39.5％と群を抜いて高いことがわかる．マイノリティ，女性，高齢，一人暮らしという貧困に関わる4要因が大きく関わっていると推測される．

3 社会保障・社会福祉の現状

アメリカの福祉国家の誕生は，ニューディール期の1935年の社会保障法，1965年の社会保障改正法（メディケア・メディケイド）の設立が基盤になっている．世界的にみるとアメリカは，北欧の「高福祉・高負担」と比べて「低福祉・低負担」の代表として知られている．本節では，1996年の福祉改革と近年の医療保険改革に焦点をあててみていく．

1980年代から「小さな政府」政策を展開する共和党レーガン政権は，福祉分野における予算削減と受給資格の厳格化に積極的に取りかかった．この流れを受けて，1996年に民主党クリントン政権のもとでアメリカの公的扶助制度に大きな転換をもたらした個人責任・就労機会調整法（PRWORA，以下，福祉改革）が成立した．福祉改革の大きな目玉が貧困世帯への一時的扶助（以下，TANF）であり，主な受給者は母子世帯であった．TANFは，1935年の社会保障法の一部である要扶養児童家庭扶助（以下，AFDC）に代わり，受給者に対して厳しい就労要件と生涯において5年間という受給期間の制限を設け，「福祉

図 6-3　主な社会保障制度の体系

	制度			対象者
社会保障制度	（年金）	老齢遺族・障害年金（OASDI）		高齢者
	（医療）	高齢者医療保険制度（メディケア）	病院保険（HI）	高齢者
			補足的医療保険（SMI）	高齢者
		医療扶助制度（メディケイド）		低所得者
		州立児童医療保険（SCHIP）		低所得の児童
	（公的扶助）	貧困世帯への一時的扶助（TANF）		主に母子世帯
		補足的保障所得（SSI）		障害者・高齢者
		フードスタンプ		低所得者
		勤労所得税額控除（EITC）		低所得勤労者
		児童税額控除（CTC）		有子世帯
		住宅扶助，光熱費扶助など		低所得者

出典：阿部彩，2006年，p.5より一部抜粋

依存」からの自立をめざした改革である．AFDCとTANFの根本的な相違点は，AFDCは連邦政府のエンタイトルメントとして位置づけされていたが，TANFはそれを廃止した期限付支援であり，州政府の裁量権を大幅に認めた点にある．また，それまでは連邦政府から州政府への補助金に限度額を設定していなかったが，それが上限付きの一括補助金となったため州政府が福祉受給者を削減するインセンティブとなった．結果，州独自のプログラムや就労支援が実施されるとともに，州間のサービスと支援の格差を生み出している．一般的に，TANFを含めた公的扶助サービスの実施団体は行政，NPOなど多種多数あるため，（福祉対象者にとって）複雑で断片的な体制である．非常に分かりにくく利用しづらくなっている．

　この法案が成立した背景には，AFDC受給者数が1970年代から急増したこともあるが，同時に，福祉改革支持者は，AFDC受給者の多くがマイノリテ

ィの母親であること，彼らは怠慢で道徳的に欠陥があり，貧困の原因は主に彼らの努力の欠如で「個人責任」であることを強調する人種差別的な動きもあった．そしてこの動きは，次第に一般大衆の支持を得ることに成功したのである．一方では，多くの母親が抱える問題，たとえば，低賃金や不安定雇用，医療保険の欠如，チャイルド・ケアの欠如，適当な価格の住宅の欠如，教育・職業訓練の機会不足，人種差別，性差別などの重要課題が議論に取り上げられることはなかった．その結果，好景気時や就労可能な受給者が最初に職を得て退出するため受給者を減少させたが，景気が悪化すると受給者の増加がみられる．また，受給期限の制限は資格のある母子世帯を遠ざけ，低賃金や不安定職についている退出者の多くは貧困から抜け出せずに家族，友人，近隣などのインフォーマルネットワークの依存へと移っていることも推測される．もしそうであれば，TANF が最後のセーフティネットとしての機能を果たせておらず，母子世帯を貧困から救い出せていないこと，あるいはさらに困窮な生活を強いられていることを意味している．

　ここで近年貧困対策として低所得者を対象とした「資産ベースの福祉政策」とマイクロクレジットについて簡単にふれておきたい．最初のアプローチは，低所得者の預金に対して第三者（公的・私的）が一定の割合で上乗せし，資産形成を奨励するというものである．その預金の使途は，教育，自宅の購入や修繕，自営のためなどに限定され，低所得者や子どもを対象とした試行プロジェクトが実施されている．次，マイクロクレジットは，バングラデシュのグラミン銀行が代表的で，貧困者や低所得者を対象とする小額融資である．現在，開発途上国に限らずアメリカなどの先進国においてもさまざまな団体や組織が取り組んでいる．アメリカでは 1980 年代からグラミンモデルは導入されており，2008 年にグラミン・アメリカはニューヨークに設立し，今後カリフォルニア，ノースカロライナ，ボストン，ワシントン DC へ進出する予定である．

　次に，医療と医療保険改革を通してアメリカをみてみたい．アメリカは，先進諸国のなかでも唯一国民皆医療保険制度が存在しない国である．公的医療制

度としては，65歳以上の高齢者を対象とするメディケアと低所得者を対象とするメディケイド，低所得の子どもを対象とするSCHIP（州立児童医療保険プログラム）が存在する．ただし，これらは対象者をカテゴリー別に一部カバーしているものであって，この保険でも保険適応範囲は限定されている．そのため，稼働年齢層の大多数は雇用主を通してグループもしくは個人的に民間保険医療保険に加入しなければならない．しかし，低賃金やパートの仕事や試行期間には医療保険がついていない場合が多いため，個人で加入する場合の保険証は，一般的に一人の場合で毎月約500ドル，家族3人で1,200ドルと非常に高く，多くの人びとには手が届かないような高額である．2009年に無保険者は4,630万人に達し国民の15.4％を占めており，18歳以下児童の600万人が含まれていた．人種別にみると，白人の無保険者は10.8％（2,130万人），アフリカ系19.1％（730万人），ヒスパニック系30.7％（1,460万人）であった．また，保険加入者でも，安心してはいられない状況である．医療費負担の問題である．この問題は，いまでは中間層も対象となるほど深刻だといえる．保険に加入していても，一度でも予期せぬ大きな病気になると，預金や資産がない限り短期間で困窮生活へ追い込まれてしまう．誰にでも襲いかかるリスクである．アメリカでは，多くの人びとが必要な時に「病院や医者に行けない」状況であり，豊かな国における「絶対的貧困」が存在するともいえる．基本的な医療を受けることがひと握りの富裕層の「特権」となってしまったのであるか．このような状況は，市場原理の流れを受けて民間保険業界の利益獲得，そして「医療の商品化」が進んだ結果ともいえるだろう．

　2010年3月23日，アメリカで初の医療保険改革法案にオバマ大統領が署名し，国民皆保険制度に該当する法律が設立した．国民の保険加入率を95％まで拡大する目的である．しかしながら，依然として保険料の値上げの問題や政府と保険加入者の間に横たわる政治的にも力をもつ民間保険業界の存在はかわらない．高所得層への増税も含めた財源の確保など，これから取り組まなければならない多くの課題が残っている．国民皆保険の実現には，アメリカ社会の

根底にある「個人責任」という価値観から，病気の時に医療を受けるという基本的人権に対する社会的な享有と「社会的な責任」が求められる．この医療保険改革は，これからのアメリカ社会が医療および社会福祉の考え方，さらには社会のあり方について根本的に見直す機会となり得るかもしれない．

(稲葉美由紀)

事例　デンバー(Denver)市のNPO活動：母子世帯に対する自立支援プログラム

　マイノリティの母子世帯の貧困率がとくに高いアメリカでは，母子世帯に対する自立支援プログラムが数多く存在している．ここでは，コロラド州デンバー市のNPO活動について紹介したい．なお，コロラド州の貧困で暮らす子ども数は2000年から2006年までに73％増加しており，全米で最も深刻な状況である．

　WOW[1](Work Option for Women)は，貧困世帯およびホームレス支援に長年携わっていた女性ソーシャルワーカー(SW修士)が，就労困難な貧困の母子世帯への自立支援を目的として1996年に設立した非営利団体(NPO)である．デンバー市ヒューマンサービス局のビル内に事務所を置き，ビル内の食堂を運営(WOW運営の税源40％)し，食堂は職業訓練の場でもある．組織体制は，理事，経営部長，エグゼクティブ・シェフ，就労活動コーディネーター，ケースマネージャー，助成金マネージャー，シェフ講師，シェフら11人のスタッフである．

　具体的な活動は，16週間の食品サービス業界への就労訓練，生活面の支援と他のサービスへの橋渡し，ライフスキル訓練，メンタルヘルスケア，就労支援，就労後のフォローアップなどを含む．毎年，約45名がプログラムを卒業している．参加者のほとんどが，低学歴，低スキル，DV，アルコール・麻薬依存症，家族の問題，多重負債，不安定な住宅状況，自尊心や自信の欠如，就労習慣が身についていないなど，自立するためのさまざまなハードルを抱える福祉受給者もしくはホームレスの女性である．そこで，参加者の訓練開始時に，ケースマネージャー(ソーシャルワーク修士)が個別にアセスメントを行い，その後も継続して1対1のケースマネジメントを行う．最初に，参加者の住宅状況，医療保険，交通手段，育児サービス，DV，アルコールや麻薬中毒の問題など訓練参加への障害を明らかにし，必要なニーズに応じて同じビル内にあるTANF，フードスタンプ，育児サービス，補助付き住宅の管轄部署などへコンタクトしサービスへとつなげている．このような参加者自身，家族，生活環境への支援は，職業訓練とともにWOWの活動の柱となる．参加者が訓練に専念できる環境づくりを重視し，家計に関する助言，DV被害者へのカウンセリング，子どもの子育てと教育の相談，自尊心・自身の向上などへのサポートを行っている．参加者のニーズが

多様なため，常時関係機関や他のNPOと連携を図っている．就労のためのスキル・知識の習得もいうまでもなく重要であるが，それだけでは訓練を終了すること，就労して働き続けることはできない．生活・個人へのサポートは，新しい職場環境への適合および就労意欲を継続するためにも不可欠なポイントである．

　WOWの特徴は，参加者が「経済的自立」，「生活自立」，参加者および家族への支援が「パッケージ」支援を受けることができる点である．近年，卒業生の94-100％が就労しており，その内の75％が1年後も継続して働いている．その多くが時給8ドルから13ドルの仕事に就いている．十分に経済自立できる額とはいえないまでも，参加者の状況を踏まえると，調理に関する知識とスキルを身につけ，勤労意欲が高ければ学歴を問わず，ある程度の賃金で雇用があり，将来的にも雇用が見込めるフードサービス業界を選択している．参加者が経済活動に参加し，自立への一歩を踏み出すチャンスを提供している．さらに，WOWは就労1年後に「就労記念日」イベントの開催を通して，就労意欲の維持，卒業生間のネットワーク，WOWとのつながりを重視している．さらに，WOWは自己運営資金の一層の確保と卒業生の訓練および雇用先の確保のために，2009年9月にはダウンタウンでカフェを開業した．開業資金は，個人，企業などからの寄付金と銀行からの融資である．アメリカでもNPOの多くが，行政からの助成金や個人，財団，民間，個人からの寄付金に依存しており，それは不景気や政策転換に大きな影響を受ける．そのため，いかに自己資金を確保するかは常に重要課題である．WOWは，運営資金の大部分を食堂経営とカフェ経営（現時点では赤字）からまわせるようにすることを大きな目標としている．同時に，資金調達イベントとして，毎年デンバー市および近郊でレストラン経営をする女性シェフの協力を得て，「WomenCook!」イベントを開催している．

　WOWの取り組みは，「ワンストップサービス」型の包括的支援であること，自立が困難な参加者に対して人的資本の強化と生活支援を通してエンパワーメント志向型の実践を行っていること，自立支援事業とカフェ経営というひとつのNPO運営の可能性を提示していること．また，ソーシャルワーカーの役割・機能について参考になるのではないだろうか．　　　　　　　　　　（稲葉美由紀）

1）WOWに関する詳細は，http://www.workoptions.org/ 参照．ここでのデータは，WOWのホームページおよび筆者が2009年8月に行ったフィールド調査に基づいている．

3 北欧の社会保障・社会福祉

1 北欧型福祉国家

(1) 北欧諸国とは

　ヨーロッパ北端に位置する北欧諸国は，最も人口規模の大きなスウェーデンで人口約930万人，さらに，アイスランド，デンマーク，ノルウェー，フィンランドを合わせた5カ国全体でも人口約2,600万人の小さな国ぐにであるが，さまざまな分野で世界の関心を集めてきた．各国の人口規模や経済規模は日本の都道府県のレベルである．けっして有利ではない立地条件にありながら，国際競争力，経済生産性，情報社会，教育水準など，豊かさや平等を示す国際指標で世界の上位に名を連ねている．とはいえ，北欧諸国の代表的イメージは，付加価値税が軒並み20％を超える高負担国家群であり，それを財源にして高度な福祉水準を達成している高福祉・高負担型の福祉国家というものであろう．以下，北欧型福祉国家の実際をみていこう．

(2) ノーマライゼーションのふるさと

　ノーマライゼーションの考え方の源流が北欧にあることも，北欧型福祉国家のイメージに結びついている．この言葉が世界ではじめて法律で用いられたのは，1959年，デンマークでのことであった．ノーマライゼーション思想の「生みの親」といわれるバンク＝ミケルセン（Bank-Mikkelsen, N. E.）は，当時デンマーク社会省で障害者施設行政を担当していた．彼は，ヨーロッパでもっとも人道的で優れていると考えられていたデンマークの知的障害者施設が，自分の体験したナチスの強制収容所のように自由を制限された抑圧的な空間であることに異議を唱え，プライベートでは世界初の知的障害者親の会の発足に尽力し，公には自らが携わり，「ハンディキャップをもった人びとにも可能な限り普通の生活を創り上げる」という考え方を盛り込んだ法の制定に努めた．この

ノーマライゼーションの考え方の具体化・理論化を試みたのが，スウェーデンのベンクト・ニィリエ（Nirje, B.）である．彼は，難民キャンプでの支援と知的障害者援助実践の経験をもとに，「普通の生活」の具体化に取り組んだ．ノーマライゼーションの考え方は北欧の社会へ浸透している．たとえば重度の障害をもった子どもが車いすで普通の学校の普通のクラスに入って学ぶ．そのために，家から学校内までバリアフリーにし，介助者が寄り添う．一人ひとりを大切にする「人間中心の社会」が具現化された一例である．

(3) 北欧型福祉

　こうした「人間中心の社会」であるために，「社会の負担」でさまざまなサービスを提供しているのが北欧型福祉の特徴のひとつである．ペタションは「北欧型福祉国家」の特徴は，福祉政策の包括性と高い水準の普遍主義，これらがもたらす人びとの統合，平等化の促進であると述べている．具体的には，①普遍主義的社会保障給付，②福祉ニーズのカバーとサービスの提供に関する包括性，③高度な所得再分配制度，④サービス提供におけるパブリックセクターの強い関与，⑤主要財政資源としての税制，⑥完全雇用への政府のコミットメントに特徴づけられる．

　2010年のアイスランドを除く北欧4か国のGDPに占める税収の割合は42.1％から48.2％（日本26.9％，2009年），2007年の公的社会支出のGDPに占める割合は20.8％から27.3％（日本18.7％）である．日本をはじめ，他の国ぐにと比べて，経済活動に占める政府（パブリックセクター）の関与の度合いが高く，集められた税金（社会保険料も含まれる）が福祉や医療などに多く投下されている．このような所得再分配を通じて，結果として，図6-4にみられるように，所得の不平等度が他の国ぐにに比べて大きく改善され，貧困率が低く抑えられている．

図6-4 所得再分配前後でのジニ係数の変化（2000年代中盤，左）と相対的貧困率（右）

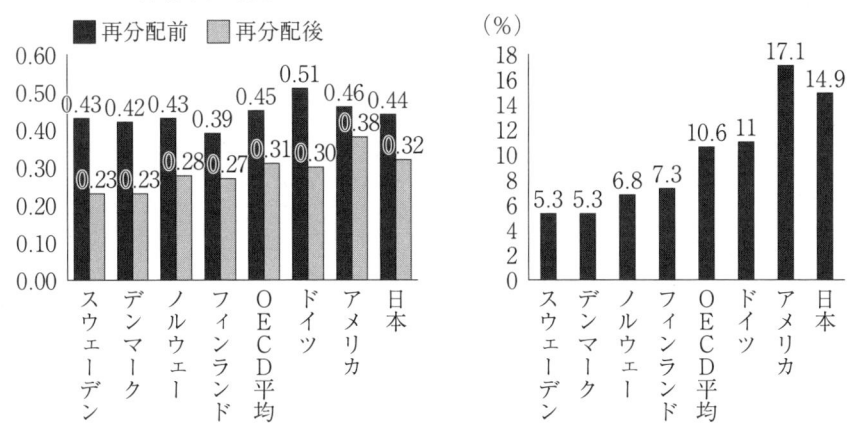

■ 再分配前　□ 再分配後

左グラフ（ジニ係数）:
- スウェーデン: 0.43 / 0.23
- デンマーク: 0.42 / 0.23
- ノルウェー: 0.43 / 0.28
- フィンランド: 0.39 / 0.27
- OECD平均: 0.45 / 0.31
- ドイツ: 0.51 / 0.30
- アメリカ: 0.46 / 0.38
- 日本: 0.44 / 0.32

右グラフ（相対的貧困率 %）:
- スウェーデン: 5.3
- デンマーク: 5.3
- ノルウェー: 6.8
- フィンランド: 7.3
- OECD平均: 10.6
- ドイツ: 11
- アメリカ: 17.1
- 日本: 14.9

出典：OECD, *Growing Unequal? Income distribution and Poverty in OECD countries*, 2008.

2 フィンランドにおける社会保障・社会福祉の現状

(1) 社会保障・社会福祉制度の体系

　ここでは，フィンランドにおける社会保障や福祉サービスの諸制度をとりあげる．政府は，社会保障・社会福祉の目的を，「すべての人に，憲法で保障された，人間の生活としてふさわしい生活を送っていくための物資とケアを保証される権利を実現すること」としている．以下，所得保障と保健医療・社会福祉サービスの2つに分けてみていこう．

① 所得保障

　所得保障は，主に社会保険の仕組みを通じて実施され，税（社会扶助）による補助や手当が補足する．社会保険の対象は，年金や傷病時の休業給付，出産・親休暇時の給付，労働災害補償金で，給付額は報酬比例である．給付額が最低保障額に満たないときは，それぞれ，住民であることを要件とした最低保障給付が支給される．たとえば，年金制度では，通常，報酬比例の労働年金が給付されるが，最低保障額に満たない部分は国民年金が給付される．この最低

保障給付は，税を財源とする社会扶助の仕組みをとっている．税を財源とした所得保障は，そのほかにも，子ども手当（所得制限なし）や中等教育以上を対象とした就学補助（所得制限あり），介護ニーズの高い年金生活者向けの介護給付，兵役助成など，ライフステージに応じて広範に給付される．そして，最後の手段として，生計費補助（生活保護に相当する）が用意されている．つまり，ライフコース上の一般的なリスクは，原則として社会保険でカバーし，それが不十分である時には税を財源とした社会扶助の仕組みで補足する．ここで特徴的なのは，社会保険でカバーされる各分野で，社会扶助がそれぞれ補足的に給付されることである．このことによって，一般に社会扶助にみられる選別的性格が産むスティグマを中心とした欠点を克服し，受給者の権利性が高められている．もうひとつ特徴的であるのは，出産・親休暇時の給付が，所得保障の対象として明確に示されていて，広範な利用につながっていることである．これらの特徴は，北欧型の普遍主義的福祉におおむね共通してみられる．

② 保健医療・社会福祉サービス

社会福祉サービスは，主に，在宅サービス，施設サービス，住居・移動サービス，補助金の給付，ソーシャルワーク，緊急対応，の各方法で行われる．在宅サービスには，高齢者や障害者の介護や，小さな子どもや障害者のいる家庭への家事援助サービスが含まれる．施設サービスには，老人ホーム，保育所，グループホームなどが含まれる．住居・移動サービスは，高齢者や障害者が在宅生活を送っている場合，心身の状況に適した住居（改修を含む）やサービス付きの住宅を用意するものである．高齢者や障害者などを自宅で家族等が介護する場合は近親者介護手当が，乳幼児を自宅で保育する場合は在宅保育手当が支給される．これは，公的サービスよりも，家族を含めた気心の知れた身近な人によるケアを希望する場合に利用することができ，サービスの選択肢を広げるとともに，サービス供給量の不足を補う役割を果たしている．これらのサービス利用の鍵となるのが，ソーシャルワークである．ソーシャルワーカーは，自治体の福祉事務所や学校などに配置され，クライエントの相談を受け，指導や

助言を行い，サービスの利用調整を図る．さらに，虐待や暴力，青少年のトラブルや高齢者の発作などが起こった場合のケアや心理的サポートに24時間対応する緊急福祉サービスも整備されている．これらの主要なサービスに加えて，たとえば主に障害者を対象とした補助具の提供や移送，通訳などの個別のサービスも用意されている．

　保健医療サービスは，保健活動や初期医療までの基礎医療サービスを各基礎自治体に設置された保健センターが担う．保健センターでは，保健相談，医師の診療，予防接種などが行われるほか，通常母子クリニックが併設されている．センターには基本的な医療設備が備わっていて，軽度の病気やけがは保健センターで診療を受けることができる．急性期の医療等，高度な技術・設備を必要とする医療は，全国を20の圏域に分けた医療圏ごとに病院を設置して提供する．近年，民間のクリニックや病院が増えている．公立の保健医療機関で提供される医療は安価な定額（保健センターでの自己負担は年額27.4ユーロ以内で自治体が設定する．2010-11年）で利用することができるが，民間の医療機関を利用した場合は，償還制のため，立替払いが必要で，償還率も約4割から6割となる．しかし，民間の医療機関は，待ち時間が少なく，利用者の都合に合わせた利用が可能になるため，大都市等を中心に利用が増えている．

(2)　福祉サービスの実際

　保健医療と社会福祉のサービスは，すべての人が必要な時に利用できるシームレスなサービスが，政府の責任で公的に供給されることを特徴としている．ここでは，高齢者の公的福祉サービスについて具体的にみていこう．

　高齢者の福祉サービスでは，自宅で生活する高齢者が何らかの支援を必要とする場合，専門家によるケア・サービスを提供するのが原則である．

　高齢者が支援を必要と感じるようになったら，自治体の担当部署に連絡をする．自治体では，高齢者ケア・サービスの専門家である担当者が，高齢者の自宅を訪問し，聞き取り調査を行う．その後，ホーム・ヘルパーや医療専門職な

どを交えて判定会議を行い，ADL や自宅の設備，家族の状況等を考慮しながら，自治体の提供するサービス・施設に合わせて利用できるサービスを決定する．

自宅での生活が不安で，ケア・サービスのニーズのある高齢者は，サービス付き高齢者住宅へ移り，サービスを利用しながら「自宅」で過ごすこともできる．費用負担は，自治体によって異なり，掃除や洗濯，給食などの家事援助サービスは通常有料であるが，訪問介護・医療は無料または低額で利用できる．

常時介護が必要で，自宅やサービス付き住宅で暮らすことが難しくなった場合，老人ホームに入居することができる．老人ホームでは，福祉と医療が一体となったケアと，食事，医療，衛生材料，衣服など，生活に必要なものがすべて提供される．費用として，所得の一定割合（90%）が徴収されるが，一定額は手元に残すことができる．

家族や身近な人によるケアを希望する場合，それも可能である．家族または友人などによるケアは，要介護度に応じて近親者介護手当が支給される．

表6-5　サービス種類別高齢者向けサービス利用率

(単位：%)

年	年齢区分	在宅介護	サービス付き住宅	24時間介護サービス付き住宅	老人ホーム	療養病床	近親者介護手当
2010 2009	85歳以上	21.7	2.8	11.9	7.1	3.1	6.0
	75歳以上	11.9	1.3	5.6	3.2	1.5	4.2
	65歳以上	6.5	0.7	2.9	1.7	0.8	2.6
2005	65歳以上	6.5	1.2	1.9	2.2	1.3	2.4
2000	65歳以上	-	1.3	0.9	2.7	1.6	1.8
1995	65歳以上	7.3	-	-	3.1	1.7	1.5
1990	65歳以上	-	-	-	3.8	1.7	2.0

出典：THL, *Sosiaali-ja terveysalan tilastollinen vuosikirja 2011*, s. 94-95

(3) 費用負担と財政

　上記のような社会福祉・保健医療のサービスが，所得にかかわらず無料または低額で提供されることも，北欧型福祉の特徴である．フィンランドでは，福祉医療ケア費用の自己負担額には，国の基準で上限が設定されている．さらに，収入と世帯規模によって総負担額の上限も設定されている．

　社会支出は，年間5,242万ユーロ（2009年決算，以下同じ），国内総生産の31％を占める．主な目的別内訳は，保健医療24.9％，障害11.9％，高齢者34.3％，子ども・家族10.8％，失業7.9％である．これらを雇用主37％，被保険者11％，中央政府27％，自治体18％の割合で負担している．子ども・家庭への支出割合の高さ，雇用主負担割合の高さが特徴的である．自治体のサービス供給費用は1,860万ユーロで，自治体の支出全体の56％を占めている．主な目的別内訳は，高度医療27.4％，高齢者・障害者サービス21.5％，基礎医療サービス20.4％，保育14.0％である．財源は，中央政府からの包括補助金が約30％，利用者負担約9％で残りを自治体が負担する．

(4) 社会保障・社会福祉の実施主体

　所得保障の各制度は，全国を単位とした社会保険や中央政府が運営する．しかし，生計費補助と社会福祉・保健医療サービス（高度医療を除く）の供給責任は，336の基礎自治体にある．基礎自治体は，社会福祉法，保健医療法，その他の法律で定められたサービスを住民に確保する責任があるが，その実施方法は原則自由で，地域の実情に応じた柔軟な実施が可能である．中央政府は，サービスの主な枠組みと最低限度の質の水準について方針を示すほか，費用負担限度額の設定，監査を行うなど主に質の保障と公平性の確保を担当する．したがって，自治体によってサービスのメニューや料金が異なる場合もある．実際に，大都市と過疎の村では施設や在宅サービスのメニューも提供方法も異なり，とくに都市部では福祉サービスの民間委託が進んでいる．また，大都市には医療機関がいくつもあるが，地方の自治体には保健センターの支所しかないとこ

ろや，一部の曜日にしか開かない機関もある．しかし，必要な時には近隣の保健センターの利用や臨時の診療等によって医療は必ず確保される．また，人口1,000人規模の小さな自治体では，保育所の代わりに，グループ単位の家庭的保育で保育サービスを確保する．多少の不便が生じたり，選択肢が狭まったりするが，住民の必要なサービスに必ず応える原則が貫かれている．

　福祉サービスの供給責任を基礎自治体に置くことは，北欧諸国に共通している．スウェーデンやデンマークでは，人口高齢化を背景に大量の福祉サービスの供給能力を確保・維持することを主な目的として，自治体規模を一定にそろえるための大規模な統廃合が実施されてきた．一方，フィンランドでは，ふぞろいな自治体規模によるサービス提供の限界を克服するために，伝統的に複数の自治体の連合組織による福祉や保健医療サービスの提供が行われてきた．2007年からは，福祉サービスの供給単位として自治体または連合組織に2万人程度の人口規模を確保することをめざした自治体およびサービス構造改革が実施されている．

3 高福祉・高負担国家の基盤

　およそ100年前の北欧諸国は，ヨーロッパの中でも貧しい地域であった．冷涼な気候と岩盤でできた大地は食料生産を阻み，資源に恵まれないうえにヨーロッパの北のはずれという不利な立地が工業化の遅れをとる要因となった．スウェーデンでは，19世紀後半から20世紀初頭にかけて，飢饉のために当時の人口の約3分の1が国を後にした．それが，20世紀を通じて高福祉高負担国家へと変身を遂げた背景のひとつとして，社会民主主義を基調とした政治的選択の積み重ねを指摘できる．福祉国家の建設過程で，人口のより多くを対象とすることでより広範な支持を得てきたこと，政府と経営者と労働者が三者の利益を尊重し，妥協しあいながら政策を形成してきたこと，複数政党が連合政権を形成し少数意見をできるだけ排除しない合意形成型の政治を行ってきたことが，普遍的・包括的な福祉を生み出した．これが，人びとの連帯の素地となっ

ている.

　高負担型の福祉国家を可能にするもうひとつの鍵は，女性の労働市場進出と透明な政治である．北欧型の福祉国家は，カネがかかる．子育ても，高齢者の介護も社会が提供するようにしたことで，雇用機会をうみだし，家族による育児や介護の負担を軽減すると同時に，女性に労働市場へ進出するチャンスを与えてきた．一人でも多く雇用され，税の担い手となることが福祉の財源となり，高負担社会での家計をラクにする．一方，高い税金は，行政活動へのチェックの目を鋭くする．徹底した情報公開で納めた税金の行方を誰でも知ることができる．負担が自分に返ってくること，無駄や不正に流用されていないことを知ることができる透明な政治・行政は，福祉国家が納得と信頼を得て持続可能となるための重要な基盤となっている． 　　　　　　　　　　（藪長千乃）

事例　ストックホルム市（スウェーデン）の公園計画：QOL と Social Justice
　ストックホルム市は森と湖に囲まれた美しい景観と住環境を保ち，2010 年にはEUの環境首都（Green Capital）に選ばれた．ストックホルムは公園や緑地を単独で存在させるのではなく，つなげることで動物たちが緑地帯を移動でき，また風の通り道となって市街の中心部に新鮮な空気を送り出す「グリーン・コリドー（緑の回廊）」を整備している．たとえば市内のどんな場所に住んでいても1～5ヘクタールの大きさの緑地に200メートル以内で行けるよう行政はまちづくりを進めている．広大な公園では市民がジョギングや散歩，冬には凍った湖でスケートを楽しむ姿が多く見られ，鹿などの野生動物も多い．
　では都市の豊かな緑地環境は，市民すべてのQOLの向上に結びついているのだろうか．社会問題の観点から見てみると，少し違った答えが見えてくる．「Social Justice（社会正義，社会的公正）」は，まちづくりにおいて重要なテーマのひとつである．さまざまな文化や人種，民族，また異なる社会的地位（低所得者層～高所得者層）の人びとが平等に，多様性をもち民主的に暮らせることが欧米を中心に重要なテーマとして考えられている（Campbell, 2006）．長年移民を受け入れてきた欧州では，多国籍の移民コミュニティが孤立せずに，社会に融合することがまちづくりのなかでの大事な施策のひとつである．
　統計によると，スウェーデンでは，2010 年にスウェーデン国外で生まれた人口が，全人口のおよそ15％を占める．移民グループのコミュニティが形成され，外の世界に触れずに社会から孤立してしまう問題も多く起きている．そうした移

民コミュニティは，政府が 1960 〜 70 年代に「ミリオン・プログラム」（100 万戸の建設事業）で整備された郊外のアパート群に多く見られ，緑地や湖など「緑の回廊」を挟んで点在し，地下鉄や電車などの交通網が地区を結んでいる．

　2008 年に筆者が暮らしていた市北部の地域，シスタ（Kista）もミリオン・プログラムで建設されたアパートが立ち並ぶ地区であった．中心部からは地下鉄で 30 分．周辺は広大な緑地に囲まれ，地域外には車か地下鉄やバスに乗らないと出られない．隣地区フースビュー（Husby）の住民の 8 割以上は移民であった．地域の高校の校長先生は，こう語っていた．「ストックホルムに暮らしていながら，地域からほとんど出たことがなく，この国のことを知らない生徒も多い．中心部の市庁舎へも行ったことのない子どもさえいるのです」．「緑の回廊」を作ることで都市の自然環境が保全されている一方で，緑地は物理的な壁をつくり，コミュニティ間の隔絶や孤立をさらに高めるとも考えられている．市は，こうした公園や緑地の社会的価値や課題を把握するツールとして，「Sociotope Map（ソシオトープ　マップ）」を独自に開発し，公園施策に市民意見や住民参加によるアイディアを取り入れている．Sociotope とは，Biotope（生物的空間）と相対して作られた人造語であり，空間の社会的価値を表現した地図で，地域が住民によってどのように利用されているか（例：地域の拠点，こどもの遊び場）を地図上に表すことで，地域住民の行動や実情を「見える化」させることができる．インタビューや空間観察，公園を利用する住民とのワークショップを開催して，良い点，課題などを洗い出すのである（Ståhle, 2006）．シスタのように移民が多い地区で，緑地が他地域との交流を隔てていたり，住民からあまり利用されていない現状を把握することで，公園などの空間整備が，Social Justice につながっていることを認識することが可能となるのである．

　暮らしやすいまちを考えるとき，社会的立場や経済状況，異なる文化的背景によってとらえ方が変わってくる．緑地・公園が憩いの場・生態系を守る環境保全の場となり，QOL を向上するととらえる一方で，地域間の交流を阻害する壁（Physical Boundary）ととらえる視点があり，いろいろな角度から市民の共有する空間について考える必要がある．公園・緑地保全＝環境という言葉でくくられがちなテーマでも，移民の社会への適応や孤立防止など，Social Justice を考えることにもつながっている．まちづくりのさまざまなテーマを包括的に考えながら，多様なグループの声を多角的に拾うことが，経済的・環境的・社会的に持続可能（Sustainable）なまちづくりへとつながっていくプロセスなのではないだろうか．

（佐々木晶子）

4 アジアの社会福祉

1 中国の経済発展と社会問題

(1) 中国の経済成長とアジア

　現在，世界の三大成長センターといわれるのが，中国，インド，ASEANである．この東アジアの成長が今や世界を牽引している．つまり東アジアを中心とした地域（＝リージョン）がこれからの世界の発展可能性を秘めている．

　とりわけ，中国の発展はめざましいものがある．中国は1978年の鄧小平主導による「経済政策改革・対外開放」政策に始まり，1983年の「外国知恵の利用と対外開放の促進」の発表などにより，海外人材派遣と科学技術の受け入れに積極的に取り組んできた．2007年，中国社会科学院の「グローバル政治と安全」という報告によると，中国はすでに「世界一の移民輸出国」となり，「中国人頭脳エリートの海外流出」が世界一になったという．1978年から2007年にかけて107万人が海外留学している．日本にも，2011年現在，約13万人の外国人留学生のうち60％以上，約8万人が来日している．

　中国人の人口排出と世界進出は同時進行しているが，同時に国家間・国境地帯間・地域住民間にさまざまな軋轢や摩擦も生じている．一例を挙げると，ラオスの「中国人都市」の出現というニュースが印象深い（朝日新聞，2011年1月22日）．ラオスの首都ビエンチャン市の中心部近くの休耕田に，突然「中国人都市」が誕生するという．2009年，東南アジアスポーツ大会の競技場を中国政府が建て，その「交換条件」として，中国人居住地のための土地の使用権を最長75年間貸与，5万人の中国人入植計画などの話が進んでいる．約千ヘクタールの土地を開墾し，そこに農地，食品加工，軽工業工場，中国人住宅などを造る計画である．つまり巨大な市場をつくるというだけでなく，「中国人都市」そのものをつくるという経済外交戦略なのである．

　このような事例は，中国「南進」政策にとって一里塚に過ぎない．中国と

ASEAN を繋ぐ大動脈は「南北回廊」といわれ，将来は中国―ラオス―タイ―シンガポールまでを結ぶ計画といわれている．この「南進」政策が，「東に向かう」と，黄海・日本海・南シナ海・太平洋などの海洋資源エネルギー開発への進出ということになる．こうした東アジア地域の胎動は，「東アジア大交流時代」が到来しているということである．資本，技術，ビジネス，観光，サービス，人材育成など，「移動の自由化」（＝自由貿易地域づくり）という"パンドラの箱"が開いたのである．しかしながらその"パンドラの箱"が開いた後の新しい世界秩序や地域秩序はまだ形成されていない．それは，つまりこれまでのアメリカモデルに代わる「アジア標準モデル」をどうつくっていくのかということが意味されている．

(2) 現代中国の都市化：家族観の変容と社会問題

現代中国の都市化は，スピード・スケールともに予想をはるかに超えて進んでいる．たとえば，北京人口は，2000年からの10年間で約45％も増え1,961万人になった．毎年平均約60万人ずつ増えている計算になる．上海市民もまた常住人口1,800万人といいながら実数は2,300万人以上（さらに外国人や出稼ぎ労働者など）いるといわれている．上海市は車で2時間以上走ってもまだ上海市内であるというくらい広大な巨大都市である．はるか郊外の中国映画のワンシーンに出てくるような田園風景であっても，なお上海市内なのである．近隣都市は皆"上海市民"になりたがっている．外灘や南京東路や豫園など，どこに行ってもどこまで行っても人また人の黒山であり，1年中お祭り騒ぎ状態である．東京・新宿・歌舞伎町と同じか，それ以上に24時間眠らない街・不夜城で，街全体がスプロール化現象で延々と連なっている．30階建て以上の高層ビル件数はおそらく世界一であろう．

都市化は地方の農民を都市へと過度に集積してきた．その結果，農村も都市もこれまでの歴史・伝統・文化・自然環境などに大きな変貌をもたらしている．住居問題，防災問題，健康問題，教育問題，コミュニティ問題，都市間競争な

どの諸問題が噴出している．都市はインフラ整備，環境対策，生活水準の向上などに迅速・適確に対応していかねばならない．にもかかわらず，中国の社会問題はきわめて深刻な事態である．中国社会が「世界の生産工場から消費市場へ」と発展するにつれて，収入の増加は人びとの生活の質を向上させ，中間階層化が進んできた．同時に高学歴化は人びとの意識を高め，基本的人権・民主化・自由化・平等化・公平化・透明化といった要望もまた強くなってきた．人びとのいのちやくらしやこころへの関心が高まるにしたがって，さらにさまざまな貧富格差，権力腐敗，官僚汚職，環境破壊といった社会問題がより一層可視化されるようになってきたのである．

　都市に向かう農民や若者の精神を支えているものは「チャイニーズ・ドリーム」である．「今日より豊かな生活」，「努力すれば必ず成功する」，という期待と幻想である．中国人はよく「誰もがドラゴン（皇帝・英雄）になりたがる」，「トップにならなければ生きる価値がない」などといわれる．

　しかしながら現代社会は，農村から出てきたばかりの若者に"自由も希望も機会"も開かれてはいない．若者への成功のチャンス，雇用の機会均等，個人の尊厳などは必ずしも与えられていない．「世界第2位の経済大国」といわれ，誇らしい大国意識をもつ反面，賃金格差・教育格差・生活格差などの「格差社会」に喘いでいる．沿岸地帯と内陸部，都市と農村との格差だけでなく，都市内部・企業内部においても収入格差がますます拡大している（2011年現在3.2倍以上といわれる）．都市労働者として一生懸命働いても働いても収入は増えず，消費者・生活者としての豊かさを実感できないでいる．経済大国を実感し利益や豊かさを享受しているのは，大企業社長，政府官僚，共産党幹部などごく一部の人びとだけだという不平不満の声は高く，将来への不安は大きく消えない．将来，たとえGDPがアメリカを超えたとしても，「人々の生活はよくならない，貧乏は変わらない」と嘆く人が多い．拡大する貧富の格差や絶えない腐敗に対し，庶民の不満が噴出し，中国各地で抗議デモや暴動が相次いでいるという．たとえば，「政府役人にコネがある住民だけが，規定よりも広く立地条件

の良い土地を得ている」など,「法治ではなく人治だ」,「何もかも不公平だ」というが如しである.

一方,次代を担う「1980年代生まれの若者バーリンホー (80后)」(約2億2,000万人) の動向が注目されている.この「バーリンホー世代」の素顔は,一人っ子,わがまま,無責任,目先の自己利益だけ追求,政治には無関心,ネット漬け,開放的思想,外国留学,競争世代,多様な価値観などと評されている.今年,22～31歳 (総人口の14%) の彼らは,1978年,鄧小平が「改革開放政策」を打ち上げ,市場経済に突き進んでいく過程で成長してきた世代である.北京五輪も上海万博も経験し,GDP世界第2位の豊かさも享受している.都市社会で消費欲も旺盛であり,インターネットや携帯電話などIT情報にも囲まれ,海外の文化や情報も躊躇なく受け入れて吸収する.まずは自分自身の意見や個性や価値観を優先し大事にする.「小皇帝 (男児),小公主 (女児)」ともいわれる.彼らは家族の大きな期待を背負って大学進学する.しかし,高学歴出身なのに就職できず,低収入で社会的弱者になっているという不満が高い.「国家はますます強大になっていくのに,個人はますます小さくなっている」といった反発である.「大都市で蟻族になるか,田舎に帰って貴族になるか」ともいう.しかし,豊かな都市社会で恵まれた家庭環境で育った彼らに,もはや帰るべき家族も故郷もない.「お前だけでも農民とは違う生活をして欲しい」といった両親の願いは大きく切実である.結局,彼らは都市に生き,都市と共にやっていくしかない.

こうした都市環境の中で,家族観もまた変容・多様化している.まず結婚の前提条件として,「家をもっていること」が絶対必要であるといわれる.中国では,家は最初から「買うもの」という考え方が一般的であり,相手が家をもっているかどうかが重視される.しかし上海の土地はダイヤモンドといわれ,住宅価格は高騰し (北京では5年足らずで3倍以上に跳ね上がった),若者には高額過ぎてとても買えない.そこで代わりに親が貯金から購入し買い与えるということになる."年老いた両親4人"が一人っ子夫婦の面倒をみるのである.

経済成長は人びとの権利意識を高め，言論の自由，社会保障，民主化要求などに繋がっていく．生活水準の向上が，「物から心へ」，「物的欲求充足から精神的・内面的満足へ」と昇華していくことは人間社会の理である．日本もまた同じ道を通過してきた．「規制か自由か」，政府にとっては大きなジレンマであるが，最後は，「神の声」（＝人民の意思）である「人びとの要求と期待」に対応せざるをえない．政府は今後，教育，雇用，医療，介護，福祉，高齢者対策など社会的サービスを充実し，人びとが安心して生活できる都市環境を整備することが求められている．

(田中豊治)

2 タイにおける社会福祉の展開過程

東南アジアの ASEAN 諸国の 2003 年における「合計特殊出生率」は，タイが 1.8，マレーシアが 2.8，インドネシアが 2.4，フィリピンが 3.2 である．タイでは，すでに人口安定化に必要な出生率 2.1 を割り込んでいる．平均寿命も 1950 から 2005 年にかけてタイ 50.8 から 68.6，マレーシア 48.5 から 73.0，フィリピン 47.8 から 70.3，インドネシア 37.5 から 68.6 へと上昇している．日本だけでなく，東アジア諸国においても将来的には，高齢化の進展，子どもの数の減少により高齢者の扶養に社会的支援が必要となる可能性がある．このような現状を踏まえて，タイを事例として，高齢者への社会的支援の現状と仏教寺院内に設置された高齢者センターにおける高齢者クラブによる地域福祉活動について紹介する．

(1) **タイの概要：人口，地勢，宗教，政治，経済**

〈人口，地勢〉面積，51.4 万平方キロ，人口，約 6,338 万人（2008 年末現在），高齢化率は，2005 年 7.8％．バンコクも含め，76 の県がある．首都バンコクは，デルタ地帯に位置し，運河が縦横に張り巡らされ，東洋のベニスともよばれているが，海抜 0 メートルの場所もあり，低湿地が河口部まで続く．いったん洪水が起きるとなかなか海への排出が進まない．2011 年の大洪水による被

害は，50年に一度ともいわれるものだったが，もともとそういう地勢の中でおきたことである．

〈宗教〉国民のほとんどがスリランカ系の上座仏教徒．全国に約3万5千の仏教寺院があり，僧侶は約25万8千人，ほとんどの村に村のお寺があり，村の寄合，村祭り，高齢者の憩いの場として古くから利用されていた．タイの男性は，結婚するまでに一度は，僧侶になることが望ましいといわれている．

〈政治〉政体は立憲君主制で，議会は上院と下院の二院制，軍部と文官の間で政権をめぐって幾多の抗争が続いてきた．

〈行政区分〉県（ジャンワット）—郡（アンプー）—村（タンボン）—区（ムー・バーン）．バンコク都の場合は，都（ムアン）—区（ケート）—小区（クウェーン）—地区（チュムチョン）となっている．また，テサバーン法（1953年）で人口密集地域に法人資格が与えられテサバーンという行政単位となっている．

〈産業〉かつて農業中心であったが，1958年サリット政権下，アメリカの全面的バックアップによって経済開発政策と外貨導入策が行われ，先進各国企業が進出し，工業化が急速に進んだ．日本企業も1970年には，66社が進出，現在は，約7,000社が進出している．国内総生産（GDP）の実質成長率は，1980年代前半は平均5.9％，1990年10％と高い成長率を示したが，2008年の名目GDPは2,730億ドル，日本のGDPの約18分の1，1人当たりGDPは4,073ドルで日本の約9分の1である．

そして，海外企業の進出による高度経済成長はさまざまな社会的な変動も引き起こしている．2011年の大洪水も，地勢や異常気象だけではなく，高度経済成長のもと，熱帯雨林が破壊され，森林の保水能力の低下も大きな要因となっている．

一方，政府の総支出に占める社会福祉関連施策の支出額はきわめて小さく，2000年度の予算は44億9,686万バーツ（1バーツは約3.5円）で，政府予算全体の0.49％を占めるにすぎない．

(2) タイにおける社会福祉政策の展開過程

　タイの王室による福祉的な事業の始まりは，1894年に王室の働きかけで，傷痍（しょうい）軍人の救援のためにタイ赤十字社が設立されたことによるといわれている．1940年に，内務省公共福祉局が設立され，公的な社会福祉が実施される基盤ができ，児童・老人・障害者・家庭福祉・住宅・就職援助・労働者福祉・緊急災害救助などの事業が行われるようになった．しかし，財政面に問題があり，社会福祉局の活動は民間社会福祉によって補われざるをえなかった．1954年，「社会保障法」が国会で議決されたが，政府の財政状況が悪いことを理由に施行は延期・先送りされ，ようやく，1990年に施行されることになった．この法律によって従業員20名以上の企業の従業員を対象に，企業と雇用者の拠出金と政府からの援助金を基金として，傷病，出産，死亡に対する手当および障害年金などが給付される．

　また，1986年に公衆保健省によって設立された健康保護基金によって農村地域では保健サービスが実施される．このプログラムでは，加入者が任意に各世帯で年間多数回治療ができる健康カードの購入を推進した．

　なお，公的社会福祉制度の運用は，バンコク首都圏と75の県に分けて行われている．首都圏の業務は，社会福祉局首都圏事務所が直接担当している．地方にある社会福祉事務所は，県単位では全県に設置されている．

(3) タイにおける高齢者福祉政策の展開過程

　1986年に，社会福祉開発局は「第一次全国高齢者長期計画」(1986 – 2001年)を策定した．この計画がタイの高齢者福祉政策の基本となっている．この計画の一環として，① 在宅高齢者への経済的支援，② 仏教寺院内への高齢者センターの設置などが計画された．公的社会福祉は，2002年の政府の機構改革により社会開発・人間の安全保障省社会開発福祉局が行うようになった．さらに，2002年には，「第二次全国高齢者長期計画」が策定された．そして，「高齢者法」が2004年に施行された．この法律は60歳以上の国民の権利を保障するも

のである.

社会開発福祉局による主な高齢者福祉サービスは次のようなものである.

① 高齢者の施設サービス

社会開発福祉局で行われた最初の制度的サービスは，経済的に恵まれず，身寄りのない高齢者のために無料老人施設を全国に設置したことであった（1953年）. しかし，2004年においても，全国主要都市に，合計20カ所設置されているだけである. 民間の施設もあるが，1カ月の経費は，5万バーツ（約15万円），この国の一般的サラリーマンの3～4カ月分の給料に相当する.

1）高齢者サービスセンターでのサービス

社会開発福祉局では，施設サービスの数量的限界を踏まえて，家族や地域社会が高齢者を支えることを基本として在宅福祉を中心に施策を展開している. その一環として1979年より高齢者サービスセンターを設立した. ここでは緊急一時保護，移動サービスの二種のサービスが行われているが，これらのセンターも2004年，主要都市を中心に合計17カ所に設置されているのみである.

2）在宅高齢者への経済的支援

日本の生活保護のような制度は確立されていないが，生計維持者の疾病，死亡などにより所得の低い世帯に対しては，年間3回まで2,000バーツの家族福祉助成金が給付される. このほか，社会開発福祉局では，収入がなく自活している貧困な独居高齢者に，月200バーツの援助金の支給が行われるようになった（1993年）.

3）仏教寺院内にある高齢者センターでのサービス

タイの福祉事業は仏教によって始められた. 福祉事業のみならず，教育，医療など，多くの民生分野の活動が僧によって始められている. 全国362の仏教寺院に1,115人の高齢者が生活している（1994-1995年，社会開発福祉局の調査）.

寺院では，1999年から寺院内に高齢者センターを設置，高齢者クラブを組織し高齢者の福祉活動（健康増進活動，レクリエーション活動など）を実施している. このような高齢者センターを設置している寺院は，2003年，全国に200カ所

ある.

　その他, 赤十字社, ヘルプ・エージング・インターナショナル, プラティープ財団その他の非営利組織などの民間組織・団体は, 貧困あるいは, 僻地で高齢者のコミュニティ・ケアを行っている.

3 タイにおける高齢者クラブの地域福祉活動

　ここでは, 仏教寺院内高齢者センターで行われている2つの地域の活動を分析した筆者の研究から地方都市の場合と大都市の場合でその活動にどのような特徴が見られるか, どのような課題があるかみていく.

(1) 地方都市, ルーイ県プーカデン郡における仏教寺院内高齢者センター

① ルーイ県, プーカデン郡

　ルーイ (Loei) 県は, タイ東北部に位置する. 県庁所在地ルーイ市は, 首都バンコクからバスで約8時間ほどのところにあり, 北側は, ラオス人民民主主義共和国と境界を接している. ルーイ県の人口は62万人, 60歳以上高齢者の数は, 4万1,414人, タイ東北部19県のなかで13位, 独居高齢者の数は, 1,720人で17位であった (1999年). プーカデン郡は人口3万5,849人, 人口密度1km² 当たり57人である. 国立公園にも指定されるように, 美しい山々に囲まれている. 主な農作物は, もち米, とうもろこし, 大豆, キャッサバ, マンゴーなどである.

　プーカデン村は, 郡関係の施設や商店が多い郡の中心部の人口密集地域にあり, 村内には, 郡庁, 警察署, 病院, 小学校などの公共機関がおかれており, 7つの区 (第1, 第2, 第3, 第7, 第8, 第11, 第77区) がある. 人口は8,273人, 世帯数は2,229, 61歳以上の高齢者人口は, 856人である.

② シー・プーカデン寺院

　シー・プーカデン寺院では, プーカデン村の高齢者による地域福祉活動が行

われている．この寺院の開設年は，1972年，第3区の人たちの寄付によって建立された．その後，第3区が人口増加により第8区が組織され，現在，寺院の管理・維持・補修，仏教行事の主催は，第3区と第8区から選ばれた寺委員会によって行われている．寺委員会の委員は老人クラブの役員も兼任している．寺の運営にあたっての財政は，主に仏教行事が行われた際の寄進によって賄われている．

シー・プーカデン寺院内の高齢者センターでの活動への郡およびテサバーンによる指導・財政的援助は，行われていない．

(2) **大都市　バンコク都タリンチャン区の概況**

① バンコク都タリンチャン区の概況

バンコク都の人口は，558万人，国内の人口の約1割が集中しており，独立した特別自治体として，区役所を設置する50の区，さらに区の下位単位として154の小区がある．タリンチャン区は，人口，10万4,821人で，60歳以上の高齢人口は，1万2,441人 (2006年)，住民の仕事の大半は野菜，果実栽培である．タリンチャン区は，さらに6つの小区に分けられている．このうち，タリンチャン区と他の2つの小区に老人クラブが存在する．ワット・チャイヤプルット小区は，5つの地区（チュムチョン）に分かれている．この内，第4地区で老人クラブによる高齢者福祉活動が行われている．世帯数は，500世帯で，農村における区（ムー・バーン）にあたるものとして，地区（チュムチョン）という住民組織を形成している．第4地区の住民の大半は，公務員，自営業者（商店，飲食店を経営）である．

② タリンチャン区の福祉・医療サービス

区役所の地域開発課福祉係の主な仕事は，国，バンコク都からの経済的支援を受けている高齢者のリストづくり，高齢者の知識を増やすための研修会の実施，月1回の区内にある老人クラブ役員会の開催である．また，クローンチャクプラ小区にある2つの寺院では，身寄りのない高齢者を保護している．

表6-6 高齢者クラブによる地域福祉活動

	ルーイ県プーカデン郡 (地方都市)	バンコク都タリンチャン区 (大都市)
高齢者クラブの設立	1997年設立．高齢者センターは，社会福祉開発局の指示により，県の福祉事務所をとおしてテサバーンの指示により建設	1996年設立．バンコク都による健康増進を目的として老人クラブを組織化する施策
地域的範囲	プーカデン村内	チュムチョン（住民組織）の範囲
組織の基盤	シー・プーカデン寺院の寺委員会	チュムチョンの役員会
活動場所	シー・プーカデン寺院	月曜は，衛生センター，木曜は青年センター
活動内容	老人クラブによる活動（仏教行事，寺の維持・管理・補修，薬草栽培，健康診断）	老人クラブによる活動（タイダンス，レクリエーション活動，健康診断）
財源	葬式組合の会費（会員の誰かが亡くなる毎に1人50バーツずつ支払う）	葬式組合の会費（会員の誰かが亡くなる毎に1人20バーツずつ支払う）
活動の課題	①活動への参加者が，寺院のある第8区と第3区住民が中心で，他地区の参加が少ない．つまり，活動の範囲と参加者の住む地域的範囲が一致していない．②従来，仏教寺院で伝統的に行ってきた活動が中心だったが，近年は，健康増進，就職の斡旋などに関する要望が増えてきており，公的支援が必要である．	①女性向けの活動が多く，男性の参加者が少ない．すなわち，男性にとって，活動内容がニーズにあわない．②月曜は衛生センター，木曜は青年センターと場所の確保が難しく，衛生センターではタイダンスやレクリエーションができない．③旅行や食事会等のための公的資金援助が必要である．

2つの地域の高齢者クラブによる地域福祉活動を比較したのが表6-6である．

いずれにしても，公的な福祉サービスが少ないタイにおいては，このような民間の寺院を中心とした活動が行われている．しかし，都市化の中で，都市部の状況がかなり変化している．その変化への対応がまだ十分ではないという課題が大きい．

（酒井　出）

引用・参考文献

① Hüttenbrink, J., *Sozialhilfe und Arbeitslosengeld II. Hilfe zum Lebensunterhalt, Grundsicherung, sonstige Ansprüche, Verfahren, Verwandtenregress*, C. H. Beck, 2008.
② Klinger/kunkel/Peters/Fuchs, *Sozialhilferecht-SGBXII mit SGBII und AsylbLG*, Nomos, 2005.
③ Steck/Kossens, *Neuordnung von Arbeitslosen-und Sozialhilfe durch Hartz IV*, C. H. Beck, 2005.（田畑洋一監訳『ドイツの求職者基礎保障―ハルツⅣによる制度の仕組みと運用』学文社, 2009年）
④ 足立正樹『現代ドイツの社会保障』法律文化社, 1995年
⑤ 古瀬徹・塩野谷祐一編『先進諸国の社会保障4 ドイツ』東京大学出版会, 1999年
⑥ 労働政策研究・研修機構編「ドイツ, フランスの労働・雇用政策と社会保障」『労働政策研究報告書』No.84, 2007年
⑦ 和田勝『介護保険制度の政策過程』東洋経済新聞社, 2007年
⑧ 阿部彩「アメリカにおける社会保障改革と財政」『ファイナンシャル・レビュー』財務省財務総合政策研究所, 2006年, pp.1-28
⑨ 阿部彩「アメリカの福祉改革の効果と批判」『海外社会保障研究』147号, 2004年, pp.68-76
⑩ 稲葉美由紀「グラミン・アメリカ」『世界の社会福祉年鑑』旬報社, 2009年, pp.446-462
⑪ 稲葉美由紀「米国の母子家族と自立支援アプローチ―マイクロエンタープライズ・プログラムの試み」『社会福祉研究』83, 鉄道弘済会, 2002年, pp.126-131
⑫ 斎藤拓「福祉国家改革の一方向性―各国に見る資産ベース福祉への移行―」『Core Ethics』Vol.2, 2006年, pp.259-269
⑬ 野田博也「アメリカにおける個人開発口座IDAsの展開―資産ベース福祉に関する予備的研究―」『貧困研究』2009年, pp.94-104
⑭ 藤田伍一・塩野谷裕一編『先進諸国の社会保障7 アメリカ』東京大学出版会, 2000年
⑮ Administration on Aging (AOA), *A Profile of Older Americans: 2008*, U.S. Department of Health and Human Services, 2009.
⑯ DeNavas-Walt, C., Proctor, B. D., & J. C. Smith, *Income, Poverty, and Health Insurance Coverage in the United States: 2009*, Washington, DC: U.S. Census

Bureau, 2010.
⑰　Karger, H. J. & D. Stoesz, *American Social Welfare Policy: A Pluralist Approach* (6th Ed.), Allyn & Bacon: Boston, 2010.
⑱　Mishel, L., Bernstein, J. & H. Schierholz, *The State of Working America*, Ithaca, NYdor: ILR Press, 2009.
⑲　Sherraden, M., *Assets and the Poor*, Shapred: Armonk, NY, 1991.
⑳　U.S. Department of Agriculture, *Food Security in the United States: Key Statistics and Graphics*, 2009.
㉑　U.S. Department of Labor, *Highlights of Women's Earnings in 2008*, 2008.
㉒　Campbell, Heather, "Just Planning: The Art of Situated Ethical Judgment", *Jounal of Planning Education and Research*, 2006: pp.92-106.
㉓　Statistics Stockholm, http://www.scb.se/Pages/PressRelease___305658.aspx, 2010.
㉔　Ståhle, Alexander, "Sociotope mapping - exploring public open space and its multiple use values in urban and landscape planning practice". *Nordic journal of architectural research*. Volume 19, Nordic Association for Architectural Research, School of Architecture, Royal Institute of Technology No.4, 2006, pp.59-71.
㉕　萩原康生「タイ」仲村優一・阿部志郎・一番ヶ瀬康子編『世界の社会福祉年鑑』旬報社，2005年
㉖　自治体国際化協会「行政事務からみたタイの地方自治」『CLAIR REPORT2003』自治体国際化協会，2003年
㉗　国際協力銀行『タイにおける社会保障制度に関する調査報告書』国際協力銀行，2002年
㉘　高嶺豊「タイの社会福祉」松村祥子編『世界の社会福祉』放送大学教育振興会，1997年
㉙　Department of Social Development and Welfare, Ministry of Social Development and Human Security 2003, *Annual Report*, 2003.
㉚　Knodel, J., et al., Aging in Thailand: An Overview of Formal and Informal Support, *Comparative Study of The Elderly in Asia Research Reports* No.99-53, Population Studies Center University of Michigan, 1999.
㉛　Sutthichai, J., et al., *National Policies on Ageing and Long-term Care Provision for Older Persons in Thailand*, The International Development Research Center, 2002.

学びのオリエンテーション

国際比較の視点と方法

　私たちは比較によって多くのことをより深く理解することができる．それには，さまざまな視点や方法が考えられる．比較をしようとするときに対象となるのは，①制度や構造（それを生み出した理想やその背後の思想・哲学も含め），②機能や過程（同じ制度でも場所や国によって違う役割を果たしたり，異なる効果をもたらしている場合もある．），③行動や文化（同じ名前の制度が異なる仕組みをもっていたり，同じ制度が違う役割・効果をもつのはなぜか？），であるとされている．つまり，比較には，あるひとつの制度を取り上げて国による違いを測ることから，制度の役割や効果の違い，ひいてはなぜこのような違いが生まれるのか，といった問題まで含まれる．

　また，国際比較の場合，複数の国間の比較になるが，地域による違いを取り上げることもできるし，この地域による違いを複数の国の間で比較することもできる．これを空間比較とよぶ．時間を変えて比較することも可能である．体制変換の前後，産業発達の前後，技術革新の前後などで比較するのは，時系列比較である．さらに，異なる場所と異なる時間を組み合わせて比較することもできる．

　ところで，比較をするときには，気をつけなくてはならないさまざまな点がある．ここでは，国際比較研究をしようとするときやその結果を読むときに注意が必要な点を簡単に述べておく．

　まず，すでに述べたようにひとつの制度や事象を切り取った単純な比較は，誤解を招きやすいことである．比較にあたっては，その場所の特性・背景や歴史を理解し，さらに制度の役割や効果の違いを念頭に置く必要がある．

　次に，これに関連して，「概念」の違いにも注意する必要がある．たとえば，日本に住む私たちが「家族」とよぶものとフィンランドに住んでいる人たちが考える「家族」はまったく異なるかもしれない．国や地域，言語によって，個人によっても異なる意味合いを含んでいる可能性が大きい．

そこで，比較をするときにはこの「概念」を一定の範囲に限定する「操作」が必要になる．たとえば，「家族」とは，同一世帯に所属し，血縁・婚姻関係にあるものとする，などと定義することはこうした概念の操作にあたる．多かれ少なかれ国際比較のデータや研究結果は必ずこのような概念の操作が行われている．したがって，既存の情報は，こうした操作が行われた結果であることを理解しておく必要がある．

国際比較研究には，二カ国間比較，多国間比較，一国研究（地域研究）がある．比較する国の数が増えれば増えるほど，分析結果から得られるものは大きいかもしれない．しかし，比較対象とする国の社会制度の理解や，取り上げる変数の操作のために，多くの労力や費用を費やさなくてはならないし，分析の精度は低くなりがちである．通訳や翻訳による情報はバイアスや誤解をはらむ場合もある．英語などの第二言語による調査も同様の問題をもつ．

自国以外の国を取り上げた地域研究も比較研究のひとつである．対象国の叙述に絞ったとしても，常に自国の状況を考慮に入れながら分析を進めるからである．地域研究は対象国の言語の習得，社会や文化の理解，歴史や制度への精通を踏まえて行われるため，研究精度の高さを期待できるが，分析結果の汎用性が低くなる．しかし，国際比較研究にはこうした地域研究の積み重ねが寄与している部分も多い．筆者もできる限りの機会を利用して研究対象国へ足を運び，地域研究を進めようとしている．

もちろん私たち自身がこうしたことをすべて完全にこなしていくことは難しい．だからせめて，国際比較をするときには，比較の対象となったひとつの事象や制度を取り巻く社会全体にも目を向けながら，さまざまな情報が加工（操作）されていることと，比較の精度をあげるためには一つひとつの情報を慎重に扱っていく必要があることを意識しておきたい．

参考文献
久塚純一『比較福祉論』早稲田大学出版部，2001年
岡沢憲芙・宮本太郎編著『比較福祉国家論―揺らぎとオルタナティブ』法律文化社，1997年

（藪長千乃）

第7章
社会福祉の考え方

この章では，重要ではあるが，少々とっつきにくいかもしれない，「社会福祉とは何か？」「社会福祉の制度・実践を支える考え方とは何か？」「社会福祉の理論とはなにか？」といったことをとりあげる．

以下は，「社会福祉とは何か」について書かれた研究者の文章である．

　社会福祉行政がいろいろ動く，あるいは政策提言というものがある．そのことを社会福祉というグランドから批判的に見ていくということが非常に弱くなってきました．……「社会福祉は何だろうか」という問い返しを絶えずしていかないと社会福祉は非常に不幸せな状況になっていくのではないかと思うのです．（吉田久一，1990)[1]

　「社会福祉とは何か」，この問いに答えるのが社会福祉原論の役割であろう．社会福祉としてとらえるべき対象を，特定の視点から記述し，そのダイナミズムを明らかにすること，また別の言い方をすれば，社会福祉の政策・運動・実践などの存在意義を明らかにすることともいえよう．（岩崎晋也，2011)[2]

「社会福祉の理論」については，かつての研究者はこう論じている．

　理論は研究機関ないし研究的な実践家の方にあって，現場には理論と対置した意味で，実践があるという関係は成り立たない．また，理論を通してしか現場を見れなくなり，逆に現場的でないものが理論的であるという妙な認識や，現場に実用的に役立つものだけが理論作業の主目的であると考える傾向がある．（高沢武司，1970)[3]

　優れて理論的なものは，それ自身実践的である．実践を基礎として編み上げられ，それがまた，実践の指針として役立つものである．実践の土台の上に洞察され，整合された理論が実践の指針として体系化され，それに方向づけられた実践が社会福祉の水準高揚と内容の充実を具体化して行くのである．（孝橋正一，1977)[4]

「社会福祉とは何か」社会福祉の理論とは何か？社会福祉の理論と理念と思想はどう違うか，そういうことも考えながらこの章をひもといてほしい．その区別がまだあいまいなため，この章は「社会福祉の考え方」とい

う表現にした．

　第1節では，社会福祉・社会保障の基本的原理となる日本国憲法第25条「人権と生存権」についてとりあげた．第2節では，「当事者主体」の理念をとりあげている．当事者主体，自己決定が社会福祉の専門的援助（ソーシャルワーク）において，重要とされるようになってきたが，理念をどのように現実にするか，課題は大きい．第3節では，「福祉国家」論をとりあげた．「福祉国家」という存在そのものがバラ色のものではない，といった「福祉国家批判論」が1960年代には少なくなかったことも知っておかねばならない．第4節では，「社会福祉とは何か」といったことを，社会福祉研究者たちが喧々諤々(けんけんがくがく)論議した，1960年代の「日本社会福祉本質論争」をとりあげた．

（川池智子）

① 生存権と社会福祉

1 生存権の意義

日本国憲法
　第25条(1)　すべて国民は，健康で文化的な最低限度の生活を営む権利を有する．
　(2)　国は，すべての生活部面について，社会福祉，社会保障及び公衆衛生の向上及び増進に努めなければならない．

　この日本国憲法第25条の条文は「生存権」を規定したものである．生存権は基本的人権の一つであり，社会福祉，社会保障，公衆衛生の基本的な理念であると同時に，社会保障，社会福祉関係法の法源となっている．それほど重要な条文であるが，果たしてどれほどの国民が理解しているであろうか．生存権の保障をめぐっては，国と国民の間でしばしば解釈に違いが見られ，訴訟が起こされている．また，21世紀になっても餓死者を生むわが国の現状を考えると，生存権保障は未だに完成したということはできない．

　基本的人権の保障とは，どのような立場の人であれ，この世に生をうけたならば，誰でも幸福に生きる権利を国が認め守ることである．その保障される人権のなかに生存権もある．本節では基本的人権と生存権の意味，そして社会福祉との関係について説明する．とりわけ基本的人権とともに生存権が日本国憲法に規定された意味は大きく，現在の私たちの生活を支えている．まず憲法と基本的人権の意味から振り返えってみよう．

2 憲法の役割

　そもそも憲法とは何か．憲法は国の骨格を示す最も基本的な法律である．国民の委任（負託）を受けた国は，国民生活や社会経済の仕組みを守り，維持し，管理する責任を負っている．そのために国民や企業，社会，時には外国に対し，さまざまに働きかけを行い，方針や予算をめぐり国会で議論をする．また，国

民も国に対してさまざまな要求をすると同時に代表を国会へ送る．

その理念，内容と範囲，方法を明らかにしたものが憲法であり，国と国民が守り，国と国民の約束が明記されている．国は憲法にしたがって上記の責任を果たし，国民はそれを見守る義務がある．またもし，国が国民の負託に応えないなら，国民は国に改革を要求する権利がある．これが国と国民との憲法における基本的な関係である．その規定のなかで，税制や財政，司法，外交などと並んで人権と生存権の保障も存在するのである．

ただし，実際，国は常に最優先に人権や生存権について施策を考えているわけではない．国は，まず国の土台ともいうべき財政と経済の発展を図る政策を優先する傾向がある．また国会は国民各層の利益代表から構成されており，経済的な富裕層も少なくない．それゆえ人権や生存権の保障の実際は，経済状況や政治状況に左右されてしまう．このことも私たち国民は忘れるべきではない．

3 人権から社会権，そして生存権へ

では憲法が保障する基本的人権とは何か．

人権は「生まれながらにして誰でも有する人たる権利」とする自然権的な解釈と，「絶対主義国家のような国の横暴から人々の生命や財産，自由を守る権利として認められた」とする2つの考え方が存在してきた．両者は補い合い人権思想として成立し国の政治を発展させ，国をかえ，人権を憲法に記すことを勝ち取ってきた．

その記念碑的文章が2つある．ひとつは「アメリカ独立宣言」であり，ひとつは「フランス人権宣言」である．「アメリカ独立宣言」は1776年に発表された．「フランス人権宣言」は，正式には「人間と市民の権利の宣言」といい，1789年，自由，平等，博愛を理念としたフランス革命によってまとめられた．アメリカの独立宣言の前文には天賦人権説を下敷きに基本的人権の尊重がうたわれ，それはフランス人権宣言に影響を与えた．フランス人権宣言には市民が有する基本的人権の内容が明文化されている．1．国民主権（国民が国の主人公），

2. 法のもとの平等，3. 自由，安全，圧政への抵抗，などである．国の横暴や圧政から国民の生命，財産と自由を守るという意味が強い．この人権宣言がその後の世界に果たした役割はとても大きい．

　日本ではこのとき，徳川幕府の鎖国政策によりこれらの影響を一切受けず，加えてもともと西欧と思想的，宗教的基盤が異なったため人権の発想はなかった．やがて明治になり西欧の人権思想が紹介され，「学問のすゝめ」（福澤諭吉）なども著される．しかし，明治政府にとって人権は重要な課題ではなく，人権条項は全国各地で展開された自由民権運動の憲法草案に見られる程度であった．1889年発布の「大日本帝国憲法」では国の主権は天皇にあり，国民は臣民（天皇の家臣）である限りにおいてのみ諸権利がみとめられるというものだった．

　西欧の19世紀は産業革命の時代である．イギリスはレッセフェール（自由放任主義）のもと，資本主義経済が発展した一方，貧富の格差が拡大し，恐慌，失業，貧困という社会問題に直面した．このような事態にどう人権を守れば良いのか．イギリスでは労働者の政治参加という方法が選ばれた．労働者の保護政策や公教育が要求され，資本主義経済が暴走せず，かつ労働者の生活が安定するよう，基本的人権に「社会権」と呼ばれる労働や教育に関する権利が加えられた．社会権は，個人の生存，生活の維持と安定に必要な権利であり，生存権や教育を受ける権利，労働者の団体権，争議権（ストライキ）などである．ただし，イギリスでは一部の法律の制定にとどまった．

　この社会権が明確に憲法に記載されたのは，20世紀になり，ドイツにおける「ワイマール憲法」（1919年制定）からである．ワイマール憲法は，ドイツにおけるはじめての共和制憲法であり，「生存権」規定を世界で最初に明文化した憲法であった．生存権に関する条文は，第2編第5章第151条1項に規定され，「経済生活の秩序は，すべてのものに人間たるに値する生存を保障することを目的とする正義の原則に適合しなければならない」と定めた．権利とは書かれていないが，経済生活はすべての人間に人たる生存を認め，それが正義の原則に適合しなければならないと記された意義は大きい．しかし，同第151条

1項は,「これは国の義務ではなく,方針を示したものにすぎない」(プログラム規定説) という解釈が有力となり,残念ながら生存権は国民の権利であると明確に認められたわけではない.その後,ドイツ共和国はヒットラー率いるナチスの台頭によって短命に終わり,ワイマール憲法も改正されてしまった.そしてナチスが政権を取ったドイツは,1939年ポーランドに侵攻し,これをきっかけに第二次世界大戦が勃発する.

第二次世界大戦は最も基本的人権を危機的状況に陥れた戦争である.戦争は大小を問わず人権を踏みにじるが,ナチス・ドイツは敵国ばかりでなく「人間の浄化」という名目でユダヤ人や障害者に対し非人道的行為(ホロコースト)を行った.また日本は中国で毒ガスや細菌兵器の生体実験をし,そしてアメリカは原子爆弾を開発,広島,長崎で使用した.これらは基本的人権,なかでも生存権をまったく顧みることのない野蛮な行為である.この戦争の犠牲者は世界で約6千万人に達したといわれている.

この戦争終結をきっかけに1945年連合国を中心に国際機関「国際連合」が設立された.国際連合は,世界平和の実現のため,国際紛争の解決,貧困の撲滅などとともに基本的人権を確立することを重要な事業とした.「世界人権宣言」(1948年採択)はこのような文脈で作られ,大きな犠牲であがなわれた人権の歴史が踏まえられている.宣言には法的拘束力はないが,その後の人権条約の基礎となっている.自由権,参政権,社会権が規定されており,いわば人類のヒューマニズムの証しといえよう.その後,国連は全人類の基本的人権の保障のためにさまざまな活動を行っている.

このように人権の意味をその成立からみると国民の生命や財産を強大な力から守る歴史であり,国によって法的根拠を与え権利と認められる過程であった.

4 日本国憲法第25条と生存権訴訟

日本国憲法第25条に規定された生存権は,先述の歴史を踏まえ,1946年11月3日に公布され,1947年5月3日に施行された.日本の敗戦により,連合

国から憲法改正の指示が出されたことをきっかけに成立したが,生存権は日本側の議論の過程で経済学者,森戸辰男が提案し,他の社会権とともに成案に盛りこまれたものである.では,冒頭において条文を記載した生存権は直ちに国民の権利として実質的に認められたのであろうか.生存権は「社会の各員が人間らしい生存を全うする権利」(広辞苑) と説明されている.国は権利として何をどう保障したのであろうか.実例を「生存権」をめぐる訴訟から読みとることにしよう.

(1) 朝日訴訟

朝日訴訟は,朝日茂による「生活保護費は憲法第25条に規定された最低限度の生活を営む権利を保障していない」とする,厚生大臣を相手とした訴訟である.朝日は結核を患い長く入院生活を送っていた.生活保護を受給していたが,当時の生活保護費は月600円であった.朝日はその増額を福祉事務所に求めたが同事務所は兄を捜し出し,兄に対し1,500円の仕送りを命じた.そしてその1,500円から日用品費600円を引き,残りの900円を医療費の一部負担分として療養所に納めるよう朝日に命じた (保護変更処分).実質的に日用品費600円は変わりない.この処分を不服とし,岡山県知事と厚生大臣に異議を申し立てたがともに却下され,1957年,東京地方裁判所に厚生大臣を相手どり「生活保護基準が憲法で認められた人間らしい生活を保障していない」と提訴した.原告 (朝日) は「生活保護基準は健康で文化的な最低限度の生活を営む権利に及ばないことから憲法違反である」と主張した.第一審 (東京地方裁判所) では生活保護費はすこぶる低いと違法性を認める判決を下し原告側が勝訴したが,第二審 (東京高等裁判所) は,「生活保護費は低いが不足額は70円であり違法とは言えない」という判決を下し原告側が敗訴となった.第一審判決と第二審判決ではまったく逆の判決が下り,原告は最高裁判所に上告するが,上告審議中,原告の朝日が1964年に死亡し,最高裁判所は養子に裁判の相続を認めなかったため訴訟終了の判決を下した.憲法第25条と生活保護基準をめ

ぐって争われた朝日訴訟は終結したが，最高裁は念のためとして「憲法25条1項はすべての国民が健康で文化的な最低限度の生活を営み得るように国政を運営すべきことを国の責務として宣言したにとどまり，直接個々の国民に具体的権利を賦与したものではない」とし，国民の権利については個別の法律（生活保護法など）によって守られれば良いと付け加えた．そして「何が健康で文化的な最低限度の生活であるかの認定判断は，厚生大臣の裁量に委されて」いると具体的な生活保護費の金額は主務大臣の決定によっているので違憲性はないとした．これを一般に「プログラム規定説」と呼ぶこともあるが，国の責務の宣言とし，やや強い行動を国に求めている．ただし，個々の国民に具体的な権利を与えたものではないと言い切っている点は，国民の生存権否定に等しい見解ともいえる．

　厚生省側の主張がほぼ認められたとはいえ，しかし，「生活保護費は低い，足りない」と一審，二審ともに指摘されたことは事実であり，これにより生活保護算定方法はマーケット・バスケット方式にかえられ，生活保護基準も見直された．朝日は裁判に負けたが，その後の生活保護費は増額され，実質的には主張が通ったともいえなくもない．朝日が裁判を起こさなければ実現しなかったことである．

(2) **堀木訴訟**

　1970年，障害福祉年金を受給していた堀木文子は，離婚を契機に児童扶養手当の申請を行ったが，当時の児童扶養手当制度には公的年金との併給禁止規定があり申請は認められなかった．そのため，この行政処分を不服として訴訟を起こした．これが堀木訴訟である．第一審判決（神戸地方裁判所）は児童福祉手当と公的年金との併給禁止規定は憲法第14条（法の下での平等）違反であるとし，憲法第25条第2項の規定による社会保障施策において差別的な取扱いをしてはならないと原告勝訴とした．しかし，第二審判決（大阪高等裁判所）は，憲法第25条2項は国の政策の範疇であり，財政状況などから立法の裁量が認

められ違憲ではないとした．朝日訴訟の上告審判決を踏襲したものといえる．堀木文子はこれを不服として最高裁判所に上告するが，最高裁判所も上告を棄却，堀木文子側の敗訴が確定した．この判決も国の政策を追認したにすぎず，生存権とは何か，守るべき内容は何かという憲法の規定する人権の中身に入っていない．むろん，単純な後退ではなく，堀木訴訟を契機として児童扶養手当制度が見直され，公的年金との併給が認められるようになったが，憲法によって守られるはずの生存権，最低限度の暮らしとは何かは，曖昧なままであった．

(3) 藤木訴訟

長期療養中であった藤木イキは，生活費・入院費に困り生活保護申請をしたが，福祉事務所は離婚を迫っていた夫と同一世帯と認定し，保護申請を却下した．この決定を不服とした藤木イキは1969年，訴訟を東京地方裁判所に起こした．東京地裁は藤木イキの主張を認め，夫婦関係の実態に即した原告勝訴の判断を示した．行政側は上告しなかったことから原告勝訴の判決が確定した．この裁判は「法律上夫婦であれば世帯同一とみなす」という形式的行政を家族関係の実態という観点から問い，生活保護と生活実態を見直すきっかけとなった．

わが国の生存権を巡る訴訟を3つとりあげたが，いずれも生活保護法に関わるものとなった．それは生存権保障の最も基本的な制度が生活保護法であり，かつまた実質的に生活保護基準が1970年代まで社会福祉施設においてもサービス提供の重要な基準として機能していた事実により，わが国の社会福祉の内容を考えるうえで見過ごせない指標であったからである．これらの裁判は必ずしもすべて原告側勝訴となったわけではなかったが，社会的関心を呼び，生活保護基準は改訂されていった．しかしながら，くりかえすが，生存権の内容，国に国民の最低限度の生活を守る義務はあるのか否か，といった点については判断をしていない．憲法第25条に生存権が規定されている以上，国に保障義務があることは明確である．この矛盾をどう解決していくかが基本的課題であ

る．ただ，憲法の規定に基づき，国民が国を訴える道筋をつけた歴史はもっと評価されてよい．これを足がかりとして生存権保障を問いかけるルートは作られたのである．

5 現在の生存権保障

現在，わが国において基本的人権，なかでも生存権は守られているであろうか．1998年から13年連続で年内3万人余の自殺者を出している．また，ある調査によれば，2012年の前半までで12件の餓死事件が発生しており，24名が亡くなっているという．これだけをみても基本的人権が守られていると堂々といえるであろうか．プログラム規定説にのっとり政治的プロパガンダに従った「生存権保障」だとしても無視できない重要な課題である．

そのなかで，「就労者の収入よりも生活保護基準が高い」「年金受給者よりも生活保護受給者の方が良い暮らしをしている」などという生活保護批判が絶えない．確かに生活保護の不正受給や不適切な支給問題はある．しかし，どちらが低いかは相対的議論であって，より重要な議論は「人たるに値する最低限度の暮らし」の実際的な内容の検討でなくてはならない．通常の賃金レベルや年金の支給額が人の生存を危うくするレベルならば生活保護批判は批判のための批判であり，生命を天秤にかける批判である．長い人権の歴史を経て国民が得た「生存権」の実質的内容の議論が必要である．その上に立ってはじめて社会福祉の実践がより確かなものとなるのである． 　　　　　　　　　　（旭洋一郎）

② 「当事者主体」の理念

社会福祉では，援助の受け手となる人びとは自身のニーズの当事者であるにもかかわらず，権利の主体として社会福祉という舞台の主人公となることはほとんどなかった．しかし今日，当事者こそ主役とする理念は急速に広がっている．ここでは，その背景となる社会の変化や新たな価値観の出現を説明した上で，主要な理念について述べる．なお，当事者主体の理念は障害をもつ人びと

の社会運動や施策から多く生み出されたことから，障害者福祉に関わる記述が多くなっているが，及ぶ範囲はけっして障害者福祉にとどまるものではない．

1 当事者主体の理念の背景

(1) 当事者運動

　援助の受け手としての当事者の位置づけに対して疑問を投げかけ，状況を変えてきたのは，まず何より当事者自身の声である．1960年代の欧米では公民権運動やさまざまな社会的マイノリティの運動，学生運動，女性運動，消費者運動などが盛り上がり，そうした気運のなかで，障害や病気といった社会的脆弱さをもつ人びとが当事者として自分たちの権利を主張し，援助者や行政に対して対等な立場で関わることを求めて社会運動を形成するようになった．また障害をもつ人びとの親も，自分の子どもへの処遇の改善を求める当事者として社会に働きかける活動を行ってきた歴史があり，ノーマライゼーションの原理はそのなかから生まれている．日本でも1950年代までにすでにハンセン病療養所患者自治会の活動などがあり，1970年代以降，障害をもつ人びとの当事者運動が本格化した[5]．

(2) 施設から地域へ

　1960～70年代は，障害をもつ人びとや精神病の患者が社会から隔絶され多数収容されていた施設や精神病院に対して批判が高まり，欧米諸国ではそうした施設を閉鎖するか極力，縮小して地域生活支援を中心とする脱施設化へと政策が転換された時代でもある．その要因は，当事者運動の高まり，大規模な収容施設内の悲惨な状況が明らかにされて高まった社会的関心，施設の維持に多くの費用を必要とする各国政府の福祉予算削減の意図など多重的であるが，ノーマライゼーションの思想が北欧から欧米諸国へと広がりつつあったことで地域生活支援の実践は後押しされた．また施設から出て地域で暮らす障害者自身による自立生活運動が形成され，当事者運動はさらに広がりをみせた．

(3) 福祉サービスの消費者としての当事者観

　消費者運動は福祉や医療の領域の援助関係の考え方にも影響を及ぼした．福祉や医療における援助や治療を，専門職から受け手・患者へと提供される対人的なサービスという枠組みでとらえ，受け手側はサービスの消費者として，提供する側と対等な立場にたってサービスの内容を選択したり自己決定したりすることができるべきだ，という考え方が現れた．この立場にたてば，サービスの受け手である当事者の側も能動的で積極的な消費者であることが期待されることになり，当事者の受けているサービスや援助の評価者として位置づける発想の転換にもつながる．こうした考え方は，福祉領域のサービスに関して事業者と当事者との間に契約関係を導入する介護保険制度のような施策とあいまって浸透していくが，選択や自己決定のためには十分な情報の提供や適切な説明が必要であり，また専門知識や判断能力といった点で事業者に対して弱い立場になりやすい当事者に対しては，その選択や決定に際して権利の保護が必要であることから，権利擁護制度が構築されるようになる．

2　ノーマライゼーションの原理

(1) ノーマライゼーションの起源

　今日，当事者主体の理念の根幹をなすのはノーマライゼーションの原理である．1950年代初頭のデンマークで，知的障害をもつ人びとの親たちが，子どもたちが収容されている大規模施設の劣悪な処遇の改善を求めて始めた活動に共感した社会省の行政官バンク－ミケルセンが，彼らの主張を文章化する際に用いた言葉がその起源である．彼は「知的障害をもっていても，その人はひとりの人格をもつものであり，ノーマルな人々と同じように生活する権利をもつ人間である」ことを体現する法律の制定を指揮し，1959年に実現した．ノーマライゼーションの原則は「全ての人が当然もっている通常の生活を送る権利を障害をもつ人々にできる限り保障する」こと，「たとえ障害があっても，その人を平等な人として受け入れ，同時に，その人たちの生活条件を普通の生活

条件と同じものとするよう努める」ことである．普通の生活条件とはその国の現在の一般市民が暮らしている文化的，宗教的，社会的枠組みを指し，あくまでも生活条件をノーマルにするのであって障害をノーマルにすることではない，と強調されている[6]．

(2) ノーマライゼーションの理論的展開

この考え方を継承し発展させたスウェーデンのB.ニィリエは，1960年代，障害をもつ人びとの権利擁護団体でオンブズマンや行政の委員，顧問を務めながらノーマライゼーションの原理をより具体的に展開し，1970年代以降は世界各地での講演や著作を通じてこれを広めた．障害をもつ人びとのノーマルな生活様式や状況，平等の権利を示す具体的な8つの側面として彼は，① 1日のノーマルなリズム，② 1週間のノーマルなリズム，③ 1年間のノーマルなリズム，④ ライフサイクルにおけるノーマルな発達的経験，⑤ 本人の選択や願いの尊重と自己決定権，⑥ その文化におけるノーマルな性的関係，⑦ その社会におけるノーマルな経済水準とそれを得る権利，⑧ その地域におけるノーマルな住環境，を示し，知的障害の程度や居住形態にかかわらずすべての知的障害者に適用されるもの，またこれはあらゆる社会のあらゆる年齢の人びとに有効であると述べている[7]．

(3) ノーマライゼーションの原理と社会福祉制度

スウェーデンでは1967年にこの原理が反映された知的障害者援護法が制定され，その後，改定を経て1993年に制定された新法（一定の機能的な障害をもつ人びとの支援とサービスに関わる法律）が翌94年から施行された．ここではデンマークで既に制度化されていたパーソナル・アシスタント制度が導入され当事者主体の支援とサービスの制度が始まった．ノーマライゼーションの原理を体現すべく発展してきたスウェーデンの知的障害者福祉の歩みと特徴は，① 差別から平等へ，② 施設から地域へ，③ 代弁者中心の福祉のあり方から当事者中

心の福祉のあり方へ，④保護から援護さらには権利の達成へ，⑤合理的で整合性のある福祉サービス提供のための地方分権化，と指摘されている．[8]

ノーマライゼーションの理念は，1971年に採択された国連知的障害者権利宣言のなかで国際的にも取り入れられ，「完全参加と平等」をテーマとした1981年の国連国際障害者年をきっかけとして日本でも用いられるようになった．ノーマライゼーションの原理は，脱施設化と地域生活支援を進め，個々のニーズを大切にしながら地域社会での共生を実現するうえで欠かせない理念となっている．

3 権利擁護とアドボカシー

(1) 権利擁護の必要性

当事者中心の福祉を構築し権利を達成するには当事者による選択と自己決定が前提となる．しかし年齢や障害，病気といった種々の要因により身体的，精神的，社会的な脆弱さを抱え社会福祉のサービスを受ける人びとが，サービスの内容に関する情報や知識を収集して理解し選択する積極的で能動的な自己決定の主体であることは，現実にはなかなか難しく，そのための支援，つまり権利擁護が必要である．ただし，それは専門家による当事者の最善の利益の代行が前提というのではなく，当事者自身が選択や決定に中心的な役割を果たすことが原則であり，したがって当事者のエンパワーメントと不可分の関係にある．

(2) 権利擁護とアドボカシーの理念

権利擁護とは，『現代社会福祉辞典』（秋元美世他編，有斐閣，2003年）によれば，「財産侵害や不公正な取引，経済的な搾取や差別，虐待といった形で市民としての法的利益を侵害されている当事者の立場を擁護し，侵害されているおそれのある当事者の生活を支える手立てを講じようとすること」と定義される．介護保険制度にともなって整備された成年後見制度や日常生活自立支援事業，苦情解決システムはその具体的方法である．

権利擁護はアドボカシー（advocacy）の訳語であるが，アドボカシーはさらに大きな意味内容を内包する理念でもある．社会福祉の領域では，① 当事者の侵害されている権利を明確にし，② その権利を救済したり新たな権利を形成・獲得したりすることや，③ それらの権利にまつわる問題を自ら解決する力や解決に必要なさまざまな支援を活用する力を高める，といった事柄に関する支援活動の総体として「サービス利用者の権利性に強くアプローチする活動」「自立生活主体としての本人の選択権や決定権を支援する」あり方ととらえることができる．この場合，アドボカシーを行うアドボケイト（advocate）は福祉，医療や法律の専門職だけでなく当事者本人，障害や病気の同じ経験をもつ仲間，一般市民の場合もあり，とくに本人や仲間によるアドボカシーは当事者としての経験自体が支援の源泉になる．これに対して社会福祉士のような福祉専門職によるアドボカシーは当事者本人によるセルフ・アドボカシーや同じ体験をもつ仲間によるピア・アドボカシーとは異なり，「ソーシャルワーカーを中心とするコーディネーションの専門家によってなされる，本人の問題意識と権利性を明確にすることおよび本人の問題解決力や支援活用力を高めることを支援するとともに，サービス提供者を含む関係者に対する啓発や支援を中心とする」アシスティブ・アドボカシーと位置づけられる[9]．

(3) アドボカシーの事例

広い裾野をもつアドボカシーの活動内容や手法について，非営利民間組織（NPO）の活動が盛んなアメリカ合衆国の事例を次に紹介しよう．

> **事例　ニューヨーク市のNPOによるアドボカシー**
> アメリカ合衆国で活動するNPOのなかには社会的不利益を被りやすく法的支援の届きにくい人びとを支援するアドボカシーをメインに行っているものがある．例として，ニューヨーク市内の2つのNPOを紹介する．
> 　一つは，1976年に低所得者やマイノリティの抱える問題や医療・福祉へのアクセスと権利，障害者の統合教育や地域生活の権利といった課題に取り組む公益

法律事務所として設立された New York Lawyers for the Public Interest (NYLPI) である．無料法律相談，障害をもつ人の権利擁護活動，エスニックマイノリティや障害者の医療アクセス支援，低所得者の多い地域が被る環境問題の4つの活動領域をもつ．またニューヨーク州による障害者に関する権利擁護プログラムの実施をニューヨーク市を中心とする地域で受託している．このプログラムは，1970年代以降，施設や病院に収容されている発達障害者や精神障害者の権利擁護のため連邦法によって各州に義務付けられたもので，これを実施する機関はサービス提供者から独立していなければならない．各州は行政府のなかで組織を設けることもあるが，州内で権利擁護活動を行っている NPO と契約を結んで委託することが多い．受託した NPO は，公立か私立かを問わず障害をもつ人びとが居住している施設を監視，調査して，虐待やネグレクトなどの問題を発見した場合にはそれを正すために行動する強い権限をもつと同時に，権利擁護を求める申し立て件数や活動実績について，毎年，政府に報告する義務がある．NYLPI はこの制度の一翼を担うとともに，施設に収容されがちな障害者への地域での住居サービス提供を州当局に求め，そのサービスプログラムをチェックし，改善を提言したり，精神病院の入院者が退院後も地域で必要な治療を受けられる施策を求めて市を相手に集団訴訟を提起したりする，という活動実績もある．多様な背景をもつスタッフを擁しつつ法律家としての専門性に依拠したアドボカシーを中心に行っている．

　もう一つは新しく成長中の権利擁護 NPO, Urban Justice Center (UJC) で，1984年の設立時には市内のホームレス問題への取り組みから出発し，2010年には，貧困層や移民労働者，性的マイノリティの若者，障害をもつ人を支援する8つのプロジェクトを擁するまでになった．自分の権利やそれを立証する方法を知らない人びとを直接訪ね，個別の法的相談や代弁を行うアウトリーチ活動を重視し，そこから当事者たちに共通する制度的問題を見出して社会的解決に向けた地域活動や行政交渉，集団訴訟の提起を行うという活動スタイルで，スタッフはソーシャルワーカー，弁護士，弁護士ではないがトレーニングを積んだリーガルアドボケイト，コミュニティオーガナイザーと多様である．

　それぞれに活動方法やスタッフの構成に特徴をもちつつ，行政とは，権利擁護プログラムを受託したり (NYLPI)，プロジェクト資金を得たり (UJC) して協働する一方で，提言したり時には集団訴訟を起こしたりするという対立を恐れない対等な立場を保ちながら，アドボカシー活動を行っている．

参考文献
高橋涼子「福祉領域における権利擁護 NPO の形成と役割—アメリカ合衆国の事例から—」『金沢法学』第50巻1号，2007年

高橋涼子「福祉領域における権利擁護 NPO の形成と役割(2)―アメリカ合衆国の事例から―」『金沢法学』第 51 巻 1 号，2008 年

高橋涼子「権利擁護とアドボカシー―学際研究の可能性に向けて―」『金沢法学』第 52 巻 1 号，2009 年

アメリカの NPO を取り巻く制度や文化は日本と異なるが，近年，政策への市民の参画や福祉における当事者参加が注目されている日本において，今後，行政との対等なパートナーシップや多様なアドボケイトによる活動などは参考になるのではないだろうか．

4 ソーシャル・インクルージョンと当事者参加

最後に，「社会的包摂」と訳されるソーシャル・インクルージョンの概念について触れておきたい．これは，グローバリゼーションと新自由主義の広がりのなかで改めて問題意識を呼び起こした貧困を始めとする社会問題を「社会的排除」として捉え，その解決をめざす理念として社会政策の分野で提起された考え方であり，社会福祉の施策や支援のあり方にも関連してくると思われる．日本でも母子家庭の経済的困難，ホームレスの人びとや「ネットカフェ難民」の実態，「格差社会」の指摘とともに近年，注目されるようになった．

「社会的排除」(ソーシャル・エクスクルージョン) とは，貧困や教育の機会の喪失，社会支援にアクセスできないことといった現象をも含み込み，私たちの社会において「それが行われることが普通であるとか望ましいと考えられるような社会の諸活動への参加から排除されている個人や集団，地域の状態」であり，自分の意思表示や対抗するパワーをもてない，「声やパワーの発揮が可能な社会関係をほとんどもてない状況」である．そしてこのような状況を改善し社会的解決をめざす考え方がソーシャル・インクルージョン (社会的包摂) であり，排除された人びとに対して人としての権利を尊重するという基本的立場に立ち，動員可能なさまざまな資源を提供・開発し社会関係を回復させることで社会参画しうる自立した主体となることができるよう支援する方策や理念を指す[10]．

社会的排除の解決を図ろうとする際，重要なのは，就労支援などによる経済的自立を中心にすえるというよりも，問題の解決を通してさまざまな立場にある市民や団体・組織を社会の意思決定過程に参加させ，社会そのものをより開かれた場にすることをめざす考え方を含んでいることである．社会的排除の究極の形態を「市民の権利義務の基礎としての存在証明の喪失」であると考える岩田正美は「包摂の基礎におかれるべきなのは労働であるよりも，むしろある社会への帰属の現実的基点となる住居・住所の保障と市民としての権利義務の回復」にあり，これは「排除されている人々の意思の表示機会の回復をも含んでいなければならない」と指摘して，このように考えることで，高齢者や障害をもつ人，子どもといったさまざまな社会的存在をソーシャル・インクルージョンの考え方に基づいた支援の対象として考えることができるとしている[11]．

当事者を社会参画する主体として捉えること自体を社会的排除の解決の重要な要素とするソーシャル・インクルージョンの理念は，当事者中心の福祉のあり方を導いたノーマライゼーションや，当事者の自己決定の支援とエンパワーメントをめざすアドボカシーの理念と繋がりながら，社会と社会福祉の方向性を示していくのではないだろうか．　　　　　　　　　　　　　　（高橋涼子）

③ 「福祉国家」論

1 福祉国家に関する経済学とその関連理論

(1) ケインズと福祉国家

「福祉国家（welfare state）」は，戦後イギリスの国家政策の方向として政治的に提唱された言葉である．周知のようにそれはベヴァリッジ報告において体系的に示されたが，ベヴァリッジの「福祉国家」論の根底には，ケインズ（John Maynard Keynes）理論があった．ケインズ理論とベヴァリッジの社会保障論を組み合わせたものが，戦後「福祉国家」論の嚆矢ということもできる．

ケインズはそれまでの自由放任主義的資本主義経済を批判した．そして，資

本主義経済は,「自ら需要を創出する」ことが不可能であり,自己回復機能はないため,国家の介入が不可欠だと主張する.その解決策のために,彼は個人の購買力を増やす,つまり個人の「有効需要」を強化する必要があると考えた.政府支出による公共投資政策により,新たな雇用を生み出し失業者を減らすこと,国家による経済政策への積極的な介入は,民間企業への資本投資への増加へとつながり景気回復と個人の有効需要を拡大させる,というものだった.また,完全雇用の実現と維持を第一目標とし,政府による市場への積極的な介入が,その調整機能をもつとした.さらに所得の再分配機能を重視した.

　ケインズは,ベヴァリッジが構想した社会保障システムと経済政策を関連付け,それを Social Policy という概念で構想し,戦後のイギリスの戦後復興,「福祉国家体制」の実現に寄与したのである.

(2) 新自由主義による「福祉国家」批判論

　1970年代初頭の失業率の上昇とインフレが同時進行するなか,国の財政危機が表面化し,「福祉国家」に対する批判と見直し論が台頭する.

　代表的な経済学者として,フリードマン (Milton Friedman) やハイエク (Fried August von Hayek) がいる.彼らは,新自由主義経済学 (リバタリアリズム, libertarianism) の立場から「福祉国家」を批判した.

　たとえばフリードマンは,肥大化した政府による規制の強化および個人の生活さらに経済活動に対する介入の拡大をともなう福祉国家政策とは,実質的に国民に対する福祉の向上につながらないとする.「福祉国家」が,家族の絆を弱め,人びとが経済的に自立するために就労する意欲を奪い,人びとの自由を制限するというのである.政治的自由と経済的自由が保障される「小さな政府」こそが,個人の企業投資を促すとともに技術革新の促進によって新たな商品が生み出され,個人の商品に対する新たな需要が生まれると主張した.「福祉支出は他者のお金を自分のために使う」ことであり,福祉支出の費用が削減される動機は働かず,政府の財政破綻をもたらしたと「福祉国家」を断罪する.

新自由主義者は，福祉国家において国民が権利として受給する社会的サービスは，多種多様な法律によって担保されるが，政府（行政）機能とその規模は拡大し，多様化した社会的サービスや拡張した行政機関に係る経費は膨張につながるもので，「赤字財政主義」である，と批判するのである．そして，商品に対する需要不足の問題解決には，市場原理による自由競争に委ねることが最も有効であり，国家による経済政策への介入を排除し，市場原理に基づく自由競争こそが豊かな経済成長をもたらすとして，「企業（個別資本）にとっての利潤の獲得の減少は，消費者である国民の需要不足ではなく，競争力の不足が要因であり，競争力を強固にするためには徹底したコスト削減による安価で優れた商品開発こそが必要である」と主張する．

　つまり，企業にとって労働力に対する賃金はあくまでコストであり，企業が折半すべきとされる社会保険の保険料も，社会的弱者に対する原資の一部をなす法人税もコストであり，法人税の削減と抑制は，企業にとって必要不可欠であるというのである．

(3) 新自由主義における福祉国家「擁護論」：ロールズとセン

　新自由主義の立場をとりながらも「福祉国家政策」の正当性を主張し擁護する研究者として著名なのは，J. ロールズ（Rawls, John Bordley），アマルティア・セン（Sen, Amartya）である．

　ロールズは政治・哲学の分野から福祉国家政策の正当性，社会秩序を維持する「正義」の社会原理を提起した．彼は「個人」の人間性および個性は多様であることは前提としながら，資源（所得を含む）の再分配は，公正であるべきであること，社会正義という視点から論を展開する．彼の言う正義には2つの原理がある．第一の原理は「人間・各個人は，基本的に自由に対して平等である権利を持つべきである．（自由権の保障）」，第二原理は「社会でもっとも不遇な人への最大の利益となるように資源配分の是正が行われるべきである．（格差原理もしくはマキシミン原理という）」である．

彼は,「公正としての正義」にかなう社会ルールを決定するために,「原初 (original position) における無知のベールの下での社会契約」というものを想定する. 人間個人には, 各個人のもつ才能・財産および社会的地位によって個人差という不平等が存在する. 平等で公正で秩序ある社会ルールを導き出すためには, 個人の属性に関するあらゆる情報をゼロの状態（原初状態）にして, 社会を構成する個人同士による合議によって公正な社会秩序を決める必要があるというものだ. ロールズのいう「無知のベール」とは, 各個人の属性がまったく分からない状態のことである. たとえば胎児は自分自身が男性か女性か, 裕福な家庭に誕生するか貧乏な家庭に誕生するか, 高齢者となった時に介護を必要とするか否か, といった情報を一切もたない状態の存在である. 人間は人生の過程でどんなリスクに遭遇するか, その人個人は知る由もない. であるからこそ「誰が, どのような社会的事故のような境遇にあっても, 困らないような制度を社会構成員である個人同士で社会契約を結ぶ」という結論が導き出されるというのである.「社会でもっとも不遇な人への最大の利益となるように資源配分の是正をする」資源の再分配,「格差原理」こそが「福祉国家」における社会保障制度であり, これこそが「正義」であるという. ゆえに, ロールズは, 福祉国家政策を通して「個人」の"福祉"に対する権利が保障されるとする.

ロールズの論に基本的には同意するが, 厚生経済学の立場から修正を加えたのがセンである. センは, ロールズのいう「平等で公正な資源の配分」では"個人の福祉"を達成するには不十分であると主張する. 人間には, 潜在能力 (capability) があり, 何らかの"福祉目標"を達成するために配分される資源は, 各個人に応じたものであることが必要である. 個人の置かれている状況には多様性があり, 個人の潜在能力にも差異が存在する. この特殊性への着目なくしては"個人の福祉"は不可能であるというのがセンの主張である. たとえば, 介護を必要とする人には金銭的な資源の分配のみでは, その個人に対する"福祉目標"が達成されたことにはならない. 生活に困窮する人にとって施設の提供だけでは,"福祉目標"は達成されない. 個人の特殊性に応じた社会的手

段・方法を備えた財の分配が必要だというわけである．

彼らは，新自由主義の経済社会においても「福祉国家政策」は存在する意義があることを，格差是正を正当化する思想と方法を提起したということで評価する論者もいる．ちなみにセンはノーベル経済学賞を1998年に受賞している．

ただし，ここで留意しなければならないことは，"個人の福祉""福祉目標"で用いられている"福祉"のもつ意味が，従来の社会福祉の領域で用いる社会福祉とはとらえ方が異なることである．厚生経済学における"福祉"は，「個人に対する方法・手段」なのである．

そして，その"福祉"の具体的な方法として，低所得者に対する，「負の所得税」などを提唱している．それには，巨大な官僚組織は必要なく，人びとの就労意欲を喪失することなく国民全体に最低限の所得保障が可能であるとする．市場を通じて個人の経済活動・企業組織の自由な活動が保障され，経済発展が達成されることを否定することなく，そういった社会システムを導入することで，社会全体の利益に適うという功利主義を復活できるというのである．

（山本正司）

2 福祉国家に関する社会学とその関連理論

社会福祉との関係において社会学を位置づけるなら，福祉的支援が提供される状況の社会的背景について考察する学問であるということになるだろう．

社会学では，社会システム全体を扱うマクロな視点と個々人の日常生活のあり方を扱うミクロな視点に分けて分析することが多いため，以下にはそれぞれについて論じていく．

なお，ここで取り上げる幾人かの理論家は，社会学者ではなく経済学者や政治学者であったりする場合もある．しかしながら，社会学の議論のなかで取り上げられることも多いため，彼らの主張の社会学的側面をとらえたものとして記述を展開したい．

(1) マクロレベルの福祉国家論：ウィレンスキーからアンデルセンまで

　現代の国家は，国民国家と呼ばれている．とはいえ，国民全員がはじめから国家の関心事であったわけではない．20世紀に入ってから，選挙権の拡大とともに国家の関心は大衆の利益にまで広がった．そのため，治安の維持や外交といった従来の国家の役割を超えて，国民のための教育や福祉の提供が求められるようになったのである．こうした国家のあり方を，第二次世界大戦後に福祉国家（Welfare State）とよぶようになった．福祉国家という国家のあり方は戦後世界の標準であった．世界中の国々が産業化の進展とともに同じような福祉国家に向かって発展していくものと考えられていた．

　社会学の福祉国家論も世界中が同じ方向に向かっていくと想定する理論が興隆した．たとえば，アメリカの産業社会学者ウィレンスキー（Wilensky, Harold L.）は，社会政策を，貧困対策などを中心とした部分的なサービスにとどまる「残余的」なものと，より多くの人が利用する普遍的なサービスを提供する「制度的」なものに分け，産業化の進展とともに各国の政策は後者に収斂していくという福祉国家収斂説を唱えた．[12] 時間の経過とともに世界が一つの先進的な経済・政治・社会・文化体制に収斂していくとする主張が福祉国家論に限らず当時は流行しており，産業化社会論とよばれていた．

　しかしながら，こうした議論には次第に異論が唱えられることになる．1970年代，先進諸国家が高度経済成長を続けていた時期までは，産業社会論の行っていた説明は妥当であるとして疑われることはなかった．しかし，経済が成熟し安定成長期に入ると，次第に各国の違いについて注目されるようになった．とりわけ，1973年のオイルショックによる景気後退は，成熟してきた社会福祉制度をまかなう財政のひっ迫状況を問題化させ，それぞれの国の社会福祉への対応の違いを際立たせた．

　この時代には，社会学における福祉国家論にも福祉国家の多様性を主張する議論が多くなってくる．ひとつは福祉国家内部のセクターの多元性を主張する「福祉多元主義」の主張であり，もうひとつは福祉国家間の多様性を主張する

「福祉（国家）レジーム論」である．

「福祉多元主義」の議論は，福祉国家の内部において社会福祉を担うのは公的セクター（国家と地方政府）だけではなく，国家以外のボランタリー部門，家族などのインフォーマル部門，民間営利部門などと連携しつつ供給が行われると考えるものである．代表的な論者に，『福祉国家のゆくえ—福祉多元主義の諸問題』(1987年)において西欧やアメリカ各国の福祉多元主義の進展状況の違いを批判的に考察したジョンソン（Johnson, N.）がいる．

「福祉（国家）レジーム論」は，何らかの基準を設定し世界の福祉国家を分類してそれぞれの違いを際立たせる議論である．福祉国家が一つの形態に収斂すると考えた産業社会論に対する反対命題となっている．代表的な論者はエスピン＝アンデルセン（Esping-Andersen, G.）である．彼は，主著『福祉資本主義の三つの世界』(1990年)で，市場に頼らず国家による社会福祉がどれだけ手厚いものとなっているかで示される「脱商品化」指標と，福祉に階層ごとの不平等がないかどうかによって示される「階層化」指標の2つを使って，先進世界の福祉国家を3つのレジームに分類した[13]．

3つのうちの最初は，「自由主義レジーム」である．このレジームは，市場の活性化を重視し，伝統的で自由主義的な労働倫理を維持しようと，市場での商品購入を促すために脱商品化は最低限にとどめられる．また，福祉受給者をミーンズ・テストなどにより厳しく制限するため，受給者たちの間では平等ではあるがその他の階層とは大きく差が開く．また，通常の市民の間でも市場での福祉の購入が求められるために購入力の違いによる階層化も大きくなる．このレジームに属する典型的な国には，アメリカ，カナダ，オーストラリアなどのアングロサクソン諸国が挙げられている．

次は，「保守主義・コーポラティズムレジーム」である．このレジームの国々は，歴史的遺制が解消せず，職業的な地位によって大きな格差が残っている．福祉受給のための権利も職業に付随して付与される．同業者組合の伝統を持つことが多いこのレジームの国々は，組合が設立した共済制度（職業組合が作

る社会保険制度）が充実しているので，福祉国家による普遍的な給付はあまり発達しなかった．こうした国々には，封建的社会制度（パターナリズム）や国家主義の伝統の気風が強いとも指摘される．そのため，福祉給付が比較的充実しているものの，職業的な地位による階層差が大きい．すなわち，脱商品化が進んでいるが，階層化も進んでいる国々なのである．このレジームに属する典型的な国には，オーストリア，フランス，ドイツ，イタリアなどの大陸ヨーロッパ諸国が挙げられている．

最後は，「社会民主主義レジーム」である．このレジームの国々は，社会民主主義政党が社会改革を主導してきた結果，普遍主義的社会保障と社会権の確立が十分に進んでいる．すなわち，脱商品化が進み，階層化も比較的解消されているのである．これらの国々での脱商品化は，最低限のニードを基準とするのではなく，中産階級にも福祉給付が行き渡るような普遍的な社会保障制度が整備されているのが特徴である．このレジームに属する典型的な国には，スウェーデンやデンマークといった北欧諸国また現在は自由主義に傾いたとされているが，かつてのイギリス人が挙げられている．

このように3つに分類することで，福祉国家は国ごとに多様であり，それぞれの地域の政治や歴史を反映するものであることが示された．

もちろん，ジェソップ（Jessop, B.）のように，レジームの分類にはいくらでも分類の指標を考えることができるため，多元的であるという主張は見せかけにすぎないと反論する議論もある[14]．彼の主張では，グローバリゼーションが再び世界をひとつの新しい体制へと収斂させているとのことである．彼はこうした新しい国家の姿を，すべての国家が福祉を切り詰めて経済競争力を優先する「シュンペーター主義的競争国家」とよんでいる．

とはいえ，近年では，ここで取り上げた福祉多元主義や福祉（国家）レジーム論の影響を受けて，福祉国家の多様性を主張する議論が主流となっている．福祉国家を分類する方法は洗練され，さまざまな有用な分類法が提案されている．

たとえば，武川正吾は，福祉国家の機能は，所得を富裕層などから中低所得

表7-1　エスピン゠アンデルセンの国家論：福祉国家の類型論

	自由主義モデル アメリカ，カナダ	保守主義モデル ドイツ，オーストリア	社会民主主義モデル スウェーデン
脱商品化	×	○	○
階層化	○	○	×

注）エスピン゠アンデルセンは，『福祉資本主義の三つの世界』の日本語版に向けての序文で，日本は保守主義型と自由主義型の混合形態だとした．

層などへと再配分する機能（給付国家）と，工場法に起源のある労働者保護等をはじめとする社会規制を行う機能（規制国家）の2つがあるとして，福祉国家の分類に新たな指標を導入している[15]．この分類では，一般的には最も福祉国家からは遠い国家と考えられてきたアメリカは，社会的規制においては先進的な福祉国家であるとも考えられることになる．「年齢差別の禁止，男女の雇用機会の均等，障害をもつひとの平等待遇などの点において[16]」最も発達した制度を備えているからである．意味のある分類であれば，福祉国家を多元的にとらえる議論は，社会福祉のあり方を新たな角度からとらえ直すヒントとして有用であり，新たな時代に合わせた社会福祉サービス提供体制を作り直す必要に応えるものであるといえよう．

(2)　ミクロレベルの福祉国家論：宮本太郎，レヴィタスの社会的包摂論

　個々人の日常生活のあり方を扱うミクロな視点から福祉国家をとらえることもできる．福祉国家の支援の対象は，従来，貧困問題の解決が主なものであり，その他の問題はそこから派生する副次的問題として取り扱ってきた．わが国の戦後社会保障体制の枠組みを決定した1950（昭和25）年の社会保障制度審議会勧告でも，社会保障とは貧困からの救済を行うものであると定義している．これは，「階級社会」とよばれる社会構造が，社会問題を作り出す主な原因であると考えられていたことがその社会的背景である．

　階級社会とは，資本主義が成熟するなかで労働者階級の労働条件や生活状況

が次第に困窮し，貧困問題が大量発生する社会である．そのため社会保障・社会福祉制度は，貧困問題の解決のために完全雇用政策と失業時の所得保障，および労働環境の改善に取り組む必要があった．とはいえ，この時代の人びとは，低所得で労働条件が過酷ではあるものの，多くは雇用される労働者かその配偶者として社会のなかに身分を確保することができていた．

しかしながら，時代は移り変わる．雇用は流動化し必ずしも皆に社会が職を保障できなくなる．また，家族や地域社会もかつてのように安定的なものではなくなり，人びとの関係は連帯意識を欠いた「個人化」が進んでいくことになる．階級社会とは違って，人びとが社会のなかの身分を必ずしも確保できなくなったのである．もっと進んで，ホームレスなど居場所もなくなった人びともいる．こうした時代には，所得の保障が必要な貧困問題に加えて，そもそも生活の基盤となってきた人と人との関係性や相互承認といったものを再構築していかなければ人びとの困窮を救済することが難しくなる．宮本太郎が言うように，社会保障・社会福祉は「単に所得を保障するだけでなく人びとが他の人々と結びつくことを可能とし，『生きる場』を確保する見通しを提供できるものでなければならない[17]」ようになったという考え方である．こうした社会を特徴づける言葉として代表的なものに「リスク社会」という表現がある．

社会のなかで人びとの身分や居場所がなくなり，社会との接点を失ってしまうことを「社会的排除」(social exclusion) とよぶ．1992 年の欧州委員会の文書『連帯の欧州をめざして―社会的排除に対する戦いを強め統合を促す』で，社会的排除についての明確な定義が打ち出されてからこの言葉は盛んに利用されるようになった．さらに 1997 年の EU のアムステルダム条約で，社会的排除との戦いが EU の主要な目標の一つに加えられたことも影響が大きかった．

社会的排除への対策は，逆の言葉である社会的包摂 (social inclusion) が行われることが多い．その手法として近年頻繁に採用されるのが，労働への訓練を通じたものである．1990 年代の後半以降，イギリスで，教育や職業訓練を受けず，雇用されてもいない若者を NEET (not in education, employment or training)

とよび，社会問題となった．こうした層には，金銭的な困窮への対策だけでなく，社会や職場との関係を回復するために職業訓練や相談の機会が必要と考えられた．また，若年長期失業者が問題化していた．そのため，当時のブレア政権は，1997年の「若者のためのニューディール政策」(NDYP)によって失業給付等の支給の条件として職業訓練への参加や学校への通学を義務づける政策をとった．訓練や教育によって居場所を確保して，社会的排除の状況にある人びとを社会的に包摂する手段としたのであった．

労働への訓練や労働参加を通した社会的包摂のことを「ワークフェア」とよぶことがある．しかしながら，その実施方法によっては批判の対象となることもある．宮本太郎は，ワークフェアを，就労を支援し社会参加を確保することを第一の目的とする「サービスインテンシブ・モデル」型と，社会福祉給付抑制の手段として労働への参加への義務づけを利用する「ワークファースト・モデル」型を区別している．後者は，社会福祉の理念とは共存しがたいものであり，こちらの傾向の強いワークフェアであれば批判を免れないであろう．

レヴィタス (Levitas, R.) は，社会的排除が話題に上る際の意図には次の3種類があるという．すなわち，① 資源再配分の文脈 (redistributionist discourse：RED)，② 道徳の観点から考えるアンダークラスの文脈 (moral underclass discourse：MUD)，③ 社会統合の文脈 (social integrationist discourse：SID) である．[18] ① は，財やサービスなどの資源が困窮した人びとに行き渡っているかを問題としており，伝統的な福祉国家による再配分政策が成功しているか否かを重視している．② は，給付によって福祉依存に陥ることはスティグマ（恥辱）となるとレッテルを貼ることなど，社会的に正当とされる（道徳的とされる）位置から人びとが排除されていることを問題にしている．③ は，排除されている人びと自身よりは社会全体としての視点から失業率や犯罪発生率等の状況を問題としている．社会的排除を語るからといって，それは困窮する当事者への支援を目的とする ① のようなものばかりではない．② や ③ のように社会や国家の側の都合にすぎない場合もある．こうした言説には警戒が必要である．とは

いえ，現代社会をリスク社会ととらえた時，福祉国家はどのような対策を実施するべきかを考える際に，この社会的排除という社会学的概念は大きな示唆を与えるであろう． (畑本裕介)

④ 日本における「社会福祉本質論争」

1 日本における社会福祉の理論研究のはじまり

近年，社会福祉の教育においては，社会福祉の中心的な理論・思想として海外の社会福祉以外の領域の理論・思想がおかれたり，「福祉国家論」の分類そのものを社会福祉理解の中心におく傾向があるが，日本においてもあった第二次世界大戦前からの社会福祉の理論・思想がとりあげられることは少ない．

この節では，「社会福祉とは何か」という，日本の社会福祉の理論的研究の流れをおさえる．

さて，まず戦前の社会福祉の研究を概観すると，2つの流れがあった．ひとつは社会事業（社会福祉）の官僚たちから，もうひとつは社会政策からの研究である．官僚によるそれは政策の実施に向けたものであり，社会政策からの研究は社会福祉の問題の本質と解決への道筋を明らかにしようとするものであった．

前者で有名なのは生江孝之である．生江は，内務省嘱託として社会事業成立に貢献し，社会事業専門教育にも携わった．社会事業設立当時の官僚であった田子一民，小河滋次郎，山口正などもその時代，著作・研究がよく知られている．それらの人びとの著作については巻末の年表を参照していただきたい．

後者の流れ，日本における本格的な社会事業論の研究は，主に社会政策との対比において論じられた．代表的な研究者は，大河内一男である．

大河内は社会政策の研究者であったが，社会政策との関係から「社会事業」の役割を把握しようとした．「社会政策」の対象は資本主義経済の仕組みのなかの雇用されている労働者の雇用をめぐる問題であり，「社会事業」の対象は，

その経済の仕組みから外れた人びと，労働者以外の人びととの抱える生活障害問題を対象にするというものだった．大河内は，国民経済の維持・発展のために労働者の雇用や収入が安定しなければならないために，社会政策は「労働力」を対象にし，「非労働力」である人たちを「経済秩序外的存在」として資本主義経済の枠組みから除外してとらえた．資本制経済の再生産に必要不可欠な存在としての「生産政策」である社会政策と，「経済秩序外的存在」を対象とする社会事業をまったく別のものとして区別したのである．

大河内の時代，ほかに著名な論者として風早八十二（かざはややそじ）がいる．大河内は社会事業の対象を「経済秩序外的存在」としていたが，風早はその対象に「労働能力欠如者」を含めた．

2 戦後の「社会福祉本質論争」とその後

(1) 社会福祉本質論争

戦後まもなく「社会福祉とは何か」を問う「社会福祉本質論争」というものがあった．

なお，それらの「論争」以前，1950年，全国社会福祉協議会の前身である日本社会事業協会の内部機関であった社会事業研究所によって作成された下記のような，社会事業の概念規定の存在も知っておくことが必要である．

> 社会事業とは，正常な一般生活の水準より脱落・背離し，又はそのおそれのある不特定の個人又は家族に対し，その回復・保全を目的として，国家，地方公共団体，あるいは私人が，社会保険，公衆衛生，教育などの社会福祉増進のための一般政策とならんで，又はこれを補い，あるいはこれに代わって個別的，集団的に保護助長あるいは処置を行う社会的な組織的活動である．

ところで，この時代は，まだ社会福祉を社会事業とよぶことが多く，以降も社会福祉ではなく，社会事業という表現を用いることがある．

さて，その社会事業研究所により定義が発表された2年後の1952年，『大阪

社会福祉研究』において「社会福祉本質論争」がスタートした．この「論争」は，社会福祉の本質的理解がいまださまざまであり，社会福祉制度を発展させるために理論統一を図ろうとする意図をもち，関西の研究者6名（岡村重夫・田村米三郎・竹内愛二・孝橋正一・竹中勝男・雀部猛利）が参加したものである．

竹中，田村，孝橋は，社会政策との関連で社会事業を位置づけ，雀部は社会政策学の影響がみられたが社会学の応用部門としての「福祉社会学」を提唱した．竹内は，社会事業を社会福祉事業の一専門分野（領域）・方法として位置づけようとした．岡村は，「社会関係の調整者」としての社会福祉の機能に重点をおいた．

この「論争」での理論的枠組みをさらに発展させ，独自の社会事業・社会福祉論をつくりあげていったのは孝橋と岡村であった．両氏の違いは，孝橋が経済学（社会政策研究）を基盤に大河内理論を批判・発展させたこと，岡村はアメリカ社会学の理論を援用した社会学的な基盤をもった理論だったことである．

岡村は，「社会関係」論を基礎としながら社会福祉と他の社会諸制度とを区別する，社会福祉の「固有の機能」を明らかにすることが重要だとした．そして，個人とそれをとりまく環境との間に「不均衡」が生じた場合に，"個人や集団を援助して環境との関係を調整し，環境への適応を促すこと"が社会福祉の固有の機能であるととらえ，「社会性の原理」「全体性の原理」「主体性の原理」「現実性の原理」を「社会福祉の固有の視点に立って生活問題を見る」原理とした．

孝橋は，岡村のいうところの「環境」が，"どの国のどの時代の社会の環境なのか明らかではない"「人間関係論」であり，「超歴史的規定」であると批判した．孝橋は「社会事業の本質認識を社会科学に求めなければならない」ことを強く主張し，資本主義社会における社会事業の成立の必然性を説いた．孝橋の社会福祉論は次節でとりあげる．

孝橋理論を批判しつつ政策論を「受け継いだ」一人は，一番ヶ瀬康子であったが，孝橋のいう「社会問題」と「社会的問題」の理解は，現実には難しいと

し，高度経済成長下に現れた公害，薬害，住宅問題等を視野に入れ，社会福祉の対象を「生活問題」であると規定した．真田是は社会福祉と資本主義社会との関係を大枠では孝橋から受け継いだが，社会的問題の中身には老いや病いといった，歴史や経済の仕組みを超えた社会病理的な問題もあると孝橋を批判した．また，社会福祉は資本主義的な政策であっても，国民の運動によって変化し，充実していくものであると動的にとらえた．この点は一番ヶ瀬も同様であった．それゆえ，両者は「運動論」，「新政策論」ともよばれ，政策と運動を統合する社会福祉論を展開した．

1970年代に登場し，その後の社会福祉政策へ大きく影響を及ぼしたのは，三浦文夫の「福祉経営論」であった．三浦は社会学を研究の基盤とし，イギリスのティトマス（Titmuss, R. M.）のソーシャル・ポリシー論をヒントにした「福祉経営論」を展開した．三浦理論は，社会福祉研究におけるキーワードは「ニード」であり，社会的ニードを「ある種の状態が，一定の目標なり，基準からみて乖離の状態にあり，その状態の回復・改善等を行なう必要があると社会的に認められたもの」とした．さらに，「ある種の状態がある種の目標や一定の基準からみて乖離の状態にある」＝「広義のニード」，この状態の「回復，改善等を行なう必要があると社会的に認められたもの」＝「狭義のニード」ととらえた．また，社会福祉の「対象」を「福祉ニード」という概念とし，「貨幣的ニード」と「非貨幣的ニード」に区分した．「福祉が普遍化する時代」において，「社会福祉ニード」は「貨幣的ニード」から「非貨幣的ニード」を中心とするものになってきたと主張したのである．社会福祉の対象が「社会的問題」，「生活問題」ではなく，このニード論に変えられた時，社会福祉は「福祉サービス」へと変わり，供給体制の多様化の途をひらくことになった．三浦の「福祉経営論」を経て，「福祉政策学」と「福祉臨床学」を結び，それら三者を構成する「現代福祉学」を提起したのが京極高宣であった．

正確にいえば，「三浦理論」も「京極理論」も，「社会福祉とは何か」という研究ではなかった．財源と持続可能性を考え，需要を踏まえて，誰にどのよう

図7-1 「社会福祉とは何か」をめぐる主たる研究者とキーワード

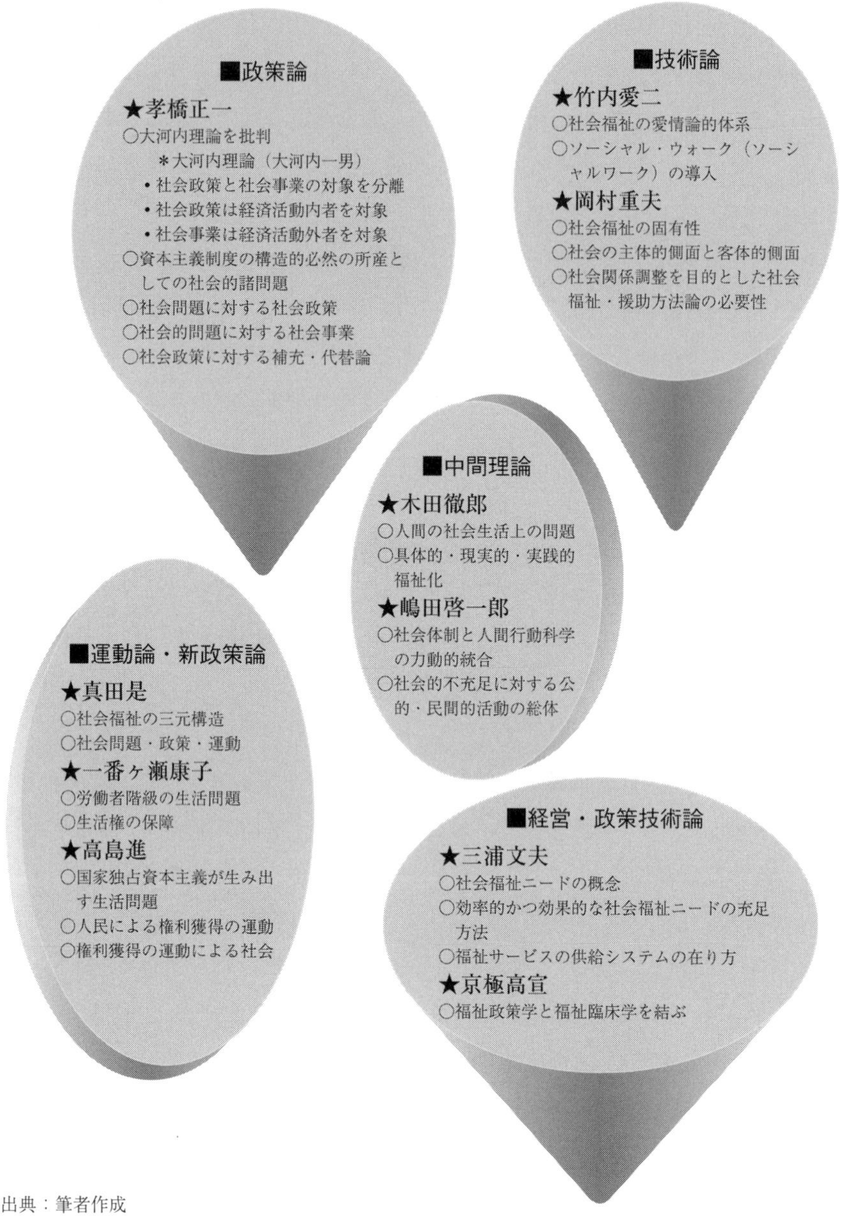

■政策論
★孝橋正一
○大河内理論を批判
　＊大河内理論（大河内一男）
　・社会政策と社会事業の対象を分離
　・社会政策は経済活動内者を対象
　・社会事業は経済活動外者を対象
○資本主義制度の構造的必然の所産としての社会的諸問題
○社会問題に対する社会政策
○社会的問題に対する社会事業
○社会政策に対する補充・代替論

■技術論
★竹内愛二
○社会福祉の愛情論的体系
○ソーシャル・ウォーク（ソーシャルワーク）の導入
★岡村重夫
○社会福祉の固有性
○社会の主体的側面と客体的側面
○社会関係調整を目的とした社会福祉・援助方法論の必要性

■中間理論
★木田徹郎
○人間の社会生活上の問題
○具体的・現実的・実践的福祉化
★嶋田啓一郎
○社会体制と人間行動科学の力動的統合
○社会の不充足に対する公的・民間的活動の総体

■運動論・新政策論
★真田是
○社会福祉の三元構造
○社会問題・政策・運動
★一番ヶ瀬康子
○労働者階級の生活問題
○生活権の保障
★高島進
○国家独占資本主義が生み出す生活問題
○人民による権利獲得の運動
○権利獲得の運動による社会

■経営・政策技術論
★三浦文夫
○社会福祉ニードの概念
○効率的かつ効果的な社会福祉ニードの充足方法
○福祉サービスの供給システムの在り方
★京極高宣
○福祉政策学と福祉臨床学を結ぶ

出典：筆者作成

なサービスを，どれくらい，どのようにして供給するのか，という「供給論」がいきつくところは，福祉国家体制における公的なものの縮小と福祉サービスの商品化であった．

これらの社会福祉の理論の研究の流れをおおまかにまとめたのが図7－1である．

「論争」は，「歴史に残るだけ」に終わってはならない．もし，いま，「社会福祉とは何か」を問う研究が消滅しかかっているとすれば，「社会福祉学」の研究方法論を改めて問うていかなければならないであろう．

ここで，これまで紹介した研究者の中から，代表的な「社会事業（社会福祉）とは何か」のとらえ方をしめしておこう．

　竹内愛二「社会事業とは，個人・集団・地域社会が有する社会（関係）的要素を，その他の種々なる要求との関連において，自ら発見し，かつ充足するために，能力，方法，社会的施設等あらゆる資源を自ら開発せんとするのを，専門的職業者としての個別・集団・組織・社会事業者が，その属する施設・団体の職員として，側面から援助する社会福祉事業の一専門領域を成す過程をいう．」[19]

　竹中勝男「社会事業は社会政策及社会保障制度と一定の関係に立ちつつ救護及社会福祉の制度及施設を通して国民の最低生活の維持及時代の文化理念及経済水準に対応する生活に対する基本的能力の保護，恢復，育成の諸活動を含む一つの実践的体系である．」[20]

　一番ヶ瀬康子「社会福祉は，政策機能としては，他の広義の社会政策の代替機能及び補充機能であるが，その需要者，対象者にとっては，生活に直接しかも対面的にかかわりをもつところの即時的で実質的な社会保障である……具体的にそのメカニズムを明らかにし，その認識を基本的な矛盾にまで貫徹させる努力をつねに行うことによって，それを運動のエネルギーに進展させていくことができる」[21]

　三浦文夫「三浦理論における「社会福祉」とは，すなわち「要救護性」の歴史的形態に対応して，要救護者の自立・社会的統合を図るために，自立を妨げている問題（ニード）の充足を社会的に達成する機能をもつものということになる．」[22]

　京極高宣「社会福祉は個々の福祉サービスの集合体であるばかりでなく，それ自体が福祉国家におけるサブ社会システムの一種として，とらえることが重要で

す．……福祉サービスを必要とする人々に対する社会的な対応策の体系を福祉システムと名づけますと，それは文明社会以来，国や時代が異なっても存在していたものです．ただ国により時代により，その内容と形態はかなり異なってくることは当然です．現代の社会福祉制度は，人類が文明時代に入ってから維持し続けてきた福祉システムの現代版（福祉国家版）ととらえることができます．」[23]

(2) 孝橋理論から考える

 ここでは，孝橋理論を取り上げる．筆者は孝橋に直接学んだが，孝橋理論が社会福祉の理論として完成したものであるとか，現代の社会福祉，社会問題を孝橋理論だけで分析できるといっているわけではない．ただし，「社会福祉とは何か」という社会福祉の理論的研究が停滞している今日だからこそ，孝橋理論のフレームをおさえておくことは欠かせないと考える．

 しかし孝橋理論をそのままの言葉で提示しても読み解くことが難しい部分が多い．そこで孝橋の言わんとしたことを筆者なりに「生活の中のことば」に「翻訳」してみる．孝橋は理由をもって社会福祉ではなく社会事業という用語を用いるべきであると主張したが，ここでは「社会福祉」という用語にする．

 私たちが，今，生活する社会は，身分制度などに縛られた封建社会と違い，生活について自由権と自助原理・自己責任を一体のものとする社会原理を有する．こうした社会原理をもつ社会において，国家責任という理念を掲げて社会福祉制度が作られてきたのは，社会の特性が社会福祉を必要としたからである．

 私たちが生きていくためには「稼いで食べていく」ことが基本となる．社会の基盤は経済なのである．であるからこそ，「働くという労働の場」で生みだされる「社会問題」から，「生活の場」で生じる「社会福祉問題」が派生しておこる．働くことは肉体的精神的能力の消費であり，生活の場で生じる問題とは，消費した能力がうまく再生できない（働き過ぎ，低収入，働けない，病気や怪我，障害，高齢化などで）状態をいう．つまり，労働の場で生まれる問題と社会福祉問題は，コインの表と裏の関係になっているというのである．

コインの表が傷つく状態，つまり，労働の場で生じる問題に対応するのが「社会政策」，コインの裏側に生じる問題に対応するのが「社会福祉政策」となる．コインの表が傷つけば裏にもひび割れができるように，表の問題が裏に派生する場合，政策課題としてあがってくる．

働くことにかかわる「社会政策」をきちんと作り上げるには経費がかかるし，企業側の負担も増えるから，「社会福祉政策」が，より安価に「社会政策」を担う．また，社会政策の対象となるよう（雇用労働者になるよう），社会福祉ではリハビリテーションを行ったり，医療費を補助したり，本来一般企業が雇わなければならない人を，社会福祉施設がうけいれたり，職業を教えたりすることもある．これらは社会福祉の「補充性」「代替性」というものである．

これらの問題は，資本主義経済という現代社会の経済のしくみから生じているからこそ，国に解決する責任がある．また，社会的問題を解決するのは，困っている人を助けたいという国や誰かの親切心ではない．助けることが国としても必要で有益だからこそ解決にのりだすのである．なぜなら，問題の広がりが社会を揺るがし，国が揺らぐ．世界中でおこった経済的な混乱やそれに関わる反貧困デモや人びとの騒動のニュース映像がそれに近い様子をあらわしている．国が経済的に発展していくためには社会の安定が必要である．「国に影響する」問題は放置できない．であるからこそ"社会が安定する程度の問題の予防や解決のしくみ"はつくられる．

たとえば，今日の日本では，高齢者の介護政策や，年金問題が国の優先課題となっているが，これは働く国民が，引退後の老後の安定があることによって，働く意欲も高まるし，老親の介護を家族中でみなければならなければ，働き手の人びとがそこにかりだされてしまうゆえに最優先の課題とされる．障害者の福祉は，最優先の課題とはならないのである．

それらの社会福祉の対象を「ニーズ」としたとき，問題のもつ社会性も歴史性も失われてしまいはしないか．「すべての国民が社会福祉の対象である」「弱者や貧困者である」というとらえ方は正しい理解を妨げる．社会福祉の対象は

「人」ではなく「社会的問題」なのである.

そのほか,次のようなことにも留意する必要がある.

○「福祉の歴史は人類の歴史とともにある」といった論もあるが,社会福祉は,同じようにみえる援助でも,現代社会の社会福祉と,歴史上の慈善事業はその対象・主体・方法が異なり,別のものである.江戸時代のどこかの藩主の救済事業やイギリスの救貧法と社会福祉とが,援助するというところでは形は同じようにみえるかもしれないが,本質的には異なる.どんな時代のどんな国でも,どんな人間も人間関係も,歴史と社会の規定からのがれることはできない.

○社会福祉の政策と,ソーシャルワークは,別個のものではない.社会福祉の専門的援助は,社会福祉政策の実践主体である「社会福祉専門職」が行うものであり,社会福祉政策というしくみのなかで行われる.

○資本主義社会はもともと格差のある社会である.発展すれば発展するほど富は一方に集まり,その反対に貧しいものはますます貧しくなる.それを是正するために「福祉国家」体制ができてきたが,この体制は政治や経済の動向に左右される.それが「福祉国家」の限界なのである.

「社会事業とは,資本主義制度の構造的必然の所産である社会的問題にむけられた合目的・補充的な公・私の社会的方策施設の総称であって,その本質の現象的表現は,労働者＝国民大衆における社会的必要の欠乏（社会的障害）状態に対応する精神的・物質的な救済,保護及び福祉の増進を,一定の社会的手段を通じて,組織的に行うところに存する.[24]」

これが孝橋が社会事業（社会福祉）に与えた定義的表現である.定義の成否よりも,まず,理解に近づいていただければと思う.最後に,社会福祉は「社会科学」である,とした孝橋が,「社会科学」について書いた文をとりあげる.

社会科学は社会現象を対象とする科学であり,その因果関係を解明し,必然性の認識と法則性の発見を任務とする.その点に関しては,自然科学を対象領域と同様の発見と認識,分析と総合をおこなう自然科学の場合とまったく同じであるが,そのさい根本的に異なっているのは,その対象の性質である.すなわち,自

然科学においては，それは無意識的・無目的に存在・運動するのに対して，社会現象においては，その存在・運動はすべて意識的・目的的である．……自然科学に対比される社会科学の独自性を主張するためには……それが市民社会（資本主義社会）から生まれ育ち，市民社会の科学として成立し，さらに発展して市民社会に対する批判と抵抗の科学として存在するようになったことに注目しなければならない．…社会科学の場面では，たとえ人間が個人として，また個人の生理的・心理的状態（健康，疾病，情緒，性格）が課題として登場してくるときでも，個人を具体的・現実的に存在する社会から切り離してその意味で抽象的・超越的に……社会から遊離して自然科学的・人文科学的に取扱うことをしないで，いつも歴史と社会の規定を織り込んで，それらのものを社会科学的に取りあげる．（『社会科学と社会事業』1969）

（中里操夫）

注・引用・参考文献

1）吉田久一「1990年代「世紀末」社会福祉を迎えるに当たって」『児童相談研究』第10号，東洋大学児童相談室，1990年，p.42（文中「　」は筆者による）

2）岩崎晋也他編著『リーディングス日本の社会福祉１　社会福祉とはなにか──理論と展開』日本図書センター，2011年，p.3

3）高沢武司「社会事業における「実践」の問題とその理論的基盤──社会事業理論をめぐる状況についてのノート」『社会福祉研究』第６号，鉄道弘済会，1970年，pp.28-29

4）孝橋正一『現代資本主義と社会事業』ミネルヴァ書房，1977年，p.35

5）杉本章『障害者はどう生きてきたか──戦前戦後障害者運動史』ノーマライゼーションプランニング，2001年，pp.32-36

6）花村春樹『「ノーマリゼーションの父」Ｎ・Ｅ・バンク-ミケルセン』ミネルヴァ書房，1994年，pp.79-81およびpp.155-156，pp.166-167

7）ベンクト・ニィリエ（河東田博・橋本由紀子・杉田穏子訳編）『ノーマライゼーションの原理──普遍化と社会変革を求めて』現代書館，1998年，pp.22-28

8）河東田博「解題：ノーマライゼーションの原理の生成発展とスウェーデンにおける原理の法的具体化」同上書，pp.167-170およびp.183

9）北野誠一「アドボカシー（権利擁護）の概念とその展開」河野正輝・大熊由紀子・北野誠一編『講座障害をもつ人の人権３』有斐閣，2000年，pp.142-145およびpp.153-154

10）森田洋司「『社会的排除／ソーシャル・インクルージョン』とは何か」森田洋

司監修『新たなる排除にどう立ち向かうか——ソーシャル・インクルージョンの可能性と課題』学文社，2009年，p.13，p.16および岩田正美『社会的排除』有斐閣，2008年，pp.22-23

11) 森田洋司，前掲論文，p.18および岩田正美，前掲書，p.175
12) Wilensky, H. L., *The Welfare State and Equality: Structural and Ideological Roots of Public Expenditures,* Univ. of California Press, 1975.（下平好博訳『福祉国家と平等——公共支出の構造的・イデオロギー的起源』木鐸社，1985年）
13) Esping-Andersen, G., *The Three Worlds of Welfare Capitalism,* Basil Blackwell Ltd., 1990.（岡本憲夫・宮本太郎監訳『福祉資本主義の三つの世界——比較福祉国家の理論と動態』ミネルヴァ書房，2001年）
14) Jessop, B., *The Future of the Capitalist State,* Polity Press, 2002.（中谷義和監訳『資本主義国家の未来』御茶の水書房，2005年，pp.90-99）
15) 武川正吾『連帯と承認 グローバル化と個人化のなかの福祉国家』東京大学出版会，2007年，pp.6-17
16) 同上書，pp.60-61
17) 宮本太郎『生活保障——排除しない社会へ』岩波新書，2009年，p.14
18) Levitas, R., *The Inclusive Society?,* 2nd edition, Palgrave Macmillan, 2005.
19) 孝橋正一『全訂社会事業の基本問題』ミネルヴァ書房，1962年，p.127
20) 孝橋正一，同上書，p.133
21) 一番ヶ瀬康子『現代社会福祉論』時潮社，1971年，p.68
22) 小笠原浩一・平野方紹『社会福祉政策研究の課題——三浦理論の検証』中央法規出版，2004年，p.75
23) 京極高宣『社会福祉学とは何か——新・社会福祉学原論』全国社会福祉協議会，1995年，p.26
24) 孝橋正一，前掲書，pp.24-25
25) 孝橋正一『社会科学と社会事業』ミネルヴァ書房，1969年，p.2, 6, 29

〈参考文献〉
① 吉田久一『社会事業理論の歴史』一粒社，1974年
② 松本英孝『日本の社会福祉学——岡村重夫とその批判者たち』三学出版，2002年
③ 宮本太郎「ワークフェア改革とその対案 新しい連携へ？」『海外社会保障研究』No.147，2004年
④ 浜林正夫『人権の思想史』吉川弘文館，1999年
⑤ 渋谷秀樹『憲法への招待』岩波書店，2001年
⑥ 穐山守夫編『わかりやすい人権論』文化書房博文社，2010年

学びのオリエンテーション

実践から問う社会科学としての「社会福祉学（論）」

　第二次世界大戦後の日本の社会福祉は，日本の伝統的家族観に基づいた「措置制度」とそれを支える民法体系により，家族を自助の範疇として公的な介入を極力排除し，家族の扶養の限界を超えたものに対して公が介入する制度体系と，個人の人権を守るために家族であっても介入を辞さずとする人権思想や公共・社会正義の理念を基本に据えた民主主義を基盤とする「ソーシャルワーク」が混在しながら発展してきた歴史がある．

　そして今日，それは，従来の「処遇」から，「ケア」ないしは「サポート」という価値観に置き換わり，またICF（国際生活機能分類）等世界的な標準にまで高揚していきている．すなわち，「支援」ないしは「支える」とはまさに「当事者主権」の思想であり，それは「当事者を変える」，「当事者の暮らしを変える」ことではなく，当事者の「まわりが変わる」，「まわりを変える」ことにその価値観が変わりつつある．

　しかし，一方では，日本の社会福祉制度・政策も1980年代から大きく変化してきている．その変化の背景には，近未来の少子高齢社会への危機感の現れとして，第1に財源問題，第2に第1と関連して責任の所在を国家責任・公的責任から地域による連帯責任・自己責任を強化する方向にあり，「地域福祉計画」等の福祉分野への計画行政の導入がその表れである．そして，その過程で登場してきた概念が「自立支援」であることも忘れはならない．

　そこで，医療福祉分野を例に少し詳しく見てみよう．

　孝橋正一は，医療社会事業の定義を次のようにおこなっている．「医療社会事業とは，社会事業の一部門として，保健衛生，疾病治療ならびに社会復帰など，医療上にあらわれる社会的障害の除去または緩和解決をはかるよう一定の社会的・組織的方法を通じておこなう公・私の社会的方策施設の総称である．」[注]

　この定義の特徴は，医療の概念を予防・治療・社会復帰の3段階とし，いわゆる「包括的医療」を想定していることである．これは社会保障制度審議会答申「医療保障制度に関する勧告」（1956）で実現した「国民皆保険」における医療の平等原則を反映している．

　しかし，1990年代初頭に開始されたわが国の医療制度改革は，市場原理と

競争原理を活用しながら「質の向上とコストの削減」を同時に追求し，2000年の介護保険制度の施行とともに「医療と介護の連携」というスローガンのもと，長期療養患者（社会的入院患者）を病院から排除する政策を今日も継続している．それは，原則2年に一度改定される「診療報酬」によって，「病院医療・入院医療」は急性期に特化し，療養は在宅（生活の場）で行うというすみ分けを行っている．そして，療養を目的とした「病院」も廃止する方向にある．

つまり，病院から排除された「患者」がまず，介護保険施設に向かうか，在宅に帰るという絵が描かれている．しかし，非常に医療ニーズの高い「患者」が，地域の介護現場や地域に登場したとき誰がどのように支えるのか，この政策転換においてモデル化されている地域はともかくとして，人材も資源も乏しい地方は非常に厳しい現実に直面せざるを得なくなっている．つまり，今日の医療制度改革が治療偏重で展開されている限り，そこから排除された患者群が様々なリスクを抱えたまま，社会福祉実践の対象者として登場してくるようになるのは必然の結果である．

私は，このような現状を踏まえ，第一線で働くソーシャルワーカーをはじめ対人援助を主たる業務とする専門家の「抱え込みによる燃えつき」を防ぐために，事あるごとに「理想としての連携」から「必然としての連携」に切り替えるよう訴えている．つまり，自らの専門性と専門職制を守るための連携である．そして，課題の先送りが招いた結果の産物である"本来ではあり得ない"「困難事例」や「問題事例」をできるだけ少なくするよう，「多職種連携」による密度の高い「報・連・相」の実践を訴えている．

その地域でできることとできないこと，今それを当事者の目線で訴えて行かない限り，何も変わらないしむしろ衰退いくのみである．すなわち実践から問う社会科学としての「社会福祉学（論）」が，今こそ求められているのである．

（注）医療社会問題研究会編『医療社会事業論』ミネルヴァ書房　1971年，p.1

（山路克文）

第8章
社会福祉のあしたを担う人たちへ

本書もこの本のシリーズもすべて「基本と事例」という副題をつけている．そこで，シリーズ第1巻にあたる本書の最終章は「事例」でしめくくりたい．
　事例を通して，社会福祉の対象となる生活問題（社会的問題）の複雑さ，社会福祉制度・政策がどのような役割をもっているのか，社会福祉以外の領域とどう連携しているのか，社会福祉の専門職がどのような仕事をしているのか，など，さまざまな課題について具体的に気づいていただければと思う．
　これらの事例は，社会福祉の専門職の方々から，〈社会福祉のあしたを担うみなさんへのメッセージ〉でもある．
　そもそも，本書やこのシリーズの事例は，事例研究をめざしているわけではない．何か一つのシートを用いたわけでもない．事例の分析もしていない．
　実践現場からの「素朴なスケッチ」のようなものもあるし，歴史上のエピソードもある．しかし，それらの事例の意義は小さくはない．第3章でも引用した久保紘章氏の言葉を再び借りると，社会福祉の利用者との「何気ない会話」を記録することによって，実は「何気なくはない」自身の実践に気づき発見することができるし，「構造化された面接」や「構造化された記録」だけではなく「立ち話」「ちょっとした言葉」「さりげない行為」「一緒にいること」に光をあてることも大切なことなのだ．生き生きとした実践の観察や自分自身をも観察し気づく力が「実践をみつめる」ことであり，「実践と理論をつなぐ」ことにつながる[*]．
　編者も久保氏の言葉に共感する．ただし，「社会福祉援助技術（ソーシャルワーク）の理論と実践を学ぶ」といった限定はしていない．現実社会でおきた事例，実践者の「実感」「感情」をともなったリアルな体験の記述にふれることによって，社会福祉の援助のあり方を学ぶこともももちろんできるが，それに限らず社会福祉の役割と限界，制度政策の課題，そして「そもそも社会福祉とは何か」ということを考えるための事例である．

最初の事例は，地域の行政や住民の方々の協力を得ながら障がい者の地域生活・就労支援を展開している社会福祉法人の実践である．2つめの事例は，精神障害者を支援する仕事について30年余の精神保健福祉士が当事者の何気ない会話を紹介しながら，実践のなかで気づいたことをまとめたものである．3つめは30人以上の要介護高齢者を担当しているケアマネージャーが，1人の認知症の方の支援の経緯を通して自分の仕事について「省察」した事例である．4つめの事例は少し色合いが異なる．県の社会福祉事業団という組織と社会福祉の大学，学生が協力して地域の知的障害者のグループホーム実態調査を行った経緯である．

　4つの事例は，ある意味で珍しい実践ではないであろう．今も日本のあちこちでくりひろげられている社会福祉の実践のうちの一つだと思う．ただし，ここにとりあげた事例をまとめていただいた人たちは，事例研究会で議論したり，調査で関わったり等々，その真摯な実践を，編者が知る人たちである．それらの人たちの実践に向き合う姿勢からは，社会福祉の倫理や価値が実践において深く培われるものだということに気づかせられる．

　これらの4つの事例のあとに，編者の〈まとめ〉を書かせていただいている．しかし，それは事例へのコメントのようなものではない．社会福祉の実践現場と大学の研究者・学生がともに学ぶことの意義，社会福祉を「省察的研究・実践」ととらえることの意義についてである．

（川池智子）

＊　久保氏は生前，精力的な研究活動とともに長期間，社会福祉の専門職の人たちとともに実践を語り合い記録するという活動，障害当事者が語り専門職や学生が語り合う「講義」を継続されていた[1]．

事例1　障がい者を地域で支えるしくみづくりの日々

私が勤務する社会福祉法人は，人口8万人の山麓に広がる農村地帯で，この圏域の知的障がいをもつ子どもから大人までの地域生活支援を展開している．

大規模入所施設に勤務した頃

私の今の仕事の原動力となったのは，大学卒業後，最初の職場で出会った人たちである．福祉系学部を卒業後，200人規模の知的障害児者の都外施設（東京都が地方に作った入所施設）に勤務した．都内に家族と暮らしていた人が東北の入所施設に入る前に施設に慣れるための訓練をしたこともある．父が亡くなり母が働くために東北の施設に入ることになった人は，入所前日の夜，わんわん泣いて「行きたくない」と言った．次の日「お母さんを悲しませるからもう泣かない．でもそっちでも野球が見れるかなあ」と泣きはらした赤い目で話しかけてきた．別のお母さんは，子どもさんが多動なため，家で育てることが難しいことから，なくなく施設に預けることになった．けれども離れて暮らす子どものことが心配で，月1回の面会日のほか，毎週，施設のはずれの丘から双眼鏡でお子さんの姿を見守っていた．また，施設から家の往復のなか，高速バスの窓から飛び降りて亡くなった子もいる．こんな人生をおくりたいはずじゃなかっただろうに．地域での支援があれば，遠く離れた知らない土地での集団で息苦しい生活を強いられなくてすむのに．家から遠く離れた施設に送る，それが福祉という名のもとに日常的に行われる，そんな人権侵害はないと思った．

入所施設では，一人毎月，50万円くらいの経費が投じられる．地域で暮らせるようにすればもっと費用はかからない．身近で支援が受けられれば普通の生活をおくり，地域の担い手になれる．「暮らしを生み出す福祉」は障がい者を地域から引き離さないで，生まれ育った愛着のある地域でしかできない．そう確信し，施設を辞めて実家のある地方に戻り，地域の法人に勤務しながら障がい児者の地域での暮らしを支える活動を作る準備を始めた．

地域に障がい児者の生活・就労の場をつくる

　まずは，親の願いを受けとめ，役場の職員とともに勉強会を行い，町単独の心身障害児者一時養護制度を作った．仲間と立ち上げたグループホームを拠点に預かりや付き添い，泊りや送迎等，電話1本で年間240時間，24時間365日利用できるという当時としては画期的なサービスであった．空き保育所を利用した障がい児や地域の児童も参加できる放課後，長期休暇交流学童保育も始め，後にNPO法人化した．また地域の民家を借り，生活支援センターを開所し，職場を開拓し就労支援やグループホームも作ってきた．

　障がい児者の地域生活支援を進めるためには，福祉サービスを充実するだけではなく，母子保健，療育機関，学校，医療や行政等との連携が不可欠である．圏域内の行政や関係者で立ち上げた「地域生活支援システム会議」は，県全体の「圏域ネットワーク会議」に発展し，「地域自立支援協議会」へとつながった．「地域自立支援協議会」の事務局を引き受け，この地域で暮らせるしくみづくりの方法を相談支援事業者や親，当事者とも話し合っている．

　また，「将来，私はこういう生活をしたい」「就職したい」等本人の想いを確認して早い段階で体験とケア会議を重ね，その人に合った環境を自分で選ぶ．障がいの軽い人も重い人もプロセスは同じである．障がい者就業・生活支援センターでは，特別支援学校の進路チームと連絡会議を作り一人ひとりに合ったスタートラインをともに考えてきた．

　授産事業では，働いた経験が少ないため，仕事のイメージをもちにくい知的障がいの方々にあった"手作り"の仕事創りをめざしている．畑仕事は地域の休耕地を借りてやっている．農機具を使うことによって身体のバランス感覚が育つ．また市の農政課，農事組合団体と話し合い，地域の農地の管理も手伝う．微力ながら農業後継者の人材不足の支え手をめざしている．食品加工は，収穫した野菜を食べることから始まった．食べるということには不思議な魅力がある．今まで仕事に関心のなかった人が興味をもって働ける．地元産の食材を使って，漬物やジャム，味噌，パン，ケーキ，豆腐，惣菜などを作っている．販

売にも回る．農協の空き店舗を借りた手打ちの「そば屋」も始めた．交流の拠点をめざす「豆の花食堂」には，老人会の帰りにちょっと寄ってくれたりする．作業の取り組みやすさから始めたリサイクル事業は，今や地域の人から求められる事業になった．回収ボックスで24時間受け付けている．

グループホーム・ケアホーム（共同生活援助事業，共同生活介護事業，ただし新法では一本化の方針）の利用者も120名を超えた．アパートで生活する人，結婚して子育てをする方もいる．障がいの軽い方も重い方もそれぞれに合った生活をめざしている．また，法人では，障がいのある方の雇用も進めており，法人の障害者雇用率は，短い時間の人も加えると6％を超える．

これからの課題

　20名の保護者との活動から始まった地域生活支援が10年余で，大きな流れに発展してきた．自分を理解する人たちが周りにいて自分に合った環境があること，その日々の体験を通して成長することが，安定した地域生活を実現する．

　資本主義経済の社会では，障がいのある方のチャンスはまだそんなに多くはない．が，彼らにはたくさんの可能性や生きていく力がある．子どもの時から同じ世代の子どもや地域の人とともに過ごす機会を作ることで当たり前に生活できる環境にしたい．今後の目標の一つが障がいのある方が社会に貢献できる企業を地域の方々と作ることである．この人たちの仕事を社会福祉の枠組みだけにおいておくことがいいとは思えない．特別な集団を作るのではなく，社会で生きていくために必要な環境を地域の人たちとともに生み出していきたい．

　最近，「地域生活定着支援事業」（刑務所や少年院での刑期を終えた高齢や障害のある方の支援）も委託された．この方々との出会いでは，支援の不足や不適切な環境がもたらすものの怖さも知ることができた．

　障害者福祉の新たな法律のもとで，財源確保，地域間格差等がどうなるか不安もあるが，担い手が不足している仕事や地域の暮らしを支える活動のなかに彼らの仕事のチャンスもある．支援がなければ創り出す．必要な支援をその地

域，時代に合わせて生み出して変えていかなければならない，こんなことを若い職員に伝えながら，地域の担い手である障がいのある仲間を支えている．

(小泉晃彦)

事例2　当事者から学ぶ——精神保健福祉士としての実践から

　私は1980年代に，地方の民間精神病院の精神科ソーシャルワーカー（PSW）となった．教育学部出身だったが，大学院で精神分析的パーソナリティ理論をテーマに精神病院で実習をしたことがきっかけである．資格制度などなかった当時は，PSWを採用する精神病院もごくわずかで，PSWは福祉系の大学出身者だけではなく，法学部や工学部出身の社会人経験者も多かった．そこでは，実験的試みともいえる全開放型の病棟で，PSWと看護師による十数名のチームスタッフが，患者さんと寝食をともにする疑似家族的環境のもとで，精神療法的介入の治療と援助に参加した．明確な治療と援助の目標のもとでチームとしての活性化と力を生み出し，それぞれの専門職の専門性を高めることを体験したが，一方で，心理療法的手法の限界も知らされた．

　その後，都市部の精神科病院の精神科デイケアの立ち上げと運営に関わった．現在も，大学で社会福祉専門職の養成教育に携わりながら，毎週1回，このデイケアで，精神保健福祉士としてメンバーの方々と活動をしている．

　精神保健福祉士は，福祉専門職の立場で，入院時のマネージメント，ケースカンファレンスや家族心理教育へ参加し，退院支援計画を主導する．急性期治療とその後の回復のための種々のリハビリテーションプログラムを効果的に行うためには各職種が連携することが基本的前提である．

　以下，当事者から学んだことを当事者の言葉とともに記す．

「好きな時に好きなテレビを観て好きなものを食べられるのがいいですね」

　今の精神科病院に入職した時，男子閉鎖病棟70名ほどの病棟担当となった．そこでまず患者さん全員と面接することにした．2か月間の自己紹介を兼ねた

面接の結果，社会福祉サービスを使えば退院できる長期入院者が少なくないことがわかった．しかし当時は，病院周辺の社会復帰施設は待機状態が続き，精神科デイケアも少なかった．そこで，プレ・デイケアとして閉鎖病棟の長期入院者を対象とした週1回のソーシャルクラブを院長に提案し，看護師とチームを組んで開始し，半年後，県内5番目の精神科デイケアを開設した．

　デイケアのプログラムである「散歩」中，見出しの言葉をつぶやかれたのが，20年間入院後，デイケアができてやっと退院できた60歳の男性だった．

　入院が長期化するほど退院後の生活の準備が重要になる．住居の確保や福祉サービスの利用の支援はもちろんのこと，退院後の生活に対する不安を減らし，長い入院生活のなかでそがれてしまった社会生活への意欲や関心を再び呼び起こす支援が必要になる．家族や医療関係者のなかには「退院のために精神的苦痛や負担を強いるのは患者さん本人にとって不幸な事だ」という反対論もある．もちろん，退院したすべての患者さんがその後安定した生活を続けられるわけではないが，仲間を作り一緒に食事をしたり，遊びに出かけたり，悩みを相談し合ったり，彼氏や彼女を作ったり，そこには，わたしたちとなんら変わりのない普通の生活をする人の姿がある．誰も侵すことのできない人間本来の基本的欲求に基づく生きる喜びがあり，自由がある．普段当たり前のこととして続けてきた生活が，ただ病んだというだけで，何年も何十年も，制限されたり管理される人生をおくりたい人がいるだろうか．

　冒頭の言葉をつぶやいた男性は，歩いて20分ほどのアパートからデイケアに毎日通い続け，大好きな東北地方の温泉旅行に出かけたりして，平穏な日々を送り，内科的疾患によりその生涯を閉じた．

　現在，入院中心の医療から，地域へとその方向性が誘導されているが，厚生労働省が示した退院数値目標は一度として達成されたことはない．長期入院者の病棟において制限された基本的人権と生活の質を回復することに関わることは精神保健福祉士の責務ではないだろうか．

「勉強がしたい．学校へ行きたい」

　デイケアに通い続け，今は障害福祉サービスの就労支援事業の配食サービスセンターで働いているこの男性は，最近，家族から離れて一人暮らしを始めた．彼との最初の出会いは，20年前，閉鎖病棟の面接室だった．週1回の面接を続けたが，まったく口を開くことはなく，時折うなずく程度の表情の硬い青年だった．

　数か月後の面接の際に，彼は机の上に中学生の漢字ドリルを置いて蚊の鳴くような小声で話しかけてきた．「勉強がしたいんです」小学校の高学年からほとんど学校に行かず家に引きこもった生活を続け，家庭環境もそれを悪化させてきた．それからの面接は生徒と家庭教師のような学習の場になった．

　勉強会は，退院後には，デイケアに場所を変えて続く．「学校に行きたいんです」照れながらの小さな声を聴き，夜間中学に通う計画を立てた．夜間学級での授業中の教室風景や熱心に指導，協力していただいた先生方とのやり取りは，私の良き経験となった．彼は一日も休むことなく昼間はデイケアで作業訓練に参加し，夕方から夜間学級に通う生活を続け優秀な成績で夜間中学を卒業し，県内の定時制工業高校から職業訓練校の電気科へ進んだ．希望したコンピューター関連の職につくことはできなかったが，今の仕事を地道に続けている．

　デイケアでの仕事帰りに，一人暮らしを始めた彼のアパートを訪問した時に，「これからDVDで『学校』（山田洋次監督）を観るんです」と嬉しそうに話してくれた．20年の歳月，自分の生活リズムを守りながら再発することなく，目標を達成するために一歩一歩着実に歩んできた人である．

「俺みたいな精神障害者だって，働ける場を作りたいんだ」

　そういった，男性との付き合いは10年ほどになる．今でも連絡を取り合い食事をしたりする．職住をはっきりと区別して街中で出会うのを嫌う医療関係者もいるが，同じ地域に住んでいればばったり顔を合わすこともごく当たり前のことである．彼は，40代後半で発症して半年余りの入院の後デイケアで出

会った．同年代ということもあり毎日のように一緒にデイケアのテニスコートで汗を流した．デイケアを終了し，ハローワークで障害の開示による二十数回目の面接で，ハウスクリーニングの会社に採用された．就労能力は高く，すぐに仕事も任されるようになって間もなく，「デイケアや外来の患者さんの中には働ける人もいると思う．障害者だからといって仕事ができないのはもったいないよ．俺みたいな精神障害者が働ける場所を作りたいんだ．協力してくれよ」と言われた．そこでまず彼が働いている会社に，患者さんの受け入れをお願いし，1年後には精神障害者社会適応訓練事業の委託事業とした．彼も張り切って仲間の指導をしていたが，長引く不況の影響でクリーニング事業が縮小され，今は中断している．彼も長年の無理がたたって体調不良が続いているが，また体調が戻ったら一緒に仕事づくりをしようと再起を誓っている．

当事者から学んだこと・気づかされたこと

　この30年余の実践は彼ら彼女らからの学びの連続だった．たとえば，心身機能や活動の制限という障害や負の部分だけに目を奪われることなく，人間存在そのものの内にひそむ可能性を見出すこと，そのためには，本人の示した将来への希望や"サイン"にいち早く気づいて時宜を得た支援をすることの重要性に気づかされた．またたとえば，「当事者を理解する」というより，「当事者に限りなく近づこうとする営みを根気強く続ける」ということが大切であることが理解できた．そして，当事者と関わる日々で体験する喜びや悲しみ，意外性や驚きが価値ある体験として自らの専門性を高めるということも実感した．

　ところで，今日のように，精神保健福祉士が国家資格化され，社会的に認知される時代がくるとは，若いころには夢にも思わなかった．発達障害やうつ病と自殺，依存症や認知症など精神保健上の課題が広がり，PSWに期待されることも多くなっている．一方で，その仕事は複雑化し，難しさも増している状況において，逆に業務がルーチン化し，社会福祉の支援で欠かせない非マニュアル的な柔軟で個別的な支援という視点が弱まっているように思われてならない．

最後に，書きとめておきたいことがある．ここに紹介した事例はいわゆる地域生活へ移行したなかでの「成功事例」である．しかし，なかなかうまくいかない人もいる．こちらが懸命に支えても止められない自死もある．私が仕事の疲れで，いわゆる「燃え尽きそうになった」とき，自分を支える最後の砦になったもの，それは命を支えきれなかった彼らへの思いなのである．　　（川池秀明）

事例3　ケアマネージャーとして高齢者を支える

高齢者の「宅老所ケア」をめざす

　私は，介護保険の居宅支援事業所に属する介護支援専門員（ケアマネージャー）である．介護福祉士が基本資格である．所属する生協法人は，A県内に居宅支援事業所やデイサービス（通所介護）等をあわせて20ヶ所近くもっている．法人の方針は「宅老所ケア」である．「生きがい・福祉・仕事おこし」を3本の柱に，在宅継続に欠かせない3つのテーマ，「医療・住まい・看取り」を融合させて構築した方針である．高齢者の方々が要介護状態になっても「好きな街で生き生きと暮らし，住み慣れた街で安心して老いたい」という思いを支えることをめざしており，ほとんどの事業所が，住宅街にある普通の一軒家である．こじんまりした古い旅館や料亭を改築したデイサービスもある．高齢者事業を中心としながら障害者の支援事業にとり組んでいる事業所もある．

　私は介護を要する高齢者を35人担当している．ほとんどの方が，認知症をともなった方である．認知症の一人暮らしの方も珍しくはない．その内，個性的でかつ典型的なある女性を紹介したい．

一人暮らしの認知症の方の生活を支援する

　ヨネさん（仮名・80歳）が認知症とわかったのは，同居されていた娘さんが亡くなられた時である．旦那さんはすでに亡くなられ，息子さんは遠隔地に居住されている．ヨネさんは，最近まで書道の先生だった．指導も的確で生徒さんたちは，ヨネさんの認知症に気づかなかった．ただ，最近，「私の出身地を

よく御存じなのに,『あなたはどこ出身でしたか?』といわれたけど,先生はもう80歳すぎられたからねえ」と話していたところだったという.

食事の支度,お金の管理,家事など生活の基盤となることは娘さんがされていたので,まわりの人はヨネさんが徐々に認知症になってきたということに気づかなかった.娘さんは薄々,気づいておられていたのかもしれない.けれども,そのことを都会に離れて暮らすきょうだいには一言もおっしゃらなかったそうだ.母親の世話にも疲れ果てた結果が心臓にきたのかもしれない.

認知症であると診断を受けた母親を連れて息子さんは高齢者施設を見学した.しかし,「あたしはまだ呆けていない.あたしを施設にいれないで.死ぬまでこの家にいたい」というご本人の固い意思をくみ,毎日,ヘルパーなどに支援を依頼し,携帯で絶えず連絡をとりあう形の"遠距離介護"を覚悟された.

私はヨネさんの毎月のケアプランをたてるだけではなく,お弁当宅配とヘルパー派遣から,徐々に支援を厚くし,半年後にはデイサービスに週3回来てもらうという目標をたてた.

当初は,見知らぬ人への警戒心とプライドが高いことから,ヨネさんは,お弁当宅配もヘルパーが家にはいることにも拒否的だったが,次第に受け入れていただけるようになっていった.そこで,次の月にはデイサービスを週に1回いれていくことにした.けれども「自分は呆けていない」「人のお世話になんかならない」といわれる方なので,「デイサービスでお世話する」などということは到底むりである.そこで息子さんの了承を得て,「お習字の先生としてボランティアにきていただく」というストーリーで誘うことにした.ヨネさんをはじめて迎えるときは,デイサービスメンバーにも職員にも,生徒さんらしく振舞い,先生として大切にする雰囲気をつくる協力を得た.帰り際「みなさん,基本ができていないしもう来ません」といわれるかと思ったら「週1回くらいならボランティアにきましょう」といわれ,ほっと胸をなでおろした.施設的ではなく,昔の公民館を想い起こさせるような一軒家であり,手作りの家庭料理の昼食も気にいられたようだ.感情的になられることもあったヨネさん

の気持ちも次第に安定し，半年後に，週3回デイサービスという当初の目標は達成でき，息子さんご家族も，遠距離による見守り体制に，かなり安心されるようになった．たいていの認知症の方は「私は呆けていない」とおっしゃる．したがって"ウソをつく"のではなく"本人の納得されるストーリーづくり"は，ときに，認知症の方の支援でやむをえないものである．

　ヨネさんが，自分が料理ができないことを忘れて毎日食材を買って冷蔵庫で腐らせることはしょうがないが，一番心配なのは，病気である．歯が痛いと訴えられたときから訪問歯科診療をいれた．認知症になると歯を磨くのを忘れる人が多いので健康管理の基盤として歯の管理は欠かせない．体調の様子をみながら訪問看護か居宅療養管理指導をいれることも検討していただいている．

　地域の人たちの見守り等協力もほしいが，大都市近郊の住宅地は，もともと住んでいた方々は高齢化し，新たに家をもった若い人たちは密な近所付き合いをあまり好まない．また，ヨネさんのような方は，民生委員などが「一人暮らしだから時々訪問しますよ」といった「お世話する」という態度の人を拒否する．唯一，昔からつきあいのある隣の方に，なにかあるごとに相談したり，世間話をしにいかれる．といっても隣の方も，同じ年代で，もの忘れが多くなられており，ご家族も朝早くから夜遅くまでお勤めである．そのため，とても心配なことがあると，ヨネさんは町役場に出向かれる．役場の介護保険課職員や併設の地域包括支援センターの保健師は「ここにひとりで来れるうちは大丈夫なんです．私たちも一緒に支えます」と言ってくれている．

地域の高齢者を支えるキーパーソンの仕事

　結局，私がキーパーソンとなり，ヘルパー，役場の保健師，病院のワーカー，息子さんと連絡をとりあいながらの支援体制である．ただし，私自身は，ヨネさんに直接援助するというより，全体をみわたし，デイサービスの職員，ヘルパーに把握した状況を伝え，適切な支援を依頼する役まわりである．

　認知症の人の状態，進行のしかたはそれぞれ違うがよくなることはない．あ

と半年後，ヨネさんがこのままひとり暮らしを続けることができるか，施設入所となるか，息子さんが「呼び寄せ」，デイサービスやグループホーム認知症対応型共同生活介護，を利用することになるか，まだわからない．いくつかの見通しをもちながらご家族にその心づもりと準備をしていただくよう働きかけることも私の仕事だと考えている．

　35人担当していると，日中，事務所に座っている時間などとれないくらいだし，虐待を疑われるという心が痛む人にも出会う．認知症の方の感情の起伏に戸惑うこともある．けれども，それぞれの人の特性，ご家族の様子，支援すべきポイントを理解しながら，いろいろな機関の人たちと知り合い，自分でチームを作り上げ全体をつなぐという，この仕事が私は好きだ．高齢者とのかかわりで笑顔を忘れないようにしながら，かけまわる毎日である．

＊事例はプライバシーに配慮し，一部加工した．またご家族の了承を得た．

(永田　望)

事例4　大学と実践の協働による調査研究

長野県における障害者の「地域生活移行」

　長野県にある「西駒郷」は，県が設置し，長野県社会福祉事業団（以下事業団）が運営する知的障害者の施設である．1968年に設立され，かつてはコロニーと呼ばれた大規模施設であり，入所定員は最大時500名であった．当時，県内に知的障害者の入所施設は少なく，社会のニーズに応えてのものだった．

　しかしながら今日では，ノーマライゼーションの理念に基づき，従来の施設入所中心から地域生活の支援へと施策の重点が転換された．長野県においても2002年に「障害者プラン」が，2004年に「西駒郷基本構想」が相次いで策定され，知的障害者の地域生活移行を積極的にすすめることとなった．

　事業団では西駒郷のある上伊那地域に，2003年に第1号のグループホームを開設以来，25カ所のグループホーム・ケアホーム（以下GH）を設置してきた．そのほかの地域を含めると，GHは県内全体で現在41か所運営されてい

る．GH 利用者の多くが入所施設から地域生活へ移行した人である．

大学と協働したグループホーム利用者の生活調査

　事業団では，GH 利用者等の調査を企画した．その目的は，GH 利用者が各地域で，地域社会を構成する一員として社会，経済，文化等の活動に参加できているのか，その現況を確認し，改善のための提言を行うことにあった．

　そこで，日本財団の助成を受け，「知的障害者の地域生活移行に関する地域生活実態調査・検証事業（以下調査・検証事業）」というテーマで調査を開始した．

　これは，地元の福祉系の長野大学との共同研究として行われた．事業団職員と教員が協働で，調査方法・内容を検討，集計・分析等の作業を進めた．

　GH 利用者への聴き取り調査については，学生を中心に行った．調査の前に，大学の授業の「社会福祉特別講義 E」という科目に，調査方法の指導等を組み込んだ．大学の教授等は知的障害者の地域生活移行の理念，社会福祉調査法，障害コミュニケーション論等を，事業団職員は実際の地域生活移行の状況，プロセス，利用者の生活の状況等を講義した．事業団職員は，全 15 回のうち 6 回の講義を担当した．学生は，毎回 40～60 人の学生が聴講し，そのうち，実際の調査には学生 8 人が参加することになった．

　意思伝達が困難な方も調査対象とするため，その調査方法を含め意思確認の方法についての議論・講義も行った．具体的には世話人，支援員の協力により GH 利用者個々のコミュニケーション特性について予備調査をし，写真・イラストを使った補助・代替コミュニケーションツール（AAC）作りも行った．

　学生は，2 人 1 組でひとつの GH を訪問し，1 人の利用者の聴き取りに 15 分程度かけた．最初のうちは大学の教授等や事業団職員が補助で同席したが，数名の調査が終わるころには慣れてきて，ほぼ学生のみで調査は進めることができるようになった．しかし意思伝達が困難だったり，意思確認の判断に迷ったり，まったくコミュニケーションできなかった例もあった．そういった場合普段のかかわりのなかから意思表出をくみとっている世話人等周囲の人の協力

を得た．世話人，近隣住民等を対象としたアンケートも実施した．

グループホームが地域に根ざしていくことをめざして

　2011年には，地域自立支援協議会を利用して中間報告会を実施した．大学教員，支援者，地域住民，県行政担当者がシンポジストとして発表した．GH世話人，支援者等の参加もあり，GH利用者支援のための複層的なネットワークづくりの一助となったと考えている．2012年10月には，第1回駒ヶ根高原ふくしセミナーにおいて，調査結果の概要を発表した．

　今後，これらの調査の分析結果をもとに，GH利用者それぞれが生活する「地域」「風土」に合ったライフスタイルを提案する．そして，その実現のために，支援や地域はどうあるべきか，行政の果たすべき役割は何なのか等提言していきたい．めざしたいのは，この地域にGHがあってよかったと思える地域づくりだ．GHが地域のなかで，特別な存在ではなく，普通の存在になれるよう，それぞれの地域で，地域にあった工夫がされることを願っている．

（宮下敦志）

むすびにかえて

　最初に述べたように，4つの事例にコメントはしない．それらの実践に関わっていない編者がコメントや分析や一つの形式に整理することはできない．

　もしするとしたら，ともに学び合いながらである．しかし，学ぶみなさんは「学びの素材」として自由に分析していただいてかまわない．

　ところで，かつて，山梨の実践現場の方々と大学教員で事例を素材にした研究会を行ったことがある．この事例研究会は，議論を通じてときに思いもかけない発想をよびおこし，ときに深遠な理論に今にも接近するかもしれないという予感をももつような知的興奮に満ちた時間であった．

　このような研究会は，さして珍しくないと思われようが，特筆すべきは，大学教員が「アドバイザー」とか「スーパーバイザー」の役をすることなく，

第 8 章　社会福祉のあしたを担う人たちへ　275

〈対等〉に知恵を寄せ合い，それぞれの考え方をぶつけあう研究会であったということである.[2)]

　そのとき，これが教育学や看護学では著名なドナルド・A. ショーン（Donald A. Schön）のいう「省察的研究」の一つのあり方ではないかと考えた.

　ショーンは次のように書いている.

　　省察的研究では，研究者と実践者は協働（collaboration）の様式に参加するようになる．協働の様式はこれまでの，応用科学のモデルのもとでおこなわれてきたやりとりとは，かなり異なっている．実践者は研究者の研究成果の単なる使い手として働くのではない．彼らは実践の場に持ち込んだ自分の思考様式を，省察的研究者に明らかにし，自分自身の行為の中の省察を支援するために，省察的研究へと向かっていく．さらに省察的研究者の方も，実践での経験から距離を置くことはできないし，実践の経験よりも上位にいるわけではない．……省察的研究は，実践者と研究者との相互のパートナーシップを必要とするのである.[3)]

　社会福祉の領域において「研究者と実践者との協働」などというものは，もうどこでも行われているという主張もあろうが，本当に私たち大学にいるものは，実践者の「言葉」を大事にしているだろうか．なかなか「言葉」にできない部分を相互に協力してさらに普遍的な形に近づけるような営みを続けているだろうか．私自身は，まだ十分できているとはいえない.

　ショーンは次のようにも言っている.

　　それぞれの事例において実践者は不確かで独自の状況に置かれ，その中で驚きや困惑，混乱を経験している．実践者は目の前の現象を省察し，……自分の行動の中に暗黙のままになっている理解についても省察を重ねる．……行為の中で省察するとき，そのひとは実践の文脈における研究者となる．すでに確立している理論や技術のカテゴリーを頼るのではなく，行為の中の省察を通して，独自の事例についての新しい理論を構築するのである.[4)]

　時に誤解されるように，ショーンは，「大学を拠点とする科学技術研究に基づく知に対して，実践の暗黙知を復権，対峙させる」べきであるとか，社会福

社のような領域は「伝統的な専門職と異なった,実践の暗黙知を大事にすべき,もう一つの専門職である」といってはいない.実践の流動性と複雑さ,重さに耐えうる探究を,「プロフェッショナルの実践の中での思考・行為・判断」を大切にして,「新しい探究心としての知の実現可能性を探る」という方向を提示しているのである.

　本章の4つの事例の実践者も,それぞれ貴重な「省察」を行っている.当然試行錯誤のくりかえしであり,うまくいかない事,支援の困難な人たちにもたくさん出会われている.しかし,この本には,これから社会福祉を担う人たちに向けて,希望のもてる事例,エピソードを中心に書いていただいた.全国のあちこちに,日々の実践を字にする余裕もなく,当事者のために仕事に邁進されている人たちがいる.それらの実践を協働して「言葉」にしていくことも,社会福祉の実践からの理論化,「帰納的研究」につながるのではないだろうか.

　今,社会福祉の領域における「事例研究」,「帰納的研究」がふえてきているといわれている.そのなかで,研究者から提起されているEBP (Evidence-based practice,根拠に基づくソーシャルワーク)など「科学的」といわれる研究方法には学ぶところが大きいが,実践現場の方々にそれらの理論を分析手法に用いるようにせかすことはどうであろう.事例研究会をともにした専門職の一人の方は,次のような文をよせてくれた.

　　社会福祉の支援の結果としてはっきり見えるもの,それは在宅介護の開始であったり,社会福祉制度の活用,グループの創設,政策提言,などである.一方,はっきりとしない結果でも当事者の変化を促しているものもある.たとえば気難しかった高齢者が穏やかになって他の入院患者と笑えるようになった,地元のケアマネージャーが消防団員と飲み会を始めた,ある日地域包括支援センターに「こういう人がいるんだが,一見とっつきにくくて難しい人なんだが少し気にかけてほしい」と一本の電話をかける,こうした"小さな日常の活動"の積み重なりが,"当たり前"すぎるために忘れ去られるのではないか.EBPにおけるクリティカル・シンキングでは,このような小さな支援や視覚化できない変化は,論理性のなさや根拠の乏しさから排斥されてしまうかもしれない.しかし,こうした積み重ねこそがエビデンスであり,支援に意味をもつのではないだろうか.[5)]

また，事例4のように学校と地域をつなぎ，住民に学ぶ活動の意義も大きい．地域の公民館で学生とともに子どもから高齢者までが集う「たまり場」をつくり，毎週活動を続けてきた元・大学教員は，次のように述べている．

　社会福祉士養成を看板に掲げる専門学校，短期大学，四年制大学は各地に出現している．……彼らには社会福祉の実践現場で学ぶという実習教育が課せられているが，あとは学生に自由にボランティアをさせるといったことですますのではなく，学生・教員・学校がともに地域社会に貢献する途を歩んでいること……社会に示すことを教育目標としたい．……学生は教室で学んだことを実社会で検証することで，学習内容の妥当性の確認も可能となり，キャンパス内の学生と教員という平面的な学習から地域社会と地域住民が加わる立体的な学習にあずかることができる．[6]

既存の理論を論証したり，既存の理論の枠組みを越えた新たなフレームをつくること，あるいは実践のなかから生まれた仮説を検証していくこと，そんなことが，前章の「社会福祉論争」を継ぐ，「社会福祉とは何か」を明らかにする糸口のひとつとなるのかもしれない．

最後に，筆者なりの「社会福祉とは何か」を，"仮説的"に記しておきたい．

　社会福祉とは現代社会の経済・社会構造の中から生み出された社会的問題（生活問題）の解消・改善のために用いられる社会福祉法制度に基づく施策，サービス体系，そしてそれらの法制度のもとでの専門的な知識・援助技術等を用いた社会福祉専門職の支援（ソーシャルワーク）である．／社会福祉は「生存権」を基盤とする私たち国民の権利であるが，一方で現代社会の経済・社会システムを安定・発展させるための国の政策であり，政策の限界がある．／社会福祉は社会政策を補充・代替する機能をもつが，代替機能の拡大は社会政策等の不備を意味する．／時の社会状況に応じて多様な姿をとる生活問題の現象の内にひそむ本質をみぬき，解決の手がかりをみつけ，当事者の尊厳を重んじて，当事者やその家族ともに解決に向かうのが社会福祉専門職の役割である．／この過程において関連領域の専門職との協同，インフォーマルな資源との協力が必要となることもある．ただし，インフォーマルなものそのものは社会福祉ではない．／社会福祉の「専門知識」は専門職が独占する"閉じた"知識ではない．当事者，当事者になるかもしれない国民に"開かれた"知識として，わかりやすく示される必要がある．

以上の文は，まだまとまりもなく，"論"まで到達しているとは言い難いが，先学・専門職・当事者の方々に学びながら書いた拙い"素描"をさらに深めていきたいということを付け加え，この章そして，1～8章の結びとしたい．

(川池智子)

注・引用文献

1)「社会福祉の研究・実践の飛翔を目指して：実践と理論をつなぐもの―当事者・現場の人たちとのかかわりから―」(『社会福祉研究』第84号，2002年，pp.81-83)，『ソーシャルワーク―利用者へのまなざし』相川書房，2004年に再掲載されている．

2) 研究会の逐語記録に近い内容は，報告書にまとめている．(研究代表者：反町誠　共同研究者：川池智子，竹端寛，小泉晃彦，小泉智子，出口幸英，花輪祐司，服部敏寛，内藤京子，二塚綾『障害者自立支援法時代の基礎自治体における地域生活支援の人材開発―山梨モデル構築への研究』山梨県立大学地域研究交流センター研究報告書，2007年)それ以前に編者が関わった社会福祉専門職，地域住民をまじえた事例研究会や地域活動については，次の文で紹介した．川池智子「住民参加の福祉ネットワーク―生活者の視点から自分たちのまちをつくる」(『アエラムック　新版　社会福祉がわかる．』2003年，pp.160-163)

3) Donald A. Schön, 柳沢昌一ら監訳『省察的実践とは何か：プロフェッショナルの行為と思考』鳳書房，2007年，p.340

4) 同上　p.70

5) 注2の研究会のメンバー元・山梨県医療社会事業協会会長・花輪祐司氏の記述．

6) 髙谷よね子編著『居場所とたまりば』学文社，2011年より引用

学びのオリエンテーション

社会福祉の明日をつくる社会福祉教育：社会福祉の危機を越えて

社会福祉教育を担う大学教育・研究者として，また，キリスト教を基盤の一つとして社会福祉教育を行っている大学の長として，今日の社会福祉がある意味，危機的状況にあること，それを打開するうえで，社会福祉教育に課せられているいくつかの課題を提起したい．

1. 社会福祉従事者が直面する3つの危機

① 専門性そのものの危機

今まで学んだ知識や援助技術がまったく適用できないのならば，それは専門性そのものの危機である．それは，実践課題であるだけでなく，教育課題，研究課題でもある．たとえば，被虐待児童の問題，発達障害をもつ児童への対応，認知症が進行した高齢者への対応等々，現場そのもので専門性が問われているという事実を否定することはできない．また，就労援助を含めた自立支援，孤立予防，サービスの利用支援，従来の権利擁護システムを発展させた日常生活自立支援，第三者評価，身近な日常生活圏域を軸としたフォーマルケアとインフォーマルケアを結びつけたケア等々，福祉従事者に求められた知識と技術は絶えず変化している．私たちは，その社会的要請に応えることができているのだろうか，と問い直すことが必要ではないかと考える．

② チームアプローチができないという危機

問題がこれだけ多様化，重層化すると，保健医療等々の他領域とのチームアプローチが不可欠だ．これは当然のことだが，チームアプローチの意義が実証的に検証されておらず，必要であるといわれながら十分できていないなか，従事者の多くが戸惑っているのではないかと危惧する．住民と

の協働等は，専門職教育で欠けていた点かもしれない．チームアプローチの意義を実証的に検証し，ニーズ，資源等のさまざまな情報の共有化・個別の専門性と役割の明確化・言語の共通化・合意して解決していく手続きの明確化・評価基準と評価方法等の知識と技術・方法を獲得することが必要だが，そのプロセスが踏まれていない．

③ 専門性と組織性が結びつかないという危機

このことは，同じ組織内においても指摘されうる．私は，専門性と組織性の両側面が大切であるという認識をもっている．今後，組織の一員としてどう働くかという基本的な議論をしていくことが必要なのではないか．

具体的には，組織の一員として，利用者に対して適切な援助を行うためのコミュニケーション能力，必要な情報の理解と日常的な連絡を行える能力，一定水準のサービスを提供するため自助努力，サービスを企画し遂行する能力，利用者を代弁しつつ組織に反映させる調整能力とプレゼンテーション能力，役割を理解し協働した働きを行っていく能力等と職業倫理が必要である．これは，社会福祉に関わる専門的な知識と援助を前提とする専門性と重複する部分もあるが，マネジメントの視点から強化していく要素が大きい．

2．社会福祉教育の課題

以上のような課題をふまえ，今日の社会福祉教育には，次のような課題があると考える．

① 各分野の固有の専門性とそれを横断する視野をもつことができる教育

従来の考え方では，広がり，多様化する地域の生活課題に応じることはできない．児童，障がい，高齢者といった従来の分野の固有性，専門性は重要だが，家族，地域，社会の視点がないと，解決ができない課題が多くなっている．それらのニーズは，地域，社会，家庭から生み出されている．それゆえ，社会福祉従事者の「社会」の側面が重要になる．地域の資源を

開拓し，それらを活用する専門職をはぐくむ教育が求められているのではないか．

②"耕し，種を蒔き，水と肥料を与える"プロセス重視の個別教育，個性教育

社会が絶えず揺れ動き，急激に変化し，そのなかの少子家族で育てられた学生たちだからこそ，今日の社会福祉教育では，個別教育，個性教育が重要だと考えている．同時に，各学生の要望や各学生の力量に応じた教育プログラムの整備が不可欠である．私の大学は，少人数教育を重視している．マス教育の大学ではないゆえに，学生と教職員の距離は，近い．また，フィールドに強い教員が社会福祉教育の中核を担っている．それは，単に，現場経験があるということだけではなく，現場経験をふまえ，現場が必要としている理論，知識，技術の研究を深めていること，そして地域に積極的にでて地域貢献や社会福祉専門職のスーパーバイズを地道に行うなど，実践現場，専門職と密に連携しているからなのである．いわゆる「理論と実践の乖離しない理論」であり，かつ「現場の指針に有効な最先端の理論」を語る本学の教員の多くは，現場の専門職の研修においても歓迎され，活躍している．さらに，積極的に卒業生の相談にのる体制こそが「卒後教育」の基本という考えのもと，大学が一体となって取り組んでいる．

ところで，私が委員として加わった『提言：福祉職・介護職の専門性の向上と社会的待遇の改善に向けて』〈平成23年（2011年）9月20日　日本学術会議社会学委員会　福祉職・介護職育成分科会〉では，福祉職・介護職の今後のあり方として，ひとつには社会的待遇の改善を，もうひとつはキャリアアップを提案した．後者に関しては，福祉職についてはスペシフィックを志向する専門社会福祉士資格と，一定年数の経験を前提にスーパービジョンや社会福祉の機関や施設におけるマネジメント業務を担う管理社会福祉士の資格を創設することで，キャリアパスを創り上げることを提

案している．個別な一生涯の支援が重要だと考える．

　③専門職である前に，一人の人間であれ

　LIFE は，生活，命，人生と訳すことができる．では，それぞれにどのように対応できるだろうか．生活に対しては社会福祉が，命に対しては医療が対応しているといわれるが，人生と訳すと，その答えが見えにくくなる．「自分らしく生きていきたいという思い，今までに築いてきた誇り，信条，その人らしさ」を尊重した援助ができてきたか，専門職自身が問われている．レントゲンには心は写らないように，援助する人の人生は，どこかに映るわけではない．それをどうしたら見ることができるだろうか．たとえば，目の前の子どもを見たとき，未熟な人間だとみるか，成長する存在として，その子どもの人生・生活を見通する力をもつことができるか．自分自身の狭い知識と浅い経験から作り上げる利用者像を，相手に当てはめていないだろうか，と問い直すことができる人間に育っていく．それを支え導く教育，教育の原点が，今，社会福祉教育に求められているように思う．つまり，今，社会福祉従事者に求められていることは，人間理解なのだ．

　そして，それは，援助の基軸となる倫理であり，信条であり，人によっては，信仰だと考える．

（市川一宏）

エピローグ——千年に一度の震災・そしてすべてのものに学ぶ

　この本を閉じるにあたり「社会福祉学の明日」をあの震災に学ぶことにした．
　そこに「学ぶ」前提として，この本の底流に「社会福祉とは何か」という〈問い〉を正視することが求められた．冒頭のプロローグのからの問いである．
　全国津々浦々，社会福祉系学部の大学がふえたものの，社会福祉系学部の魅力が減ったともいわれる．社会福祉の仕事が3Kだからという説が有力である．社会福祉の仕事は開拓しがいのある広大なフロンティアであるにもかかわらず．「専門性が低いから」「業務独占ではないから」という説もある．そうだろうか．
　魅力が減ってきたことと，研究における「社会福祉とは何か」の問いが置き去りにされたことは深く関係していると考える．高沢武司氏の言葉を借りたとき，「社会福祉とは何か」の問いを忘れた社会福祉学は，「実践からの逃避」「理論からの逃避」「実践への逃避」「理論への逃避」となる．逃避は空洞化につながる．もしかして，水分が抜けてしまったスカスカのリンゴのような情況にあるとしたら，そんな"学"のどこに魅力があるのだろう．
　社会福祉の魅力を蘇らせるために必要なのは，精緻な理論ではない．全国津々浦々で営まれている泥臭い実践である．
　日蔭の花に陽を照らし，そこにあるものの価値をみんなで紐解く省察的研究が再生の鍵である．それが「社会福祉とは何か」という〈問い〉への本当の答＝仮説を導く途ではないか．この本の結論はこれである．
　誰にでもわかるように「あなたやきみ」に語りかけた第1章も，"野にあるもの"に答がある，という意見表明である．同じ理屈で，学部学生の拙い文や，実践者からの貴重な論考を，大学の学長や学部長，教授たちと同等においた．
　負うた子に教えられるという．学生を「教える」ことは「学び」であった．
　そもそも「学び」は，いつでもできる．現に私は二度目の大学院生でもある．ゼミのベトナム人留学生が「私のおばあさんに似ています」と言ってくれる．
　「学び」は，どこでもできる．生活の場，働くところも学びの場である．

「学び」は，誰からもできる．子ども，障がいのある人，花や木からも．そういえば，この春まで庭の手入れをする気力がでなかった．みえないものへの恐怖は，空を見上げること，土をさわることの喜びをいっとき奪った．

「いっときではない．すべてが奪われた」と言う人たちが今も大勢いる．

そういえば，あの福島の子は，どういう人生をおくり，あの日どこにいたのだろうか．シリーズ姉妹編『児童家庭福祉論』プロローグの詩の作者である．

「おかあさんのおもちゃ」昭和37年　いわき市　小学校3年生　男子
　おかあさんは，まえかられいぞうこがほしいといっていた．七月のすえに，とうとうかった．そのとき，おかあさんは，「おかあさんのおもちゃだよ」といってにこにこしていた．おかあさんのおもちゃが三つになった．れいぞうこ，せんたくき，ミシンだ．ぼくのおもちゃは，テレビ．

この詩は，時代の"発展"が私たちにくれたもの，ひきかえに失くしたものに気づかせてくれる．気づいたものは，社会福祉にとっても大きな学びである．社会福祉を学ぶものは，震災直後の短歌から，何を学ぶことができるだろう．

流されて放り出されしランドセル小さな背中の温もりを恋う
（春日井市　伊東紀美子）

喚ぶ声か振り返りつつその母は足どり重く地震の地離る
（福岡県　城島和子）

SFにあらず津波の映像を揺るる茶の間に立ちつくし見る
（島田市　小田部雄次）

ケータイはつながらないのに充電の残量気になる余震の夜に
（山形市　渋間悦子）

冷蔵庫に庭の雪氷詰めにけりランプで暮らす日々の続けば

(盛岡市　佐藤忠行)

　大震災から，永遠や想定がいかに危ういものかということを学んだ．
　原発事故から，みえる世界のむこうにみえない世界があることを学んだ．
「お父さんは若い頃から放射能の中で働いているんです」．学生の言葉から，ここにも，家族のために働き生きる人生があることを学んだ．
　毎年3万人の自殺者の命と震災の2万人の死者・行方不明者，数の多さが，命の価値とは別物であることを学んだ．「311っていい方はしないでほしい．この日に産んだこの子に申し訳ない」．そう嘆きつつ，テレビから黙とうの号令流れる日，「ケーキも〈おめでとう〉もなし」にした母子がいる．数字が一人ひとりの人生の喜びと悲しみをみおとすかもしれないことを学んだ．

「私の夢」大船渡市出身　山梨県立大学人間福祉学部　田川朝美
　帰省していた私は，まちが流されていくのを茫然とみていた．「もしかしたら自分たちも死んでいたかもしれない．」成人式に，みんなで話した．
　以前は都会で就職したかった．遊ぶところなんてない，交通も不便，"何もない"地元が嫌いだった．でも，流れたまちには，18年間育てられた記憶が詰まっていた．まちが復興していく姿を見届けたい，地元で福祉の仕事をしたいと思った．結婚して生まれる子どもたちが成人する頃までに，まちが復興するよう，まちのために働きたい．それが今の〈私の夢〉だ．
　被災したまちの若者は，社会福祉のあした，〈再生〉の夢を書いてくれた．
　千年に一度の辛い学びは，私たちに何をもたらすのか．明日の社会のために社会福祉を学ぶものが，いま学ぶべきことは何か．仮説を積み重ねていきたい．

編著者

＊ 2011年3月28日に掲載された朝日歌壇のう̇た̇の掲載を快諾して下さった詠み手・選者の皆様，朝日新聞社，登場・協力してくれた人たち，導いて下さっている学文社・田中千津子社長に感謝します．

被災者の方々が朝の陽に希望の一筋をみた1年後の3月12日早朝に第一稿をしたためた稿を，祈りと共にすべての皆さまに捧げます．

社会福祉・社会保障年表

西暦	年号	日本の社会保障・社会福祉	世界の社会保障・社会福祉	社会福祉関係研究（日本・世界）	世界・日本の動き
1601	慶長6		エリザベス救貧法(1601年法,英)		
1782	天明2		ギルバート法(英)		
1789	寛政元		フランス人権宣言(仏)		フランス革命(仏)
1795	7		スピーナムランド制度(英)		
1833	天保4		工場法(英)		
1834	5		新救貧法(英)		
1869	明治2		慈善組織協会(COS)設立(英)		版籍奉還
1871	4	行旅病人取扱規則,棄児養育米給与方			廃藩置県
1872	5	東京府養育院設立			
1874	7	恤救規則,浦上養育園設立			
1877	10	博愛社設立			
1882	15	行旅死亡人取扱規則			
1883	16		疾病保険法(独)	植木枝盛『天賦人権論』	
1884	17		トインビーホール設立(英)		
1887	20	岡山孤児院設立			
1889	22		老齢・廃疾保険法(独),児童虐待防止法(英)	ブース『ロンドン民衆の生活と労働』	大日本帝国憲法発布
1891	24	滝乃川学園設立			濃尾地震
1894	27				日清戦争開始
1895	28	日本救世軍設立		安部磯雄「社会問題と慈善事業」『六合雑誌』第172号	
1897	30	キングスレー館設立		留岡幸助『感化事業之発達』	
1899	32	北海道旧土人保護法(32年施行),家庭学校設立		横山源之助『日本の下層社会』	
1900	33	感化法,二葉幼稚園設立,精神病者監護法(33年施行)		片山潜「貧富の戦争」『六合雑誌』第233〜235号,エレン・ケイ『児童の世紀』	
1901	34			ラウントリー『貧困―都市生活の研究―』	八幡製鉄所開業
1903	36	全国慈善大会開催		農商務省『職工事情』	
1904	37	下士兵卒家族救助令(37年施行)			日露戦争開始
1905	38		失業労働者法(英)	家庭学校『人道』創刊	日比谷焼き打ち事件
1908	41	第1回感化救済事業講習会開催 中央慈善協会設立			戊申詔書

年		法令・制度	外国の動向	思想・著作	その他
1909	42		救貧法および貧困救済に関する王立委員会の報告書(英)	井上友一『救済制度要義』,中央慈善協会『慈善』創刊	
1910	43				韓国併合
1911	44	工場法(大正5年施行)	国民保険法(英)	渡辺海旭『慈善事業の要義』	辛亥革命(中)
1912	大正元	友愛会結成		仏教徒社会事業研究会設立,内務省『細民調査統計表』	
1913	2			救済事業研究会『救済研究』創刊	
1914	3			山室軍平『社会廓清論』	第一次世界大戦開始(1918年まで)
1917	6	岡山県済世顧問制度創設		リッチモンド『社会診断』,中央慈善協会『社会と救済』発刊(『慈善』を改題),河上肇『貧乏物語』刊行	ロシア革命(ロ)
1918	7	軍事救護法(7年施行)大阪府方面委員制度	全米医療ソーシャルワーカー協会設立(米)	渡辺海旭「社会問題の趨勢及其中心点」『労働共済』第4巻第11号	米騒動
1919	8	大原社会問題研究所設立国立武蔵野院開院	国際労働機関(ILO)設立,国際連盟設立ワイマール憲法(独)	長谷川良信『社会事業とは何ぞや』	
1920	9	内務省社会局設置		賀川豊彦『死線を越えて』,矢吹慶輝「社会事業と思想問題」『社会と救済』第4巻第5号	第一回メーデー
1921	10	職業紹介法(10年施行)		大林宗嗣『ソーシャル・セツツルメント事業の研究』,中央社会事業協会『社会事業』発刊(『社会と救済』を改題)	
1922	11	健康保険法(昭和2年全面施行),少年法(旧法.12年施行),全国水平社設立		田子一民『社会事業』,リッチモンド『ソーシャル・ケース・ワークとは何か』,社会事業研究会『社会事業研究』発刊(『救済研究』を改題)	
1923	12	盲学校及聾唖学校令(13年施行)		生江孝之『社会事業綱要』	関東大震災
1924	13		ジュネーブ宣言(国際連盟)	小河滋次郎『社会事業と方面委員制度』	
1925	14			細井和喜蔵『女工哀史』	治安維持法
1929	昭和4	救護法(7年施行)	地方自治法改正(英)	木田徹郎「社会事業に於ける科学性の必要」『社会事業』(1929年)第13巻第6号	世界恐慌
1931	6	らい予防法(旧法.6年施行)		生江孝之『日本基督教社会事業史』,牧賢一「社会事業の『技術』性に就いて」『社会事業』第14巻第12号	満州事変

社会福祉・社会保障年表　289

1933	8	児童虐待防止法(8年施行)	ニューディール政策(米)	竹内愛二「理論と実際を如何に調和せしむべきか」『社会事業』第16巻10号, 竹中勝男「社会科学と社会事業の技術」『社会事業研究』第21巻第10, 11, 12号	日本が国際連盟を脱退
1935	10	ライトハウス設立	社会保障法(米)	牧賢一「転換期にある隣保事業の機能に就て」『社会事業』第19巻第3号, 竹内愛二「社会学とケース・ワークとの関係の史的考察」『社会事業研究』第23巻6号	
1936	11	方面委員令(12年施行)		ラウントリー第2回貧困調査(英), 竹内愛二「ケース・ワークの機能と其遂行過程の研究」『社会事業研究』第24巻第1号	二・二六事件
1937	12	軍事扶助法(13年施行), 保健所法(12年施行), 母子保護法(13年施行)		風早八十二『日本社会政策史』	日中戦争開始
1938	13	厚生省設立, 社会事業法(13年施行)		山口正「厚生事業と改称せよ」『社会事業研究』第27巻第6号, 大河内一男「我国に於ける社会事業の現在及び将来」『社会事業』第22巻第5号	国家総動員法
1939	14			三好豊太郎『社会事業精義』	第二次世界大戦開始
1940	15	国民優生法(16年施行)		大河内一男『社会政策の基本問題』, 日本社会事業研究会『日本社会事業新体制要綱―国民厚生事業大綱―』	日独伊三国同盟
1941	16	医療保護法(16年施行)		竹中勝男「社会事業と厚生事業とに於ける要救護性」『社会事業研究』第29巻第7号, 竹内愛二「教育的個別厚生事業序説」『社会事業研究』第29巻第12号	太平洋戦争開始
1942	17	戦時災害保護法(17年施行)	ベバリッジ報告(英)	竹中勝男「社会事業に於ける厚生の原理」『厚生学年報』第1輯, 小澤一「厚生事業体制確立の根拠」『厚生問題』第26巻第2号, 牧賢一「厚生事業新体制の課題」『厚生問題』第26巻第8, 9号, 社会事業研究所『厚生問題』発刊(『社会事業』を改題)	ミッドウェー海戦
1943	18			岡村重夫『戦争社会学研究』, 大阪府厚生事業協会『厚生事業研究』発刊(『社会事業研究』を改題)	

1944	19	厚生年金保険法(19年施行)		近藤文二「戦時厚生政策と社会保険」『厚生事業研究』第32巻第2号	
1945	20	生活困窮者緊急生活援護要綱	国際連合設立		広島・長崎に原子爆弾投下
1946	21	生活保護法(旧法. 21年施行)	国民保健サービス法(英)	中央社会事業協会『社会事業』復刊	日本国憲法公布 ララ物資到着
1947	22	児童福祉法(23年施行)		岩橋武夫『光は闇より』	
1948	23	民生委員法(23年施行),少年法(24年施行),優生保護法(23年施行.平成8年母体保護法に改正)	世界保健機関(WHO)設立,世界人権宣言(国連),児童法(英)		
1949	24	身体障害者福祉法(25年施行)		竹内愛二『ケース・ウォークの理論と実際』	シャウプ勧告
1950	25	「社会保障制度に関する勧告」(社会保障制度審議会),生活保護法(新法. 25年施行),精神衛生法(25年施行. 62年精神保健法に改正)		竹中勝男『社会福祉研究』,孝橋正一『社会事業の基礎理論』,牧賢一「社会福祉協議会の理論と問題」『社会事業』第33巻第9号	朝鮮戦争開始,警察予備隊設立
1951	26	中央社会福祉協議会発足 社会福祉事業法(26年施行.平成12年社会福祉法に改正) 児童憲章	難民条約(国連)	竹内愛二『グループ・ウォークの技術』	サンフランシスコ平和条約調印 日米安全保障条約調印
1952	27	戦傷病者戦没者遺族等援護法(27年施行) 母子福祉資金貸付等に関する法律(28年施行)		※社会福祉本質論争	
1953	28	らい予防法(新法. 28年施行) 日本医療社会事業家協会設立			
1954	29			孝橋正一『社会事業の基本問題』,孝橋正一「社会事業の理論的位置」『社会問題研究』第4巻第2号	第五福竜丸事件
1955	30			岡村重夫「ソーシャル・ワーカーの本質的機能」『社会福祉論集』第3号	森永ヒ素ミルク事件発生
1956	31	売春防止法(32年施行)		岡村重夫『社会福祉学(総論)』,中鉢正美『生活構造論』,仲村優一「公的扶助とソーシャルワーク」『社会事業の諸問題』第4集 ※岸・仲村論争	

社会福祉・社会保障年表

年					
1957	32			孝橋正一『新訂　社会事業の基本問題』, 仲村優一『ケイスワークの原理と技術』, バイステック『ケースワークの原則』, パールマン『ソーシャル・ケースワーク』, 岸勇「公的扶助とケースワーク」『日本福祉大学研究紀要』第1号	
1958	33	国民健康保険法(34年施行)		黒木利克『日本社会事業現代化論』, 田代不二男『英国の救貧事業』, 浅賀ふさ「保健・医療におけるケースワーク」『社会事業』第41巻第7号	
1959	34	国民年金法(36年施行)	知的障害者等福祉法(ス)	竹内愛二『専門社会事業研究』	
1960	35	精神薄弱者福祉法(35年施行. 平成10年知的障害者福祉法に改正), 身体障害者雇用促進法(35年施行. 63年障害者雇用促進法に改正) 朝日訴訟(一審判決)		孝橋正一『社会事業概論』, 大塚達雄『ソーシャル・ケースワーク』, 吉田久一『日本社会事業の歴史』	新安保条約調印, 国民所得倍増計画発表
1961	36	児童扶養手当法(37年施行)		木田徹郎「社会福祉における制度体系と行動体系」『社会事業の諸問題』第9集	
1962	37			孝橋正一『全訂　社会事業の基本問題』	サリドマイド事件, キューバ危機
1963	38	老人福祉法(38年施行) 戦傷病者特別援護法(38年施行)		大河内一男『社会政策(各論)』(改定版), 一番ヶ瀬康子『アメリカ社会福祉発達史』, ジゼラ・コノプカ『ソーシャル・グループ・ワーク』	
1964	39	母子福祉法(39年施行. 56年母子及び寡婦福祉法に改正)	公民権法(米)	木田徹郎『社会福祉概論』, 小川政亮『権利としての社会保障』, 仲村優一『ケースワーク』	東京オリンピック
1965	40	母子保健法(41年施行)	人種差別撤廃条約(国連)	糸賀一雄『この子らを世の光に』	北爆開始(米)
1966	41		国際人権規約(国連)	牧賢一『コミュニティ・オーガニゼーション概論』	文化大革命(中)
1967	42	朝日訴訟(結審)			公害対策基本法
1968	43	原子爆弾被爆者に対する特別措置に関する法律(43年施行) 牧野訴訟(結審)	シーボーム報告(英)	岡村重夫『全訂　社会福祉学(総論)』(1968年), ティトマス『社会福祉と社会保障』(1968年)	
1969	44			孝橋正一『社会科学と社会事業』, 三浦文夫「社会福祉論ノート(一)」『月刊福祉』第52巻第4号	

1970	45	社会福祉施設緊急整備5カ年計画,心身障害者対策基本法(45年施行)	地方自治体社会サービス法(英)	一番ヶ瀬康子「社会福祉学とは何か」『思想』第547号	日本の老齢人口が7.1%に達し,高齢化社会になる
1971	46	児童手当法(46年施行)	精神遅滞者の権利宣言(国連)	朝日訴訟運動史編集委員会編『朝日訴訟運動史』,吉田久一『昭和社会事業史』,山口幸男『非行少年と司法福祉』	沖縄返還協定調印
1973	48			孝橋正一『続 社会事業の基本問題』,日本生命済生会『地域福祉研究』創刊	
1974	49	雇用保険法(50年施行)		岡村重夫『地域福祉論』,吉田久一『社会事業理論の歴史』	第一次石油危機,第一回日本人口会議(大会宣言「子供は二人まで」)
1975	50	育児休業法(女子教職員など,昭和51年施行)	障害者の権利宣言(国連)	真田是編『社会福祉労働』,横塚晃一『母よ!殺すな』	
1979	54	「新社会経済社会7ヵ年計画」策定	女性差別撤廃条約(国連)	真田是編『戦後社会福祉論争』,高島進『イギリス社会福祉発達史論』,吉田久一『現代社会事業史研究』,大河内一男「新しい『社会政策』の理念を求めて」『年報日本の労使関係』	第二次石油危機
1980	55	武蔵野市福祉公社設立		嶋田啓一郎『社会福祉体系論』,小川政亮編『社会保障裁判』,三浦文夫『社会福祉経営論序説』	
1981	56		国際障害者年(国連)	江口英一『社会福祉と貧困』	第二次臨時行政調査会設置
1982	57	老人保健法(58年施行)			
1984	59		バークレー委員会報告(英)	丸尾直美『日本型福祉社会』	
1985	60	男女雇用機会均等法(61年施行)		三浦文夫『社会福祉政策研究』,佐藤豊道「社会福祉実践の生活モデル」『社会福祉研究』第36号,福山和女「わが国におけるスーパービジョンの実際と課題」『社会福祉研究』第37号	プラザ合意
1986	61	基礎年金制度導入		阿部志郎編『地域福祉の思想と実践』,大橋謙策『地域福祉の展開と福祉教育』	チェルノブイリ原発事故(ロ)
1987	62	社会福祉士及び介護福祉士法(63年施行)			
1988	63			寺久保光良『「福祉」が人を殺すとき』,白澤政和「地域福祉の推進とケース・マネジメントの実際」『社会福祉研究』第42号	

社会福祉・社会保障年表　293

1989	平成元	「ゴールドプラン」策定	子どもの権利条約(国連)			消費税導入
						ベルリンの壁崩壊(独)
1990	2	福祉関連8法改正	ADA(障害を持つアメリカ人)法(米)	アンデルセン『福祉資本主義の三つの世界』		1.57ショック(合計特殊出生率)
1991	3					湾岸戦争,ソ連崩壊(ロ)
1992	4			ジャーメイン他(小島蓉子編訳・著)『エコロジカル・ソーシャルワーク―カレル・ジャーメイン名論文集―』		
1993	5	障害者基本法(心身障害者対策基本法の改正,5年施行)	国際先住民年(国連)	右田紀久恵『自治型地域福祉の展開』		
1994	6	「21世紀福祉ビジョン」発表	介護保険法(独)	古川孝順『社会福祉学序説』		
		子どもの権利条約批准,「エンゼルプラン」「新ゴールドプラン」策定	国際家族年(国連)			
1995	7	精神保健福祉法,育児・介護休業法,「障害者プラン」策定		牧里毎治・野口定久・河合克義編『地域福祉』,吉田久一『日本社会福祉理論史』,小松源助「ソーシャルワーク実践におけるエンパワーメント・アプローチの動向と課題」『ソーシャルワーク研究』第21巻第2号		阪神・淡路大震災
1996	8	精神保健福祉士法(10年施行),らい予防法廃止				薬害エイズ訴訟和解成立
1997	9	介護保険法(12年施行)		古川孝順『社会福祉のパラダイム転換』		
1998	10	NPO法(平成10年施行)		橘木俊詔『日本の経済格差』,ギデンズ『第三の道』		
1999	11	男女共同参画社会基本法(11年施行),児童売春,児童ポルノ禁止法,「ゴールドプラン21」「新エンゼルプラン」策定	国際高齢者年(国連)			平成の大合併開始
2000	12	児童虐待防止法(12年施行),DV防止法(13年施行)				
2002	14	ホームレス自立支援法(14年施行)				
2003	15	「新障害者プラン」策定支援費制度実施,次世代育成支援対策推進法(15年施行),少子化社会対策基本法		古川孝順『社会福祉原論』,ルグラン『公共政策と人間』		イラク戦争
2004	16	発達障害者支援法(17年施行)				

2005	17	障害者自立支援法(18年施行)			副田あけみ『ジェネラリスト・アプローチ』『ソーシャルワークの実践モデル』	
		高齢者虐待防止法(18年施行)				
2006	18	フィリピンとFTAを締結	障害者の権利条約(国連)	武川正吾『地域福祉の主流化』		
2007	19					コムスン事件
2008	20	後期高齢者医療制度実施		岩田正美『社会的排除』		世界金融不安
2009	21	ハンセン病問題基本法(21年施行)		山本隆『ローカル・ガバナンス』		鳩山内閣(民主党政権)発足
2011	23	障害者虐待防止法(24年施行)				東日本大震災
2012	24	障害者総合支援法成立 子ども・子育て支援法成立				

※（英）はイギリス，（独）はドイツ，（米）はアメリカ，（ロ）はロシア，（中）は中国，（ス）はスウェーデン，（仏）はフランス，（国連）は国際連合を示す．

〈参考文献〉
池田敬正・土井洋一編『日本社会福祉綜合年表』法律文化社，2000年
桑原洋子『日本社会福祉法制史年表』永田文昌堂，1988年
山野光雄編『社会保障綜合年表』ぎょうせい，1981年
遠藤興一監修『福祉文献大事典』日本図書センター，2006年
岩田正美監修『リーディングス 日本の社会福祉』(1)(4)，図書センター，2011年
川池智子ほか編著『現代社会福祉概論』学文社，2001年
平岡公一ほか編『社会福祉学』有斐閣，2011年
室田保夫『人物でよむ社会福祉の思想と理論』ミネルヴァ書房，2010年

(作成 庄司拓也)

索　引

あ行

朝日訴訟　116, 224
アドボカシー　231
アメリカ独立宣言　221
医学モデル　78
イギリス　7
石井十次　81
石井亮一　107
一番ヶ瀬康子　248, 251
糸賀一雄　87
1.57ショック　117
医療制度改革大綱　147
医療ソーシャルワーカー（MSW）　70, 72
ウィレンスキー，H. L.　240
ウェッブ，B　101
ウェルビーイング　135
ウルフェンデン委員会報告　104
運営適正化委員会　48
運動論　249
エスピン゠アンデルセン，G.　241
NPO法人　51
エビデンス・ベースド・アプローチ　78
エリザベス救貧法　96, 97
エンゼルプラン　16, 117
エンパワメントアプローチ　78
応益負担　60, 118
大河内一男　246
応能負担　118
岡村重夫　247
岡山孤児院　107
小河滋次郎　109, 246
OT（作業療法士）　158
恩賜財団済生会　108

か行

介護支援計画（ケアプラン）　75
介護支援専門員（ケアマネージャー）　69, 75, 269
介護福祉士　70, 71, 73
介護保険事業計画　55
介護保険法　59, 118
賀川豊彦　81
格差社会　203
学習権　138

囲い込み（エンクロージャー）運動　96
風早八十二　247
課題中心アプローチ　78
片山潜　81
家庭学校　107
家庭裁判所　56
貨幣的ニード　249
河上肇　110
感化救済事業　108, 109
感化法　108
看護師　69, 70, 152
機関委任事務　117, 120
危機介入アプローチ　78
疑似市場　103
基礎年金制度　117
木田徹郎　250
ギデンズ，A.　126
キャリアパス　281
QOL　200
救護法　111
救貧法並びに貧困救済に関する王立委員会　99
業務独占　70, 85
居宅支援事業所　269
ギルバート法　97
金融危機　182
久保紘章　260
グリフィス報告　104
グループホーム（認知症対応型共同生活介護）　271
軍事救護法　113
軍事扶助法　113
経済秩序外的存在　247
ケインズ，M. J.　235
ケースマネジメント　78
建築基準法　156
権利擁護　231
合計特殊出生率　16, 117, 205
工場法　108
厚生事業　113
厚生労働省　43
孝橋正一　i, 218, 248
高齢者虐待防止法　42, 123
高齢社会対策基本法　17
高齢者・障害者基礎保障　176

高齢者保健福祉推進10か年戦略(ゴールドプラン)　53, 117
五巨人悪　101
国際連合　223
国民健康保険法　115
国民年金法　115
国民扶助法　102
国民保健サービス法　102
国民保健サービス及びコミュニティ・ケア法　103
国民優生法　115
コーディネート　70
子ども・子育て応援プラン　16
子どもの権利条約　34
コミュニティケア　102

さ行

済世顧問制度　109
最低生活費非課税の原則　59
最低賃金　141
サッチャリズム　102
真田是　248
サブプライムローン　182
三子出産ノ貧困者へ養育料給与方　106
三大雇用慣行　140
三位一体改革　120
ジェンダー・エンパワーメント指数(GEM)　181
支援費制度　59, 118
慈善組織協会(COS)　78, 99
自治事務　120
市町村合併　47, 150
市町村地域福祉計画　48
恤救規則　106
児童虐待防止法　40
児童憲章　34
児童買春禁止法　40
児童福祉法　39, 114
児童扶養手当　40, 226
児童法　102
シーボーム報告　102
嶋田啓一郎　250
下中彌三郎　138
市民後見人　57
社会科学　2, 254
社会救済に関する覚書(SCAPIN775)　114
社会権　222
社会事業　109

社会正義　199
社会的公正　199
社会福祉基礎構造改革　55, 117, 119
社会福祉協議会　47, 69
社会福祉計画　53
社会福祉士　66, 67, 70-72
　──の倫理綱領　83
社会福祉士及び介護福祉士法　73
社会福祉施設整備緊急五ヶ年計画　116
社会福祉主事　75
社会福祉費　52
社会福祉法　35, 118
社会福祉法人　34
社会福祉本質論争　247
社会扶助　173, 174
社会法典　168
社会保障改革に関する有識者検討会　43
社会保障改正法(メディケア・メディケイド)　185
社会保障給付費　52
社会保障審議会　43
社会保障制度審議会　115
社会保障制度に関する勧告　115
社会保障の在り方に関する懇談会　43
社会民主主義レジーム　242
自由主義レジーム　241
自由民権運動　222
障害児入所施設　40
障害者基本法　41
障害者虐待防止法　41
障害者自立支援法　41, 59, 118
障害者制度改革推進本部　118
障害者総合支援法　41, 60
障害者の権利条約　34
障害者プラン～ノーマライゼーション7か年戦略　118
少子化社会対策基本法　15
小地域ネットワーク活動　48
昭和恐慌　111
助産師　152
ジョンソン, N.　241
新エンゼルプラン　16, 117
人権　221
人口置換率　16
新・高齢者保健福祉推進10か年戦略(新ゴールドプラン)　55
新自由主義　103, 181, 236
新政策論　249

索引　297

身体障害者福祉法　114
スティグマ　194
ストレングス・アプローチ　78
スピーナムランド制度　98
スミス，A.　98
生活困窮者緊急生活援護要綱　114
生活保護自立支援プログラム　144
生活保護法　38，115，226
生活モデル　78
精神科ソーシャルワーカー（PSW）　70，265
精神科デイケア　265
精神障害者社会適応訓練事業　268
精神保健福祉士　67，71，73，265
精神保健福祉士法　73
生存権　220
成年後見制度　56
世界人権宣言　34，223
絶対的過剰人口　96
セツルメント　81，99，110
セルフヘルプグループ　89
セン，A.　237
全国水平社　111
全国保育士会倫理綱領　84
相対的貧困率　122
相談援助　77
ソシオトープ　マップ　200
ソーシャル・インクルージョン（社会的包摂）　234，244
ソーシャル・エクスクルージョン（社会的排除）　180，234，244
ソーシャルケア　91
ソーシャル・ポリシー論　249
ソーシャルワークの「価値」と「倫理」　81
措置制度　10

た　行

第一種社会福祉事業　38
第三の道　103，126
第二種社会福祉事業　38
大日本帝国憲法　222
滝乃川学園　107
宅老所ケア　269
竹内愛二　248，251
竹中勝男　248，251
多元主義　104
田子一民　246

多職種連携　77
たまゆら事件　123
団体委任事務　117
地域自立支援協議会　263
地域生活移行　273
地域生活定着支援事業　264
地域包括支援センター　9，57，72，271
地域療育コーディネーター　69
地区自治会（町内会）　48
知的障害者権利宣言　231
知的障害者福祉法　115
地方分権　63
地方分権一括法　120
ティトマス，R. M.　249
トゥインビー，A.　99
トゥインビー・ホール　99
当事者主体　227
都外施設　262
特定非営利活動促進法　51
都道府県，地域福祉支援計画　48
ドナルド，A. S.　275
留岡幸助　81，107

な　行

ナショナル・ミニマム　101
生江孝之　246
ナラティブアプローチ　78
ニィリエ，B.　230
21世紀福祉ビジョン　117
日常生活自立支援事業　48，56
ニート　140，244
日本介護福祉士会倫理綱領　84
日本型雇用慣行　140
日本型福祉社会　116
日本国憲法第25条　38，220
日本精神保健福祉士協会倫理綱領　84
『日本之下層社会』　108
ニューディール　185
認知症　269
認定看護師　155
任用資格　70，75
ネットカフェ難民　140
年齢差別（エイジズム）　181
ノーマライゼーション　228

は　行

ハイエク，F. A.　236
配偶者暴力（DV）防止法　40

廃兵院法　109
バークレイ委員会報告　104
発達障害者支援法　41
母親パック　166
バリアフリー　156
バリアフリー新法　41
バーリンホー世代　204
ハルツⅣ　146
ハローワーク　268
バンク-ミケルセン　229
非貨幣的ニード　249
一二三号通知　117
PT（理学療法士）　158
フェビアン協会　101
賦課方式　173
福祉元年　116
福祉経営論　249
福祉国家　96
福祉（国家）レジーム論　241
福祉サービス第三者評価　48，56
福祉事務所　72
福祉住環境コーディネーター　155
福祉人材センター　48
福祉多元主義　242
藤木訴訟　226
ブース，C.　99
仏教寺院内高齢者センター　209
フランス人権宣言　221
フリードマン，M.　236
ブレア政権　103
プロキシミテ　178
プログラム規定説　225
フローレンス・ナイチンゲール　151
ベヴァリッジ報告　100，101，235
保育士　66，70，71，74
法定受託事務　120
方面委員　109
訪問介護員（ホームヘルパー）　76
訪問歯科診療　271
北欧型福祉国家　191
保健師　72，152
母子及び寡婦福祉法　115，145
母子家庭の母及び父子家庭の父の就業の支援に関する特別措置法　145
母子保健　40
母子保護法　112
保守主義・コーポラティズムレジーム　241
ホームレスの自立の支援に関する特別措置法　144
ボランティア　70
堀木訴訟　116，225

ま行

マイクロクレジット　187
マイノリティ　180
ミーンズテスト　176
民生委員　49，271
民生費　53
無縁社会　122
無能貧民　97
名称独占　70，85
メディケア　188
メディケイド　188
森戸辰男　224

や行

山口正　246
有能貧民　97
横山源之助　108
吉田久一　ⅰ，218

ら行

らい予防法　113
ラウントリー，B.S.　7，99
リスク社会　244
リッチモンド，M.E.　78
ルソー，J.J.　136
レヴィタス，R.　243，245
レーガノミックス　102
レッセフェール（自由放任主義）　222
劣等処遇の原則　98
連合国総司令部（GHQ）　114
老人福祉法　42
老人保健法　117
労働者災害補償保険　141
労役場テスト（ワークハウス・テスト）法　97
ロールズ，J.B.　237

わ行

ワイマール憲法　222
ワーキングプア　121，140
ワークフェア　104，245

社会福祉の新潮流①
新 社会福祉論

2012年11月30日 第一版第一刷発行

編著者　川　池　智　子
発行所　株式会社　学　文　社
発行者　田　中　千　津　子

東京都目黒区下目黒 3-6-1　〒153-0064
電話 03(3715)1501　振替 00130-9-98842
http://www.gakubunsha.com

©KAWAIKE Tomoko
Printed in Japan 2012

落丁・乱丁本は，本社にてお取替えいたします。
定価は売上カード，カバーに表示してあります。

印刷／亨有堂印刷所
ISBN978-4-7620-2332-3　検印省略

■■■ 社会福祉の新潮流シリーズ ■■■

2 児童家庭福祉論（第二版）—基本と事例
川池智子 編著
豊富な事例で基本事項と実践をおさえた児童家庭福祉論テキスト。児童家庭福祉の観点から子どもたちをとりまく諸問題をとらえ問題を分析するとともに、児童家庭福祉の施策の現状を整理し、その課題を展望。　（ISBN978-4-7620-1418-5　228頁　2,415円）

3 障害者福祉論—基本と事例
旭洋一郎・吉本充賜 編著
「障害」をつくるのは誰なのか。障害者福祉の概説テキストとして、また障害をもつ当事者の立場にたった探究書として稀有な一冊。さまざまな事例を通して障害がある人びとの自立と支援の方法をさぐる。　（ISBN978-4-7620-1419-2　282頁　2,625円）

4 高齢者福祉論—基本と事例
高谷よね子 編著
高齢者をめぐるさまざまな事例を通して、高齢者福祉を身近な課題としてとらえ、今後の少子高齢社会での高齢者福祉のあり方を考える。社会福祉専門職の読者のため自発的な学習にも配慮。　（ISBN4-7620-1420-6　240頁　2,415円）

5 地域福祉論（第二版）—基本と事例
小林雅彦 編著
地域福祉にかかわる主なテーマを各章の冒頭で取り上げ，それに沿った事例を紹介し，学習のポイントを提示した。社会福祉士養成課程のカリキュラム見直し等に対応した改訂第二版。　（ISBN978-4-7620-2087-2　280頁　2,520円）

8 社会福祉援助技術論—基本と事例
北本佳子・湯浅典人 編著
初学者やソーシャルワークに関心のある人を対象として、社会福祉援助技術を学ぶ上で大切な基本的知識や考え方、方法論を事例を通じて実践的に解説。近年の動向を踏まえたコラムなど問題意識を持てるよう配慮。　（ISBN4-7620-1424-9　210頁　2,415円）